汽车电气维修技能进阶丛书

 汽车传感器
结构原理与检修

第 2 版

刘春晖　高明泽　何运丽　张洪梅　编著

机械工业出版社

本书以汽车传感器为研究对象，系统介绍了常用汽车传感器的安装位置、结构原理、电路图、动态及静态检测方法、更换调整操作、常见故障及影响、故障诊断方法等，书中涉及的传感器包括位置和角度传感器、流量传感器、压力传感器、气体浓度传感器、速度传感器、温度传感器、爆燃和碰撞传感器、新能源汽车相关传感器、智能网联汽车传感器以及其他类型传感器等，同时还对汽车传感器常见故障诊断方法进行了系统的总结。

本书的特点是"以彩图进行讲解"，减少了不必要的文字叙述，同时具有内容新颖、系统性强、实用性强等优点，适合汽车维修人员、汽车检测与维修技术专业的学生使用，也适合汽车维修企业相关的管理人员阅读。

图书在版编目（CIP）数据

图解汽车传感器结构原理与检修 / 刘春晖等编著 .
2 版 . -- 北京 ：机械工业出版社，2025.3 . -- （汽车电气维修技能进阶丛书）. -- ISBN 978-7-111-77956-8

Ⅰ. U463.6-64

中国国家版本馆 CIP 数据核字第 2025QM1112 号

机械工业出版社（北京市百万庄大街 22 号　邮政编码 100037）

策划编辑：谢　元　　　　　　　责任编辑：谢　元
责任校对：龚思文　张亚楠　　　封面设计：张　静
责任印制：单爱军

中煤（北京）印务有限公司印刷

2025 年 6 月第 2 版第 1 次印刷

184mm × 260mm · 18 印张 · 467 千字

标准书号：ISBN 978-7-111-77956-8

定价：99.90 元

电话服务　　　　　　　　　　　网络服务

客服电话：010-88361066　　　机 工 官 网：www.cmpbook.com
　　　　　010-88379833　　　机 工 官 博：weibo.com/cmp1952
　　　　　010-68326294　　　金 书 网：www.golden-book.com

封底无防伪标均为盗版　　　机工教育服务网：www.cmpedu.com

前 言

随着我国汽车工业的不断发展，新能源汽车可以提高车辆的动力性、经济性、安全性、舒适性以及减少排气污染，同时新能源汽车中的电子控制技术已在汽车各控制系统中广泛应用。汽车电子控制系统主要包括传感器、电子控制单元、执行器。汽车传感器是汽车电子控制系统中至关重要的元器件，其担负着信息采集和传输的功能。汽车传感器工作性能的好坏，直接关系汽车的运行状况和行驶时的安全性、经济性。随着电子技术的发展，"智能化、电动化、网络化、共享化"已经成为我国向汽车制造强国迈进的发展目标。现阶段，我国汽车制造业正处于从自动化向着数字化、智能化为核心的新一轮产业升级阶段。智能汽车离不开先进的传感技术，因此掌握各种传感器的结构、工作原理、安装位置及标定、检测、拆装、故障诊断的方法十分重要。

汽车传感器主要用于采集汽车运行的信息并转换为电信号输入电控单元，为汽车实现自动控制提供信息参考。汽车传感器是汽车电子技术领域研究的核心内容之一。传感器在汽车上的应用从最初的发动机控制系统扩展到汽车的各个系统中，主要涉及发动机电子控制系统、底盘电子控制系统、车身电子控制系统及汽车舒适与安全控制系统。目前，一辆普通家用轿车上安装有100多个传感器，而豪华轿车上的传感器数量甚至多达几百个甚至上千个。汽车大多采用车载网络系统共享电子控制系统的"触角"——传感器的信息，传感器性能的好坏会直接影响到相关系统甚至整车性能。

本书以汽车传感器为研究对象，系统介绍了常用汽车传感器的安装位置、结构原理、电路图、动态及静态检测方法、更换调整操作、常见故障及影响、故障诊断方法等，书中涉及的传感器包括位置和角度传感器、流量传感器、压力传感器、气体浓度传感器、速度传感器、温度传感器、爆燃和碰撞传感器、新能源汽车相关传感器、智能网联汽车传感器以及其他类型传感器等，同时还对汽车传感器常见故障诊断方法进行了系统的总结。汽车电子控制系统最主要的一项工作就是汽车传感器的检测，因此熟悉汽车传感器的结构原理，掌握汽车传感器的检测方法，是汽车维修从业人员必须具备的本领。

本书最大的特点是"以彩图进行讲解"，减少了不必要的文字叙述，同时具有内容新颖、系统性强、实用性强等优点，适合汽车维修人员、汽车检测与维修技术专业的学生使用，也适合汽车维修企业相关的管理人员阅读。

本书由山东华宇工学院刘春晖、一重集团天津重工有限公司高明泽、山东华宇工学院何运丽和张洪梅编著。

在本书编写的过程中，参考了多种车型的原版维修技术资料，在此对原作者、编译者表示由衷的感谢。由于编者水平有限，书中难免有不当之处，恳请广大读者批评指正。

刘春晖

目 录

汽车传感器概述

第一节 传感器的分类及组成

汽车电子控制系统的功用是提高汽车的整体性能,包括动力性、经济性、安全性、舒适性、操纵性、通过性以及排放性能等。虽然汽车车型不同、档次不同,采用电子控制系统的功能和多少也不尽相同,但是汽车电子控制系统的基本结构都是由传感器(传感元件)与开关信号、电子控制单元(Electronic Control Unit,ECU)和执行器(执行元件)3部分组成,如图1-1所示,这是电子控制系统的共同特点。汽车电子控制系统的传感器、执行器在发动机上的分布如图1-2~图1-4所示。

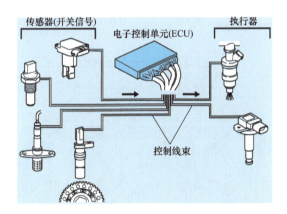

图 1-1 汽车电子控制系统的基本结构

一、传感器的定义及组成

1. 传感器的定义

传感器是一种信号转换装置,它可以将非电信号转换为电信号,其主要作用是向汽车电子控制单元提供运行的各种工况信息。汽车传感器过去仅用于发动机上,现在已扩展应用到底盘、车身和灯光、电气等各个系统。

2. 传感器的组成

如图1-5所示,传感器一般由敏感元件、转换元件和其他辅助元件组成。有时也将信号调节与转换电路及辅助电源作为传感器的组成部分。

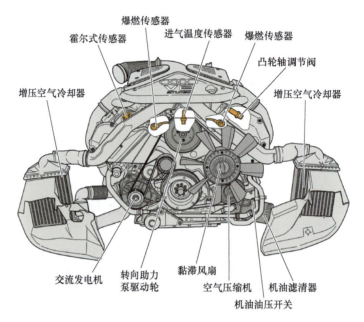

图1-2 发动机传感器、执行器的分布（前视图）

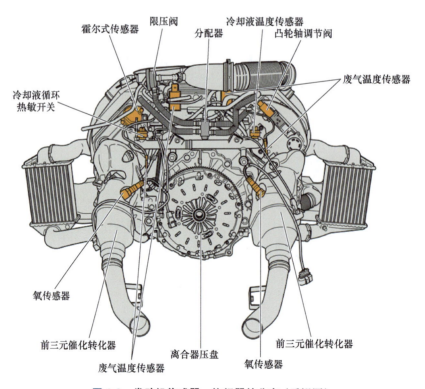

图1-3 发动机传感器、执行器的分布（后视图）

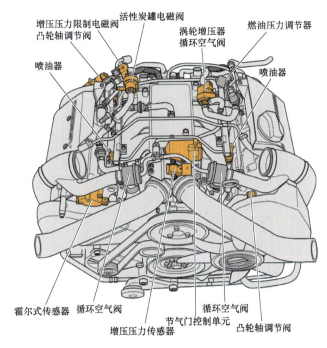

图 1-4　发动机传感器、执行器的分布（上视图）

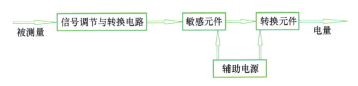

图 1-5　传感器组成

（1）信号调节与转换电路　一般是指能把传感元件输出的电信号转换为便于显示、记录、处理和控制的有用电信号的电路，信号调节与转换的电路选择要视传感元件的类型而定，常用电路有信号放大器电桥、振荡器、阻抗变换器等。

（2）敏感元件　敏感元件是指直接感受被测量（一般为非电量），并输出与被测量成确定关系的其他量（一般为电量）的元件。例如，应变式压力传感器的弹性膜片就是敏感元件，它的作用是将压力的变化转换成膜片的变形。

（3）转换元件　转换元件是指传感器中能将敏感元件感受（或响应）的被测量，转换成适合于传输和（或）测量的电信号部分。当输出为规定的标准信号时，则一般称为变换器，又称转换器，一般情况下不直接接受被测量，而是将敏感元件输出的量转换为电量输出的元件。例如，应变式压力传感器的应变片，它的作用是将弹性膜片的变形转换为电阻值的变化。

二、汽车传感器的分类

汽车传感器的种类很多，且一种被测参数可用多种不同类型的传感器来测量，而同种传感器往往也可以测量多种被测参数。传感器的分类有多种方法，常见的分类方法如图 1-6 所示。

三、传感器的信号

汽车上传感器的电子信号可以分为直流、交流、频率调制、串行数据和脉宽调制信号。

电子信号是控制系统中各个传感器、电子控制单元和其他设备之间相互通信的基本语言，电子信号各有不同的特点，用于不同的通信目的。

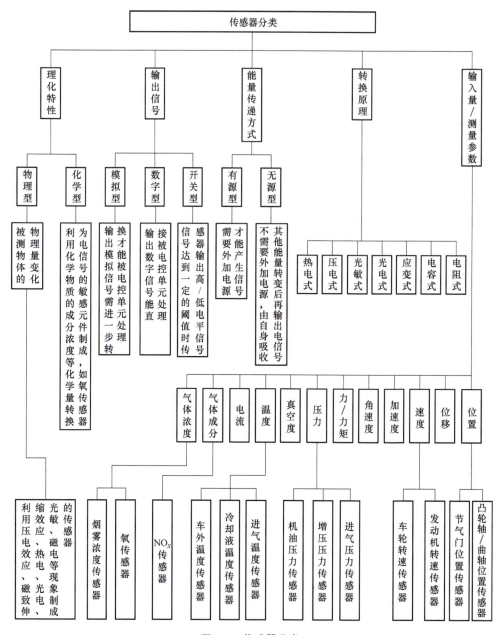

图 1-6　传感器分类

1. 直流信号 DC

在任何周期里，方向不随时间变化的电压、电流信号属于直流信号。直流信号可以分为恒压直流信号和非恒压直流信号两种。在汽车中产生恒压直流信号的电源装置有蓄电池电压和动力系统控制模块（Powertrain Control Module，PCM）输出的传感器参考电压。图 1-7 所示是非恒压直流信号波形。

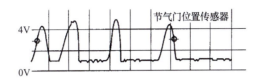

图 1-7　非恒压直流信号波形

2. 交流信号

在任何周期里，大小和方向随时间变化的电压、电流信号属于交流信号。在汽车中产生交流信号的传感器主要是磁电式传感器和爆燃传感器等。图 1-8 所示是磁电式传感器产生的交流信号波形。

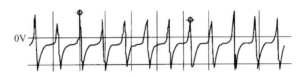

图 1-8　磁电式传感器产生的交流信号波形

3. 频率调制信号

如图 1-9 所示，保持波形的幅度恒定而改变频率称为频率调制。在汽车中产生可变频率信号的传感器主要是光电式传感器和霍尔式传感器。控制模块可根据频率调制信号的频率变化识别传感器信息。

4. 串行数据信号

串行数据信号是按时序逐位将组成数据和字符的码元予以传输的信号。串行数据传输所需通信线少，串行传送的速度慢，但传送的距离可以很长，因此串行适用于长距离而速度要求不高的场合。若汽车中具有自诊断能力和其他串行数据传输能力的控制模块，则串行数据是由动力系统控制模块、车身控制模块、防盗和防滑制动系统控制模块产生，以及由配备自诊断的各种控制器之间传递的信号产生。

在汽车动力系统控制模块和其他电子智能设备中，用来通信的串行数字信号是最复杂的信号，在实际应用中，要用专门的解码器读取。当发动机冷却液温度传感器故障时，PCM 输出的串行数据（多路）信号波形如图 1-10 所示。

图 1-9　频率调制信号

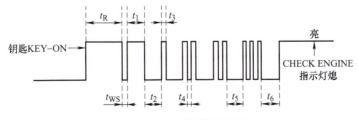

图 1-10　串行数据信号波形

5. 脉宽调制信号

脉冲宽度调制（Pulse Width Modulation，PWM) 简称脉宽调制。脉宽调制信号即经过脉冲宽度调制的信号。脉冲宽度就是在一个周期内器件持续的工作时间，如图 1-11 所示。

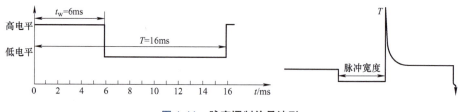

图 1-11　脉宽调制信号波形

第二节　汽车传感器的检测

一、传感器检测的注意事项

传感器检测的注意事项如下：

1）除在测试过程中特殊指明外，不能用指针式万用表测试 ECU 及传感器，应使用高阻抗数字式万用表或车用专用万用表进行测试。禁止使用"划火法"检查晶体管电路的通、断状况。不要用普通试灯去测试任何与 ECU 相连接的电气装置，以防止晶体管损坏，脉冲电路应采用 LED 灯或示波器检查。

2）在电控系统中，故障率发生较高的通常不是 ECU、传感器和执行部件，而是连接器。连接器常会因松旷、脱焊、烧蚀、锈蚀和脏污而接触不良或瞬时短路。因此当出现故障时，不要轻易地更换电子元器件，而应首先检查连接器的状况。

3）蓄电池搭铁极性务必不可接错，必须负极搭铁。严禁在发动机高速转动时，将蓄电池从电路中断开，以防产生瞬时过电压将 ECU 和传感器损坏。

4）在点火开关接通的情况下，不要进行断开任何电气设备的操作，以免电路中产生的感应电动势损坏电子元器件。

5）当断开蓄电池时，需注意以下三点：一是必须关闭点火开关，如果在点火开关接通的状态下断开蓄电池连接，则电路中的自感电动势可能会击穿电子元器件；二是检查自诊断故障码是否存在，若有故障码，应记下代码后再断开蓄电池；三是断开蓄电池前，应牢记带防盗码的音响设备的编码，否则在下次使用中，音响系统自锁会影响使用。

6）在检修氧传感器时，应注意不要让氧传感器跌落碰撞到其他物体，不要用水冷却氧传感器。换氧传感器时，一定要用专用的防粘胶液刷涂螺纹，以免下次拆卸困难。

7）注意屏蔽线。对于电磁式凸轮轴位置传感器输出信号情况，仅通过测量电压或电阻来确定其好坏是不全面的。有很多电磁式传感器测量电阻或电压都正常，但若线路屏蔽不好也会导致故障发生。

二、传感器的检测方法

1. 故障征兆现象判断法

依据故障征兆、运用经验判断是最直观、最简单的排除车辆故障和判断传感器好坏的方法。但该方法有两个缺点：一是经验积累需要较长的时间，短时间内不可能达到很高的水平；二是判断结果准确率低，误判的可能性较大。

2. 替代法

替代法是指对于可疑的传感器，通过试换的方法来查找故障，又称为试换法。

替代法可确定故障部位或缩小故障范围，但不一定能确定故障原因。在检修传感器时，最好使用相同车型、相同年款、相同型号、相同规格的传感器暂时替代有疑问的传感器。若替代后故障现象消失，则说明该故障就是由于该传感器而引起的。

使用替代法检验传感器的好坏，简单又直接，但要求有一定的维修经验和可以用来替换的正常的传感器。替换时，需要注意两点：一是不能用不同输出特性的传感器来替代，容易引起错误判断；二是不要绝对地认为新的零件就是好的零件，最终导致误判，因为有的新零件本身就是坏的。

3. 测试灯检测法

测试灯有自制的测试灯和检测专用的测试灯。测试灯可以自带电源，也可以不带电源。自制的测试灯可以用发光二极管（Light Emitting Diode，LED）外接 $300 \sim 500\Omega$ 电阻串联制成。汽车测试灯如图 1-12 所示。测试灯主要有以下 3 个功能：

图 1-12 汽车测试灯

1）检查传感器、电控元件本体或连接电路的通、断。

2）检测传感器参考电压供给是否正常。

3）根据测试灯发光二极管频闪信号，可以检查传感器是否有脉冲输出，或 ECU 是否有执行信号输出。

4. 万用表检测法

汽车上使用万用表，除了早期手工调码读取故障码要求使用指针式万用表，一般都不建议使用指针式万用表。甚至在检测某些元器件时，特别是功率半导体器件、有关 ECU 电路时，强调必须使用数字式万用表。这是因为数字式万用表阻抗大，通过元器件的电流小，可以避免在测量时烧毁其他元器件。

（1）电阻检测法 电阻检测法主要用于可变电阻、电位计传感器、磁电式传感器电阻的检测，对于功率半导体器件，一般要与标准器件的测量值对比才能得出结论。例如，对于磁电式轮速传感器，可以用万用表电阻挡检查其电阻值。一般在室温时，电阻在 $600 \sim 2300\Omega$ 范围内为正常。电阻太小可能是线圈短路；电阻过大可能是连接不良；电阻非常大可能是断路；线圈与外壳导通可能是搭铁。也可以用测量冷却液温度传感器电阻的方法来查得对应的温度值，图 1-13 所示为用万用表检测冷却液温度传感器的连接线路。

（2）电压检测法 对于有源传感器，由于工作时自身可以产生电压，因此可以使用电压检测法来检测传感器工作是否正常。例如氧气传感器、磁电式曲轴位置/凸轮轴位置传感器、爆燃传感器等。仍以制动防抱死系统（Antilock Brake System，ABS）用磁电式轮速传感器为例，拆开 ABS ECU 接线插座或拔下轮速传感器的接线插头，使被测车轮以 1r/s 的速度转动时，使用万用表交流 mV 挡，测量各车轮的轮速传感器对应端子间的电压，万用表指示值应为 70mV 以上，如图 1-14 所示。如果测量值低于规定值，原因可能是传感器与轮齿的间隙过大或传感器本身有问题，则需要更换新件。

冷却液温度
传感器插接器
的第2、4引脚

图 1-13　万用表检测冷却液温度传感器

图 1-14　测量轮速传感器的电压

（3）电流检测法　电流检测法主要用于产生电流调制信号的新型集成电路传感器，如用电流法检测主动型轮速传感器，线路连接如图 1-15 所示。将万用表拨至量程在 200mA 以上的电流挡处，将表笔串在其中一根输出线上，另一根输出正常接线（注意指针式万用表要注意极性），接通汽车电路使 ABS 通电，用手缓慢转动传感器安装侧的车轮，正常情况下，电流指示应在 7 ～ 14mA 之间来回波动。如果读数值只固定在 7mA 或 14mA 上，同时调整空气间隙无效时，则说明传感器失效。另外，如果接通电路后电流数值直接显示为 0 或 100mA 以上时，在确认万用表接线无误后，可以判定传感器已经断线或短路。

5. 解码检测法

元征 X-431 解码器如图 1-16 所示。读取与清除故障码是解码器的主要功能，使用解码器可以很容易地判断出故障的大致方向和部位，这为传感器的检测和排查提供了方向，但有以下 6 点需要注意：

1）并不是所有的故障都会出现故障码。例如，三菱 V73 的 6 线式步进电机由于是 ECU 以脉冲方式进行控制，因此没有监控装置，所以在出现故障后，没有故障码。又如，当冷却液温度传感器的电阻发生漂移而不准确时，如果电阻总值没有超出规定范围，虽然有故障，但不会显示故障码。

2）故障码的含义说明需弄清楚，是传感器或执行器自身故障还是线路故障；线路故障要分清是短路还是断路，是与电源短路或断路，还是与搭铁短路或断路等。只有明白故障码的确切含义，才能更好地利用故障码排除故障，维修时也可以少走弯路。

3）通过解码器查出的故障码，只能说明某一系统或相关系统有故障，不要看到故障码就断定是该传感器或执行器有故障，其他与之相关系统同样会发生同样故障而出现相同的故障码。

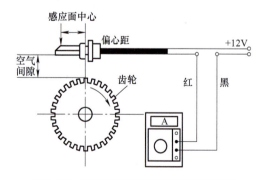

图 1-15　用电流法检测主动型轮速传感器

图 1-16　元征 X-431 解码器

例如，在检查 ABS 时，如果出现"轮速传感器信号不良"故障码时，不要立即更换轮速传感器。首先要检查电路各连接插头与插座引脚接触是否良好，传感器出发轮是否有脏污、锈蚀、断路或短路等现象。有些安装在车轮上的传感器，其磁心经常会吸附一些制动鼓磨掉的铁屑而导致工作不良，此时只需拆下传感器，并清除磁心上的污垢，即可解决问题。同时，还要观察感应齿圈是否有变形、缺齿等现象，这些都是导致出现"轮速传感器信号不良"故障码的原因，而轮速传感器本身并不一定损坏。

4）要弄清楚是历史性故障码，还是当前的故障码，以及故障码出现的次数。如果是历史性故障码，就表示故障较早之前出现过，现在不出现了，但在 ECU 里面有一定的存储记忆；而当前故障码则表示是最近出现的故障，当前故障绝大部分和目前出现的系统有很大关系。

例如，大众公司的解码器上故障码前显示"SP"均表示临时的偶发性故障。故障发生的原因主要有以下几种情况：当发动机运转或点火钥匙打开的过程中，拔下了某个电气插头；或者某个传感器或执行器的插头虚接，这种故障属于软故障，不是硬故障。

5）当读不出故障码，但车辆仍然有故障时，此时要利用解码器的数据流对传感器和执行器进行深入的分析和判断。所谓数据流，简单来说就是电控系统中的一些主要传感器和执行器的当前工作参数值（如发动机转速、蓄电池电压、空气流量、喷油时间、节气门开度、点火提前角、冷却液温度等）。在维修过程中，可以通过阅读数据流来分析、发现故障所在，特别是当电控系统无故障码可供参考时，数据流分析就更加重要。每个传感器和执行器在一定条件下的工作参数值是有一定标准范围的，可以通过实际值与标准值的比较来判断某传感器和执行器是否存在异常。

6）当参考故障码排除故障后，要利用解码器来清除故障码，也就是从 ECU 内部记忆体中清除其故障码记忆，并在发动机运转一段时间后（若有条件，可以进行路试），再通过解码器来测试是否还会出现相似的故障现象，或者存储同样的故障码。

6. 示波器检测法

示波器如图 1-17 所示。示波器主要用于显示控制系统中输入、输出信号的电压波形，以供维修人员根据波形分析判断电控系统故障。示波器比一般电子设备的显示速度快，是唯一能显示瞬时波形的检测仪器，是电控系统故障诊断中的重要设备。示波器检测是最准确、最直观的检测方法，可以将传感器的输出电流或电压以波形的形式显示出来，也是传感器等电气元件检测的发展方向。

图 1-17　带有示波功能的大众 VAS 5053

仍以上述主动型轮速传感器为例，将示波器的信号输入接线分别接在传感器输出端与信号处理电路的搭铁端（注意区分传感器电源端进线及信号输出端），接通汽车电路使系统通电，此时用手缓慢转动传感器安装侧的车轮，正常情况下，示波器应显示出方形脉冲波形，如图 1-18 所示。如果没有脉冲波形或者与波形不一致，则要调整传感器的安装空气间隙；如果调整后仍没有脉冲波形，则说明传感器失效，需要更换传感器。

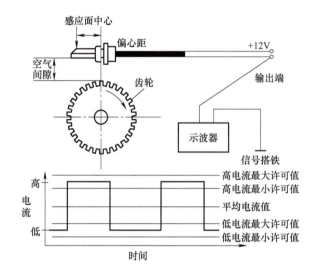

图 1-18　用示波器法检测主动型轮速传感器

位置和角度传感器

用来测量元器件运转或运动所处位置的传感器称为位置传感器。位置和角度传感器的类型有很多，主要有节气门位置传感器、加速踏板位置传感器、曲轴位置传感器、凸轮轴位置传感器、座椅占用传感器、水平位置传感器、离合器位置传感器、电动机械式助力转向电机位置传感器、液位传感器及进气歧管风门位置传感器等。

第一节　节气门位置传感器

一、概述

发动机工况不同，对混合气浓度的要求也不相同，发动机各工况对可燃混合气浓度的要求见表 2-1。节气门由驾驶人通过加速踏板来操纵，以改变发动机的进气量，从而控制发动机的运转。不同的节气门开度标志着发动机的不同运转工况。为了使喷油量满足不同工况的要求，电子控制汽油喷射系统在节气门体上装有节气门位置传感器（Throttle Position Sensor，TPS），其外形及安装位置如图 2-1 所示。

表 2-1　发动机各工况对可燃混合气浓度的要求

工况	过量空气系数 α	性质	原因
冷起动	0.2～0.6	浓	冷起动是指发动机在冷车状态下的起动。起动时转速低，进气流速和温度都较低，雾化和汽化条件差。发动机温度越低，冷起动时所要求的混合气越浓
暖机	浓度随温度升高而减小	浓	暖机工况是指发动机冷起动后，发动机逐渐热车至正常工作温度的急速工作过程。此时应提供较浓的混合气，随着发动机温度逐渐升高，混合气浓度应逐渐减小
急速	0.6～0.8	浓	急速时进入气缸内的混合气少，而残留在气缸中的废气所占的比例较大，不利于燃烧
小负荷	0.7～0.9	稍浓	和急速工况类似，混合气浓度随节气门开度增加而减小
中负荷	0.9～1.1	经济或理论	中等负荷工况是指节气门开度在 25%～85% 之间的各种转速工况。在此工况下，由于节气门开度较大，燃烧条件好，如果只考虑发动机的燃料经济性，应供给较稀的经济混合气。但在当前发动机压缩比较大的情况下，稀混合气容易产生过多的氮氧化合物，同时为保证排气管中的三元催化转换器能正常发挥作用，在中等负荷工况下通常也使用理论混合气
大负荷和全负荷	0.85～0.95	功率	当汽车上坡或加速时，驾驶人常将加速踏板踩下，使节气门全开或接近全开，这种工况称为大负荷或全负荷。此时为保证发动机能发出尽可能大的功率，应供给较浓的功率混合气

（续）

工况	过量空气系数 α	性质	原因
加速	0.6 ~ 0.8	浓	加速工况是指驾驶人猛踩加速踏板，使节气门突然开大的过程。此时进入发动机气缸的空气突然增加，由于汽油的运动惯性比空气大，其雾化和蒸发也需要一定的时间，为保证进入气缸的混合气不至于瞬时变稀，应在节气门急剧开大的过程中，及时加浓混合气，满足发动机加速的需要

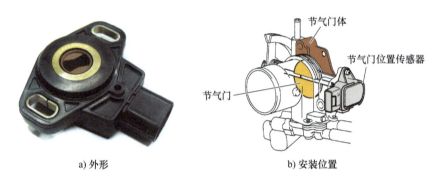

a) 外形   b) 安装位置

图 2-1 节气门位置传感器的外形及安装位置

1. 功用

在发动机电控燃油喷射系统中，节气门位置传感器的作用主要是将节气门开度以及节气门开度变化的快慢，转变为电信号传给发动机 ECU，用于判别发动机的各种工况，从而控制不同的喷油量和点火正时。在安装电控自动变速器的汽车上，节气门位置传感器信号是变速器换档和变矩器锁止时的主要信号。在新型智能电子节气门控制系统中，节气门开启角度不再由加速踏板拉索直接进行控制，而是由节气门伺服电动机根据 ECU 信号进行驱动。电子节气门轴上节气门位置传感器用来检测节气门的实际开度，ECU 以此作为反馈信号，实时控制节气门伺服电动机，从而对节气门开度做出适当的调整。

2. 类型

传统拉索控制式节气门配备的节气门位置传感器常见的类型有触点式、线性可变电阻式、带怠速开关的可变电阻式 3 种。新型智能电子节气门控制系统所用的节气门位置传感器，常见的类型有双可变电阻式和线性双霍尔式两种。

二、双可变电阻式节气门位置传感器

在电子节气门系统和电控柴油机系统中，一般使用双可变电阻式节气门位置传感器。两个传感器一般都是组合安装，当一个传感器发生故障时能及时被识别，从而提高了系统的可靠性。从两个传感器输出信号的变化关系来看，双可变电阻式节气门位置传感器有反相式和同相式两种类型，其中同相式双可变电阻式节气门位置传感器又可分为同斜率线性变化和不同斜率线性变化两种类型。

1. 结构原理

双可变电阻式节气门位置传感器有 4 个接线端子，其中 2 个分别是两电位器共同的电源端子和搭铁端子，如图 2-2a 中的 V_C 和 E2，另外 2 个端子连接两电位器各自的滑动触点，作为传感器的两个信号端子如图 2-2a 中的 VTA 和 VTA2。每个电位器的工作原理和控制电路都与前述的可变电阻式节气门位置传感器完全相同，但两个电位器在相同工作范围内的电阻值有所不同，使得两个滑动触点上的信号电压值产生差异，两者之间形成一定角度（或平行、相交）的两条直线如图 2-2b 所示。

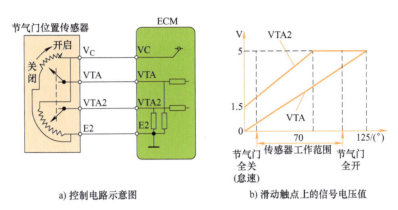

a) 控制电路示意图　　　　　　　　b) 滑动触点上的信号电压值

图 2-2　双可变电阻式节气门位置传感器的控制电路

这种节气门位置传感器的两个信号不但可让 ECU 获知节气门开度，还有利于 ECU 对该传感器进行故障监测。ECU 在发动机工作过程中不断比较这两个信号电压的数值，一旦发现两信号电压之差（或两信号电压之和）与标准不符，即判定该传感器有故障，则立即起动失效保护模式。

2. 爱丽舍节气门位置传感器检修

爱丽舍 1.6L 轿车装备的 16 气门 TU5JP4 型发动机采用了博世公司电喷系统的智能电子节气门。电子节气门轴上的双节气门位置传感器用来监控节气门的准确开度，节气门位置传感器（2 个可变电阻）的滑片与节气门同轴。当节气门转动时，可变电阻滑片同步转动，当加上 5V 工作电压后，变化的电阻转化为电压输出信号，可变电阻的输出电压随节气门的位置变化而改变，可使 ECU 准确地感知节气门的开度。由于 2 个可变电阻是反相安装的，因此，当节气门位置发生变化时，两路信号电压均呈线性变化，其中一个增加，同时另一个减小。图 2-3 所示为双可变电阻式节气门位置传感器的端子布置，图 2-4 所示为双可变电阻式节气门位置传感器的反相输出。

综合式节气门位置传感器和双可变电阻式节气门位置传感器的检测，都可以依照滑动电阻式节气门位置传感器的检测方法来进行。

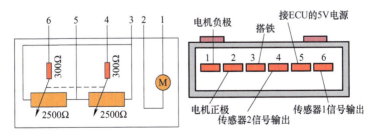

图 2-3　双可变电阻式节气门位置传感器的端子布置

三、霍尔式节气门位置传感器

1. 结构原理

为进一步提高节气门位置传感器的可靠性，部分发动机采用了霍尔式节气门位置传感器。这种传感器采用由霍尔元件制成的霍尔式非接触式电位器，取消了接触式的滑动触点，大大提高了电位器的工作寿命。霍尔式节气门位置传感器由固定在壳体上的霍尔元件和随节气门轴转动的永久磁铁组成，如图2-5所示。永久磁铁固定在节气门轴上，随节气门开度的变化而转动，霍尔元件则固定在永久磁铁的两极中间。来自ECU的5V电源施加在片状霍尔元件的一个方向上，于是可在霍尔元件中产生一个恒定的电流。由于霍尔元件固定在永久磁铁产生的磁场中，在垂直于电流方向的两个端面间即产生霍尔电压（传感器的信号电压），如图2-6a所示。

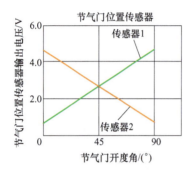

图2-4 双可变电阻式节气门位置传感器的反相输出

图2-5 霍尔式节气门位置传感器

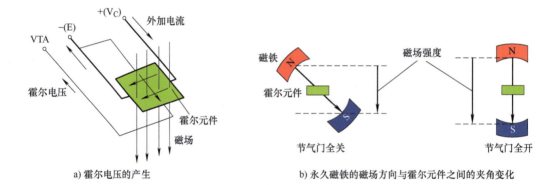

a) 霍尔电压的产生

b) 永久磁铁的磁场方向与霍尔元件之间的夹角变化

图2-6 霍尔式节气门位置传感器工作原理

当节气门全关时，永久磁铁的磁场方向与霍尔元件之间有较大的夹角，其产生的霍尔电压也较小；当节气门开大时，永久磁铁的磁场方向与霍尔元件之间的夹角逐渐减小，在节气门全开时，磁场垂直于霍尔元件，如图2-6b所示。由于霍尔电压的大小与垂直作用在霍尔元件上的磁场强度成正比，因此在节气门从全关到全开的过程中，传感器即产生与节气门开度成正比的信号电压。

霍尔式节气门位置传感器也可以采用由主、副两个霍尔元件组成的双霍尔式节气门位置传感器，控制电路如图2-7所示。该传感器有4个接线端子，分别是电源（图2-7中的V_C）、搭铁（图2-7中的E）、节气门开度信号（图2-7中的VTA1）和故障监测信号（图2-7中的VTA2）。其作用原理与双可变电阻式节气门位置传感器的基本相同。

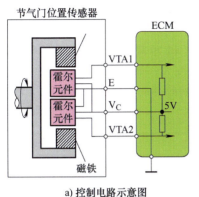

a) 控制电路示意图

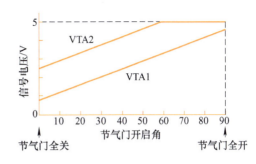

b) 节气门开度信号与故障监测信号的信号电压

图 2-7 双霍尔式节气门位置传感器的控制电路

2. 检测

下面以 2008 款三菱格蓝迪为例，介绍双霍尔式节气门位置传感器的检测。

（1）输入电压检测　关闭点火开关，拔下节气门位置传感器插头，打开点火开关，用万用表电压挡测量线束侧 5 端子，检查是否有 5V 电压输入。如果没有，则应检查传感器 5 端子与 ECU C—113 中的 106 端子是否导通，如果不导通，则检查线路线束；如果导通，则说明 ECU 没有 5V 电压输出，则应更换 ECU。节气门位置传感器与 ECU 的连接电路图如图 2-8 所示，依据线路连接图进行检测。

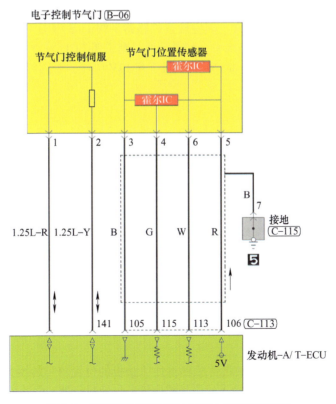

图 2-8 节气门位置传感器与 ECU 的连接电路图

（2）输出电压检测　由于在使用万用表检测传感器的输出电压时，需要配备专用线束三通插头或刺破信号线。因此，三菱公司推荐使用其专用解码器 MUT-Ⅲ，通过读取数据流从而进行输出电压的检测。将点火开关置于"ON"（副）和 79 项——节气门位置传感器（主）的电压值，观察电压值是否可以随节气门的打开而同步变大，如果变化不同步或中间有断点，则节气门位置传感器线路可能本身有故障。节气门位置传感器的数据流见表 2-2。

表 2-2　节气门位置传感器的数据流

端子名称	检测项目	状态	参数范围
8A	节气门位置传感器（主）	点火开关置于"ON"，用手指完全关闭节气门	0～12%
		点火开关置于"ON"，用手指完全打开节气门	75%～100%
9A	节气门位置传感器（主）中间开度学习值	点火开关置于"ON"，不论节气门是打开还是关闭	0.8～1.8V
79	节气门位置传感器（主）	点火开关置于"ON"，用手指完全关闭节气门	0.3～0.7V
		点火开关置于"ON"，用手指完全打开节气门	≥4.0V
14	节气门位置传感器（副）	点火开关置于"ON"，用手指完全关闭节气门	2.2～2.8V
		点火开关置于"ON"，用手指完全打开节气门	≥4.0V

（3）搭铁检测　关闭点火开关，拔下节气门位置传感器插头，打开点火开关，用万用表电压挡测量线束侧 3 端子与蓄电池负极是否导通。正常情况下，应该导通，如果不导通，则应检查线路、接头、ECU。

（4）节气门伺服控制检测　打开点火开关，用万用表电压挡测量线束侧 1 端子与搭铁，检查有无 12V 电压输入。如果没有，则应检查传感器 1 端子与 ECU C—113 中的 133 端子是否导通，如果不导通，则检查线路线束；如果导通，则说明 ECU 没有 12V 电压输出，应更换ECU。ECU C—113 中的 133 端子和 141 端子间应有 12V 电压，否则应更换 ECU。

四、速腾电子节气门

1. 控制机理

在电子节气门系统中，节气门不是通过加速踏板的拉线来控制的。节气门与加速踏板之间无机械式连接装置。加速踏板位置由两个加速踏板位置传感器传递给发动机控制单元。这两个传感器与加速踏板一体，是可变电阻，且包在一个壳体内。加速踏板位置是发动机控制单元的一个主要输入参数。节气门是由节气门控制单元内的一个电动机（即节气门控制器）来控制的，在整个转速及负荷范围均有效。如图 2-9 所示，节气门由节气门控制单元根据发动机控制单元指令来控制。当发动机不运转且点火开关打开时，发动机控制单元根据加速踏板位置传感器的信号来控制节气门开度，也就是说，当加速踏板踏下一半时，节气门也打开一半。当发动机运转（有负荷）时，发动机控制单元可能不依靠加速踏板位置传感器来打开或关闭节气门。也就是说，尽管加速踏板踏下一半，但节气门已完全打开。这样可以避免节流损失。另外还能在一定负荷状态下减少有害物质排放并降低油耗。发动机所需转矩由发动机控制单元通过节气门开度及进气压力确定。

驾驶人踩下加速踏板，加速踏板传感器将加速踏板的位置信号转换为电信号，并传递给发动机 ECU，ECU 实时将驾驶人输入的信号传递给节气门执行器（电动机），执行器将节气门转动到相应的角度。ECU 可以独立于加速踏板的位置，调整节气门的位置。其优点是发动机可以根据各种不同的需求（如驾驶人输入的信号、废气的排放、燃油消耗以及安全性等）确定节气门的位置。

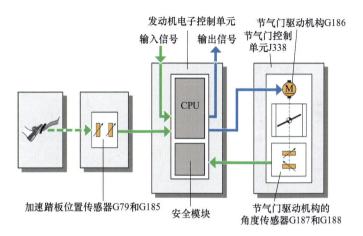

图 2-9　电子节气门的控制功能

如果认为电子节气门仅由一两个部件组成，那是完全错误的。电子节气门包括用于确定、调整及监控节气门位置的所有部件，如节气门控制单元、加速踏板位置传感器、EPC 警告灯、发动机控制单元等。电子节气门体安装在空气流量传感器和发动机之间的进气管上，用来改变进气通道面积，从而控制进气量和发动机运行工况。

2. 速腾轿车节气门控制单元 J338

速腾轿车节气门控制单元 J338 位于进气歧管上，它的作用是保证发动机获得所需要的空气量。

如图 2-10 所示，节气门控制单元由节气门壳体、节气门、节气门驱动器（G186）、节气门角度传感器（1–G187 和 2–G188）及齿轮等部件组成。

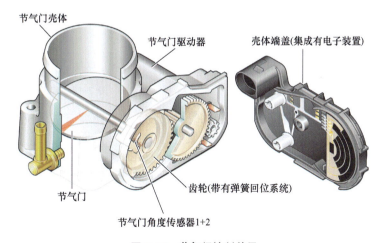

图 2-10　节气门控制单元

节气门控制单元既不可以被打开，也不可以被修理。更换节气门控制单元后，必须对节气门控制单元进行基本设定。如图 2-11 所示，ECU 控制节气门驱动器来打开或关闭节气门。

17

两个节气门角度传感器将节气门最新位置反馈给ECU。出于安全考虑，使用了两个角度传感器。如图2-12所示，节气门驱动器（G186）就是一个电动机，它由ECU来控制，通过一套小齿轮机构来带动节气门运动，可实现从怠速到全负荷位置的无级调节。

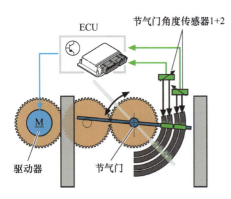

图2-11　节气门控制单元的功能

图2-12　节气门驱动器

　　如图2-13所示，在机械下止点这个位置上节气门是关闭的。该位置用于对节气门控制单元进行基本设定。而电动下止点的位置预存在ECU内，它比机械下止点稍高一点，如图2-14所示。节气门的运动极限是可运动（关闭）到电动下止点的位置，这样可防止节气门与壳体发生干涉。

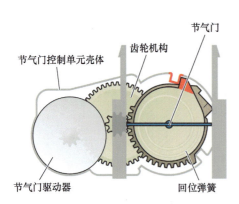

图2-13　机械下止点

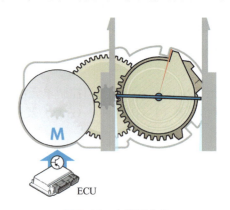

图2-14　电动下止点

　　如图2-15所示，在节气门驱动器不通电时，弹簧回位系统将节气门拉至应急运行位置。在这个位置时，只能以较高的怠速转速来完成某些行驶工况。

　　如图2-16所示，电动上止点由ECU来确定，它是车辆行驶时节气门打开最大角度的点。机械上止点在电动上止点的上方，它不会影响发动机的功率，因为它在节气门轴的"阴影"内，如图2-17所示。

　　如果节气门驱动器失效了，那么节气门会被自动拉到应急运行位置。故障存储器内记录一个故障，EPC故障指示灯就被接通了，此时驾驶人只能使用应急功能，舒适功能则被关闭（如定速巡航功能）。

　　如图2-18所示，节气门角度传感器1-G187和2-G188都是滑动接触式电位计。滑动触点在齿轮上，齿轮装在节气门轴上。传感器扫描壳体盖上的轨道，节气门位置不同，电位计轨道上的电阻也不同，因此发送到 ECU 的电压信号也不同。

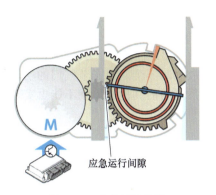

图 2-15　应急运行位置

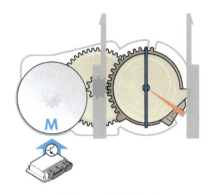

图 2-16　电动上止点

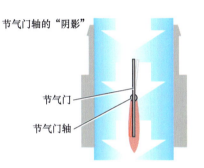

图 2-17　机械上止点

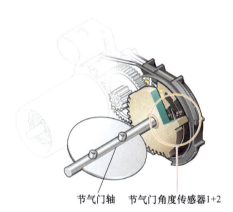

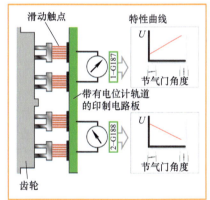

图 2-18　节气门角度传感器

　　这两个电位计的特性曲线是相反的。因此 ECU 可以区分出这两个电位计，并执行检查功能。当 ECU 从某个角度传感器接收到不可靠的信号或根本接收不到信号时，则故障存储器内储存一个故障，EPC 故障指示灯被接通，影响转矩的子系统（如定速巡航和发动机牵引力矩调节系统）被关闭。此时 ECU 使用负荷信号来校验剩余的那个角度传感器，加速踏板的反应与正常一样。

　　当 ECU 从两个角度传感器都接收到不可靠的信号或根本接收不到信号时，则两个传感器都会在故障存储器中记录故障，EPC 故障指示灯被接通，节气门驱动器被关闭，发动机以 1500r/min 的高转速急速运行，对加速踏板不再作出反应。

3. EPC 故障指示灯

EPC 故障指示灯 K132 位于组合仪表上，它是一个黄色的灯，其上带有"EPC"字样，如图 2-19 所示。在接通点火开关后，EPC 故障指示灯亮 3s，如果故障存储器内没有故障记录或者在这段时间内没有识别出故障，该灯就会熄灭。当系统出现故障时，ECU 会接通该灯，故障存储器内也会记录一个故障。EPC 故障指示灯出现故障时不会对电子节气门的功能产生影响，但是会导致故障存储器内记录一个故障，而且对系统内的其他故障就不能再实现视觉提示了。

4. 附加信号

1）制动灯开关 F 和制动踏板开关 F47。这两个开关集成在制动踏板上的一个部件内，如图 2-20 所示。制动踏板开关 F47 是起安全作用的，用作 ECU 的第二个信息传感器。当收到制动踏板已踏下的信号后，ECU 将关闭定速巡航装置，并且默认为怠速状态。

如果制动灯开关 F 和制动踏板开关 F47 中的一个失效，或者识别出输入信号不可靠，ECU 就会关闭舒适功能（如定速巡航功能）。如果这两个开关都损坏，那么发动机转速就会被限制为较高的怠速转速。

图 2-19　EPC 故障指示灯

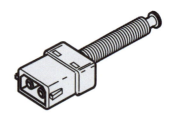

图 2-20　制动灯开关 F 和制动踏板开关 F47

2）离合器位置传感器 G476。ECU 根据离合器位置传感器 G476 的信号来判定离合器踏板是否已踏下。如果离合器踏板已踏下，那么定速巡航和负荷变换功能就被关闭了。

5. 节气门控制单元的检测

（1）EPC 指示灯功能检查　打开点火开关，EPC 指示灯应亮，起动发动机后，如果故障存储器中没有关于电控节气门系统的故障，EPC 指示灯将熄灭。否则，应进行检查（可用 VAS5052 引导功能对 EPC 指示灯进行检查）。

1）如果开始时 EPC 指示灯不亮，则应检查从发动机控制单元到 EPC 指示灯的导线。检查方法是关闭点火开关，接上检测盒 VAG1598/31，但不接发动机控制单元。用 VAG1594 连接检测盒上插孔 1 和 EPC 搭铁。打开点火开关，EPC 指示灯应亮。如果 EPC 指示灯不亮，检查组合仪表板内 EPC 指示灯是否烧坏，或按电路图检查 EPC 指示灯供电情况。如果 EPC 指示灯和供电都正常，按电路图排除发动机控制单元到 EPC 指示灯之间导线短路或断路处。如果导线无故障，则应更换发动机控制单元。

2）如果 EPC 指示灯亮的时间超过 3s，或 EPC 指示灯一直亮，则应检查导线是否对搭铁短路。检查方法是起动发动机并怠速运转，如果 EPC 指示灯不熄灭，读取故障码。如果无故障码，关闭点火开关，接上检测盒 VAG1598/31，但不接发动机控制单元。检查 VAG1598/31 与 EPC 搭铁，与组合仪表板端子间的导线连接是否对搭铁短路。规定值应为无穷大，如果未达到规定值，按电路图排除发动机控制单元到 EPC 指示灯之间导线对搭铁短路处。如果导线无故障，则应更换发动机控制单元。

（2）节气门位置传感器 G187、G188 的检查　将 VAS5052 连接到诊断座上，起动发动机，输入发动机电控系统，选择功能"读测量数据块"，显示区 1 显示节气门位置传感器 1-G187 的开度百分比，规定值为 3%～93%；显示区 2 显示节气门位置传感器 2-G188 的开度百分比，规定值为 3%～97%；显示区 3 显示加速踏板位置传感器 1-G79 的开度百分比，规定值为 12%～97%；显示区 4 显示加速踏板位置传感器 2-G185 的开度百分比，规定值为 4%～49%。

急速时显示区 1 至显示区 3 的值为 8%～18%，显示区 4 为 3%～13%。慢慢将加速踏板踩到底，显示区 1 节气门位置传感器 G187 的百分比应均匀升高，公差范围为 3%～93%，而显示区 2 节气门位置传感器 G188 的百分比应均匀降低。如果显示达不到上述要求，则检查节气门控制部件的供电及导线，尤其要注意插头是否松动或锈蚀。如果供电及导线正常，则更换节气门控制部件。

（3）节气门控制部件供电和导线的检查　如图 2-21 所示，拔下节气门控制部件插头，打开点火开关，用万用表测量插头 T6x/2+T6x/6、T6x/2+ 搭铁电压约为 5V，T6x/3（负）+T6x/5（正）约为 12V。若达不到上述要求，按照电路图检查节气门控制部件插头 6 个端子至发动机控制单元相应端子之间的导线是否断路，然后检查导线相互之间是否导通（导线最大阻值为 1.5Ω）。

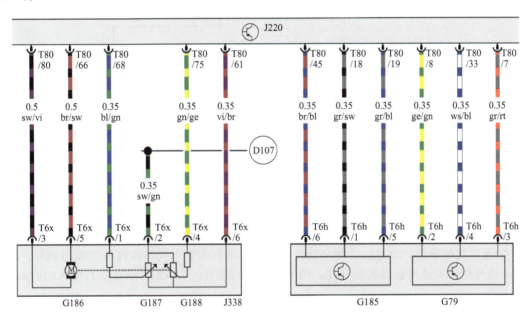

图 2-21　2012 款一汽大众速腾 1.6L（CLRA）EPC 系统电路

G186—电控加速操纵机构的节气门驱动装置　G187—电控加速操纵机构的节气门驱动装置角度传感器 1
G188—电控加速操纵机构的节气门驱动装置角度传感器 2　J220—Motronic 控制单元　J338—节气门控制单元
G79—加速踏板位置传感器　G185—加速踏板位置传感器 2　D107—连接 5，在发动机舱导线束中

（4）发动机控制单元同节气门控制部件 J338 匹配　当电源供应中断、更换了节气门控制部件或更换了发动机控制单元时，发动机控制单元必须与节气门控制部件进行匹配（即自适应或自学习）。通过匹配，发动机控制单元学习了节气门在不同位置时的特性参数，并将这些参数存入发动机控制单元。节气门位置由 2 个节气门位置传感器来反馈。匹配的条件为故障存储器中没有故障存储，蓄电池电压至少应为 12.7V，冷却液温度在 10～95℃，进气温度在 10～90℃，发动机不转，点火开关打开，不踩加速踏板。进行匹配时，将 VAS5052 连接到诊

断座上，打开点火开关 6s 以上，进入发动机电控系统，选择功能"基本设置"。不要操纵起动和加速踏板，且发动机控制单元识别出"学习需要"时，匹配过程会自动完成（匹配过程是否完成是看不出来的）。当储存节气门位置传感器的电压值与实际测得的值在某一公差范围内不一致时，才能识别出"学习需要"。

五、智能电子节气门

在常规型节气门体中，都是由加速踏板作用力来确定节气门的角度。丰田凯美瑞车型采用了智能电子节气门（Electronic Throttle Control System-intelligent，ETCS-i），ETCS-i 使用发动机 ECU 计算适合于相应驾驶条件的最佳节气门开度，并使用节气门位置控制电机来控制节气门的开度。在异常情况下，该系统会切换至跛行模式。图 2-22 所示为丰田采用的 ETCS-i，该系统主要由节气门位置传感器、加速踏板位置传感器、节气门位置控制电机、其他传感器、执行器和节气门控制单元组成。

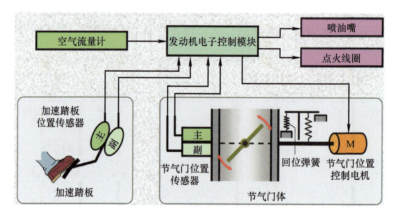

图 2-22 丰田 ETCS-i

如图 2-23 所示，ETCS-i 的加速踏板位置传感器为线性传感器，主要由滑动电阻构成。驾驶人踩下加速踏板时，传感器的滑动触头随踏板轴转动，其输出电压与节气门的开度成正比，在加速踏板踩下的全程范围内，可向节气门控制单元输出 0～5V 的电压。为了确保可靠性，采用双系统输出，即安装了两个线性传感器，具有两个不同输出特性的输出信号，其中 VPA1 信号指示加速踏板的实际开度，用于发动机的控制，VPA2 信号则用于 VPA1 传感器的故障检测。

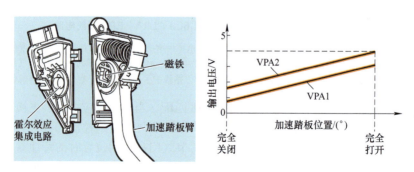

图 2-23 ETCS-i 加速踏板位置传感器

如图 2-24 所示，ETCS-i 的节气门体由节气门、节气门位置传感器、节气门控制电机及回位弹簧组成。节气门位置传感器为霍尔式传感器，主要由霍尔效应集成电路（霍尔 IC）和可绕节气门轴转动的磁铁构成。随着磁场的变化，霍尔 IC 产生并输出信号电压。节气门位置传感器也采用了两套相同的传感器，两路信号输出，VTA1 信号用来检测节气门的实际开度并反馈给 ECU，VTA2 信号用来检测 VTA1 传感器的故障。

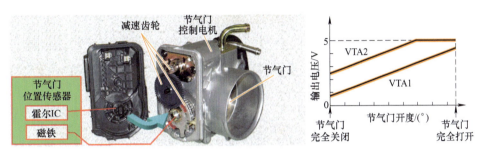

图 2-24　ETCS-i 节气门体

节气门控制电机为灵敏度高、耗能少的直流电机。节气门控制单元根据加速踏板位置传感器的信号，以占空比的形式控制电机的转角，并通过齿轮带动节气门转过相应的角度。

1. ETCS-i 的控制功能

ETCS-i 的控制功能主要包括以下 6 种：

1）正常模式非线性控制：通过控制节气门，调整到适合加速踏板作用力和发动机转速等驾驶条件的最佳节气门角度，从而实现优异的节气门控制性能和所有工作范围内的舒适操作。

2）急速控制：当驾驶人松开加速踏板时，可根据加速踏板位置传感器信号判定发动机进入急速工况，再根据温度信号、发动机负荷等控制节气门开度，保持发动机在理想的急速状态。

3）牵引力节气门控制：防滑控制单元根据轮速和车速信号，判断驱动车轮是否出现打滑现象，从而及时控制节气门控制电机，减小节气门的开度，降低发动机的功率，以获得合适的驱动力，提高车辆行驶的平稳性。

4）车辆稳定性控制的协调控制：利用防滑控制单元的综合控制来控制节气门的开启角度，以达到最大效率地利用车辆稳定性控制系统的控制效果。

5）巡航控制：配备 ETCS-i 后，巡航控制单元可通过节气门控制电机将节气门任意定位，取消了巡航控制执行器和拉索，真正实现了定速巡航全电控。

6）失效保护：当 ECU 检测到 ETCS-i 出现故障时，ECU 将转换到跛行模式（故障慢行模式）。在跛行模式控制中，车辆将在节气门开启角度大于正常值的有限条件下行驶，或者将节气门置于急速位置，直到系统故障排除，并将点火开关置于"OFF"位置。

2. ETCS-i 的失效保护功能

当失效保护检测到任何传感器存在故障时，如果发动机 ECU 仍能继续正常控制发动机控制系统，则说明发动机可能有故障或出现其他故障。为了防止出现此问题，发动机 ECU 的失效保护功能提供有助于储存的数据，使发动机控制系统继续运行，或在预测到即将出现危险的情况下停止发动机工作。

（1）加速踏板位置传感器的失效保护　加速踏板位置传感器有两个传感器（主和副），若

第二章

其中一个传感器电路出现故障，如图 2-25 所示，则发动机 ECU 会检测两个传感器电路之间不正常的信号电压差，并切换到跛行模式。在跛行模式中，正常工作的电路用来计算节气门开度，从而在跛行模式下控制车辆运行。

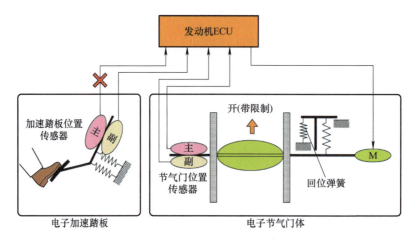

图 2-25　一个传感器电路出现故障

如果两个传感器电路都出现故障，如图 2-26 所示，发动机 ECU 会检测这两个传感器电路的不正常信号电压，中断节气门控制。此时，可以在发动机怠速范围内驾驶车辆。

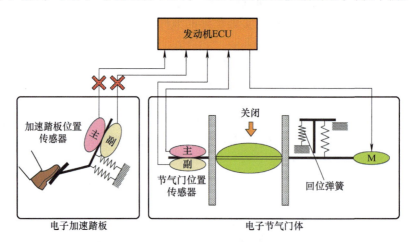

图 2-26　两个传感器电路出现故障

（2）节气门位置传感器的失效保护　节气门位置传感器有两个传感器（主和副），若其中一个传感器电路出现故障，则发动机 ECU 会检测两个传感器电路之间的不正常信号电压差，切断至节气门控制电机的电流，并切换到跛行模式，如图 2-27 所示。然后，回位弹簧的弹力导致节气门回位，使其保持在指定的开度。此时，可以在跛行模式下驾驶车辆，同时根据节气门开度控制燃油喷射和点火正时，从而调节发动机的动力输出。如果发动机 ECU 检测到节气门控制电机系统中存在故障，则执行与上述相同的控制。

六、感应式节气门位置传感器

感应式节气门位置传感器是一种新型位置传感器，它由印制电路板和电子芯片组成，不需要额外的磁性材料，且不受磁场和电信号的干扰，对制造精度和周围的环境要求较低。它在一个简单、紧凑的空间条件下能够实现角位移的非接触式测量，非接触式传感器替代电压计式传感器代表着技术进步的发展方向。

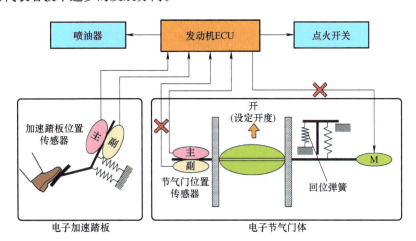

图 2-27　切换到跛行模式

1. 位置与结构

图 2-28 所示的节气门传感器是一个 120° 的角度传感器，转子直接安装在齿轮的轴端上，定子直接安装在壳体上。

2. 工作原理

与其他角传感器一样，感应式节气门位置传感器由定子和转子组成。在印制电路板（Printed Circuit Board，PCB）上的定子由激励线圈、3 个感应线圈和其他电子元件组成，转子是一块简单的冲压金属片，如图 2-29 所示。

图 2-28　节气门传感器

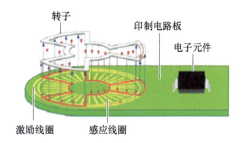

图 2-29　感应式节气门位置传感器的工作原理

感应耦合的原理如图 2-30 所示。激励线圈中电流产生的电磁场在转子中产生感应电流。第一次感应耦合与角位置无关，其作用仅是通过感应耦合将能量传递给转子。传感器的相关信息是通过转子与接受线圈之间的第二次感应耦合来实现的，第二次感应耦合感应与转子相对于定子的相对位置有关。在第二次感应中，定子上的电压幅值随相对位置而变化，信号处理单元接受线圈的电压信号，进行整流、放大并成对地将其按比例输出。这种将输出电压与角度按比例测量的原理在很大程度上不会受到机械公差（如空气间隙的变化、轴线偏心和倾斜）的影响。同时，电信号和电磁干扰在很大程度上也得到抑制。

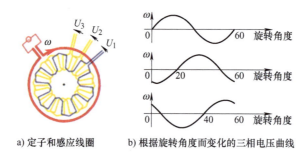

a) 定子和感应线圈　　　b) 根据旋转角度而变化的三相电压曲线

图 2-30　感应耦合的原理

与静电磁场原理不同的是，感应式位置传感器里面没有与温度相关的磁性材料，如铁心、铁氧体或磁心，无须设计专门的温度补偿回路，所有因尺寸变化和电信号处理过程中产生的温度漂移都可通过比例测量技术加以消除。

出于安全的考虑，电控系统需要冗余的电信号。由于使用处理芯片，其输出可以为模拟信号和脉宽调制信号。

第二节　加速踏板位置传感器

加速踏板位置传感器应用在采用电子节气门的发动机中，安装在加速踏板附近，可用于检测加速踏板的行程，向发动机电控单元（ECU）反映驾驶人驾驶意图的信息。

一、可变电阻式加速踏板位置传感器

可变电阻式加速踏板位置传感器采用了可变电阻式电位器，如图 2-31a 所示，其构造和工作原理基本上和可变电阻式节气门位置传感器相同。从两个系统来的信号之一的 VPA 信号，能在加速踏板踩下全程范围内，成线性关系地输出电压。另一个 VPA2 信号，能输出偏离 VPA 信号的偏置电压。可变电阻式加速踏板位置传感器的控制电路和输出特性如图 2-32 所示。

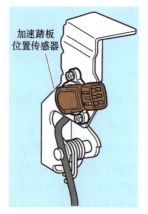

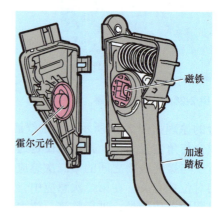

a) 可变电阻式加速踏板位置传感器　　　b) 霍尔式加速踏板位置传感器

图 2-31　加速踏板位置传感器

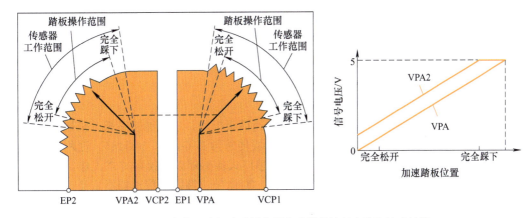

图 2-32　可变电阻式加速踏板位置传感器的控制电路和输出特性

二、霍尔式加速踏板位置传感器

霍尔式加速踏板位置传感器采用了霍尔式非接触式电位器，如图 2-31b、图 2-33 所示。为保证其信号的可靠性，两个电位器的控制电路完全独立，即采用各自独立的电源、搭铁和信号端子，因此霍尔式加速踏板位置传感器通常有 6 个接线端子，如图 2-34 所示。

图 2-33　霍尔式加速踏板位置传感器的结构

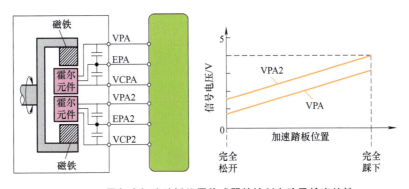

图 2-34　霍尔式加速踏板位置传感器的控制电路及输出特性

与节气门位置传感器一样，发动机电控单元通过加速踏板位置传感器的两个电位器信号，不但可以获取加速踏板的开度，还能对该传感器进行故障监测，一旦发现两个信号电压的差值（或两电压之和）与标准不符，即判定该传感器有故障，则立即起动失效保护模式，按"未踩踏板"来进行控制。

三、速腾新型加速踏板位置传感器

1. 加速踏板位置传感器的结构

如图 2-35 所示，速腾采用了一种新型的加速踏板模块，它由加速踏板、机械部件、薄金属盘、盖板和 PCB 等组成，并带有加速踏板位置传感器 1-G79 和 2-G185。这两个加速踏板位置传感器是加速踏板模块中的一部分，作为感应式传感器以非接触方式工作，其安装位置如图 2-36 所示。其优点是：浮动传感器无摩擦、寿命长、整体式传感器不需要进行强制低速档基本设定。

图 2-35　新型加速踏板模块

图 2-36　带加速踏板位置传感器的加速踏板位置

图 2-37 所示为加速踏板位置传感器的结构，加速踏板位置传感器由一个励磁线圈、金属薄片、感应线圈和信号处理电路组成。励磁线圈负责产生磁场，当加速踏板被踩下时，金属薄片被带着在励磁线圈产生的磁场中做直线运动，所造成的磁场变化在感应线圈中感应出电压，感应电压经过信号处理器处理并传送给 ECU，如图 2-38 所示。

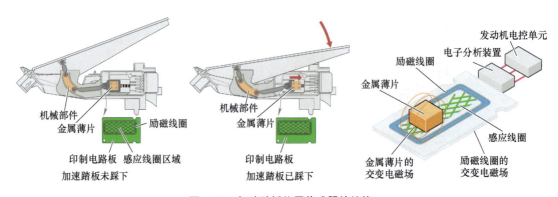

图 2-37　加速踏板位置传感器的结构

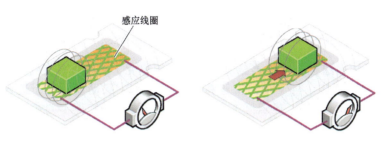

图 2-38 加速踏板位置传感器的工作原理

两个加速踏板位置传感器随加速踏板行程变化而产生电压变化，如图 2-39 所示。两个传感器有两条不同的特性曲线，这对于安全功能和检查功能来说是必需的。加速踏板位置传感器一个或两个都失效后，系统会有故障记忆，同时仪表上的 EPC 故障指示灯也会亮起。车辆的一些便捷功能，如定速巡航或发动机制动辅助控制功能也将会失效。当一个加速踏板位置传感器信号失真或中断时，如果另一个加速踏板位置传感器处于怠速位置，则发动机进入怠速工况；如果另一个加速踏板位置传感器处于负荷工况，则发动机转速上升缓慢。若两个传感器同时出现故障，则发动机高怠速（1500r/min）运转。

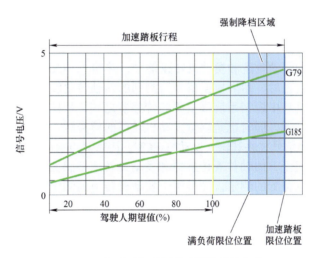

图 2-39 加速踏板位置传感器的特性曲线

2. 加速踏板位置传感器的检测

速腾轿车的电子加速踏板连接线共有 6 根，负责将 2 个霍尔式传感器 G185 和 G79 的信号与发动机电控单元相连接。检查时，将 VAS5052 连接到诊断座上，起动发动机，进入发动机电控系统，选择功能"读测量数据块"。然后慢慢将加速踏板踩到底，同时注意显示区 3 和 4 的百分比，应均匀升高，并且显示区 3 中的显示值应总是显示区 4 的 2 倍。如果显示值没有达到此要求，则继续进行下一步检查。

拆下驾驶人侧杂物箱，拔下加速踏板位置传感器插头。打开点火开关，测量插头端子 T6h/1 和 T6h/5 之间约为 5V、T6h/2 和 T6h/3 之间约为 5V。按电路图检查加速踏板位置传感器插头各端子至发动机控制单元线束端子之间的导线是否断路，然后检查导线相互之间是否导通。打开点火开关，松开加速踏板，G79 正常电压为 0.9 ~ 1.2V，完全踩下电压≥4V；打开点火开关，松开加速踏板，G185 正常电压为 0.4 ~ 1.0V，完全踩下电压≥3.6V。如果导线无故障，则更换加速踏板位置传感器。

3. 强制降档自适应

如果更换了加速踏板位置传感器或发动机电控单元，对于装备变速器的汽车，必须进行强制降档功能自适应。将 VAS5052 连接到诊断座上，起动发动机，进入发动机电控系统，选择功能"基本设置"。显示区 1 显示加速踏板位置传感器 1-G79 的开度百分比，规定值为 79% ～ 94%；显示区 2 显示加速踏板位置传感器 2-G185 的开度百分比，规定值为 79% ～ 94%；显示区 3 显示加速踏板位置，应显示"Kick down"；显示区 4 显示自适应状态，可能显示"ADPi.o." "ERROR" "ADPlauft"等。自适应完成应显示"ADPi.o."，表示要求"操纵强制降档功能"。应立即踩下加速踏板，一直踩过强制降档作用点，并保持该状态至少 2s。注意在强制降档作用点自适应过程中，VAS 5052 屏幕上会显示"kickdown ADPlauft"，完成自适应后会显示"kickdown ADPi.o."。

第三节 曲轴位置传感器

一、功用和安装位置

曲轴位置传感器（Crankshaft Position Sensor，CPS），又称为发动机转速与曲轴转角传感器，其功用是采集曲轴转动角度和发动机转速信号，并输入 ECU，以便确定喷射顺序、喷射正时、点火顺序、点火正时，然后根据信号监测到的曲轴转角波动大小来判断发动机是否有失火现象。它是发动机集中控制系统最主要的传感器之一，是控制发动机燃油喷射和点火时刻确认曲轴位置的信号源，同时也是测量发动机转速的信号源。曲轴位置传感器用来检测活塞上止点及曲轴转角的信号并将其输入发动机 ECU，用来对点火时刻和喷油正时进行控制。

在现代电控发动机上，曲轴位置传感器和发动机转速传感器制成一体，既可用于发动机曲轴位置、活塞上止点位置的测定，又可用于发动机转速的测定。曲轴位置传感器一般安装于曲轴前端、靠近飞轮的变速器壳体位置，如图 2-40 所示。该传感器按其工作原理的不同可分为磁脉冲式曲轴位置传感器、光电式曲轴位置传感器和霍尔式曲轴位置传感器等。

图 2-40　曲轴位置传感器的安装位置

二、磁感应式曲轴位置传感器

1. 结构与工作原理

磁感应式曲轴位置传感器，又称为磁脉冲式传感器或可变磁阻式传感器。它主要由导磁材料制成的信号转子、永久磁铁、信号线圈等组成。磁感应式曲轴位置传感器的位置是固定的，软磁铁心与信号转子齿之间必须保持一定的间隙，如图 2-41 所示。

传感器插头的接线形式主要有二线制和三线制两种。二线制的两根线为信号回路线，信号正负交替变化，三线制中多出的一根线为屏蔽线。

1）当信号转子凸齿靠近传感器时，磁头与齿间隙逐渐缩小，磁路中的磁阻逐渐减小，传感器的磁场便开始产生集中的现象，磁场强度增大，磁通量的变化率也逐渐增大，因此会产生一个逐渐增大的正的感应电动势，磁场的变化越大，则感应出的电压也越强，其相对位置如图 2-42a 所示；磁通量和感应电动势的变化如图 2-43 的 a–b 段所示。

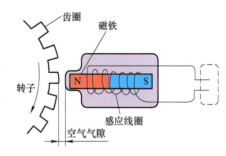

图 2-41 磁感应式曲轴位置传感器的结构

2）当凸齿继续靠近磁头时，磁通量仍在增大，但磁通量的变化率则减小，因此会产生一个正的、逐渐减小的感应电动势，其相对位置如图 2-42b 所示；磁通量和感应电动势的变化如图 2-43 的 b–c 段所示。

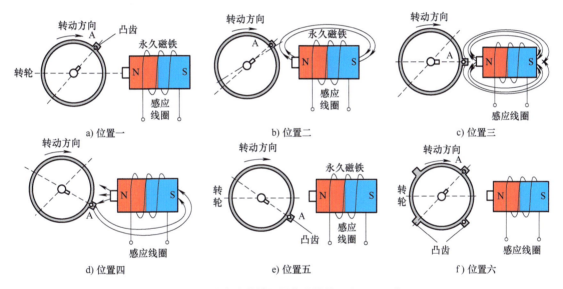

a) 位置一　　　b) 位置二　　　c) 位置三
d) 位置四　　　e) 位置五　　　f) 位置六

图 2-42 磁感应式曲轴位置传感器的工作原理示意图

3）当信号转子凸齿与传感器尖端对齐成一直线时，磁头与齿间隙最小，磁路中的磁阻最小，磁场强度最强，磁通量最大，但在该点磁场强度没有变化，磁场变化率为 0，所以感应电压和电流强度为 0，其相对位置如图 2-42c 所示；磁通量和感应电动势的变化如图 2-43 的 c 点所示。

4）信号转子凸齿继续转动，其相对位置如图 2-42d 所示，凸齿远离磁头准备离开传感器时，二者间隙逐步变大，磁路中的磁阻逐渐增大，磁通量逐渐减小，但磁通量的变化率仍逐渐增大，因此产生一个负的但绝对值仍逐渐增大的感应电动势，如图 2-43 的 c–d 段所示。

5）当凸齿继续转动离开磁头时，磁路中的磁阻继续增

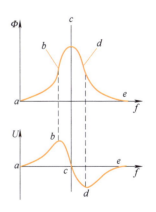

图 2-43 磁通量和感应电动势的变化

大，磁通量继续减小，但磁通量的变化率也逐渐减小，因此产生一个负的绝对值逐渐减小直至为 0 的感应电动势，其相对位置如图 2-42e 所示；磁通量和感应电动势的变化如图 2-43 的 d-e 段所示。

2. 捷达轿车曲轴位置传感器的检测

（1）结构原理　捷达轿车的磁感应式曲轴位置传感器安装在气缸体左侧、发动机后端靠近飞轮处，零件编号 G28，传感器用螺钉固定在发动机缸体上。该传感器的信号转子为齿盘式，齿数为 60-2 齿，即在原来为 60 齿的圆周上，切掉两个齿，形成在其圆周上均匀间隔的 58 个凸齿、57 个小齿缺和 1 个大齿缺。因为原来的 60 个齿在圆周上呈均匀分布，齿与齿的间隔度数为 360°/60=6°，因此每个凸齿和小齿缺所占的曲轴转角均为 3°。曲轴旋转一圈 360°，将会产生 58 个脉冲信号。大齿缺所占的弧度相当于两个凸齿和 3 个小齿缺所占的弧度，大齿缺所占总的曲轴转角为 15°（2×3°+3×3°=15°）。大齿缺输出基准信号，对应发动机 1 缸或 4 缸压缩上止点前一定角度。

信号转子上设有一个产生基准信号的大齿缺，所以当大齿缺转过磁头时，信号电压所占的时间较长，即输出信号为一宽脉冲信号，该信号对应于 1 缸或 4 缸压缩上止点前一定角度。ECU 接收到宽脉冲信号时，便可知道 1 缸或 4 缸上止点位置即将到来，至于即将到来的是 1 缸还是 4 缸，则需根据凸轮轴位置传感器输入的信号来确定。由于信号转子上有 58 个凸齿，因此信号转子每转一圈（发动机曲轴转一圈），传感线圈就会产生 58 个交变电压信号输入 ECU。因此，ECU 每接收到曲轴位置传感器 58 个信号，就可知道发动机曲轴旋转了一圈。依此类推，ECU 根据每分钟接收曲轴位置传感器脉冲信号的数量，便能计算出发动机曲轴旋转的转速和曲轴的位置，其位置如图 2-44 所示，曲轴位置传感器的输出波形如图 2-45 所示。

曲轴位置传感器 G28 的安装位置如图 2-46 所示，G28 与 ECU J361 的连接关系如图 2-47 所示。端子 T3i/2 为传感器的其中一极，它与 ECU 的 T80/64 端子相连；端子 T3i/3 为传感器的另一极，它与 ECU 的 T80/53 端子相连；端子 T3i/1 为屏蔽线端子，它与发动机线束内的搭铁相接。

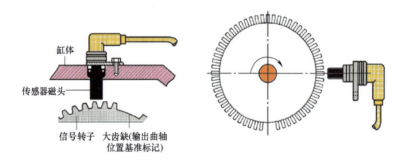

图 2-44　捷达轿车曲轴位置传感器的结构

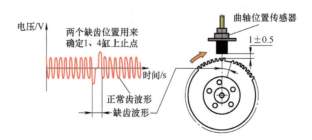

图 2-45　曲轴位置传感器的输出波形

图 2-46　曲轴位置传感器 G28 的安装位置

（2）检测　捷达轿车的磁感应式曲轴位置传感器的检测方法如下：

1）故障征兆检测。在发动机运行中，当曲轴位置传感器出现故障时，会导致信号中断，发动机不能起动或在运行时立即熄火，这时 ECU 可以诊断到故障并进行故障码储存。

2）曲轴位置传感器的电阻检查。关闭点火开关，拔下传感器插接器插头，检测传感器上 3 和 2 端子间的电阻，应为 450 ～ 1000Ω。若电阻为无穷大，则说明信号线圈存在断路，应更换传感器。检查传感器上端子 T3i/3 或端子 T3i/2 与屏蔽线端子 T3i/1 之间的电阻，电阻应为无穷大，否则应更换传感器。

3）信号转子与磁头间的间隙检查。用塞尺检查信号转子与磁头间的间隙，该间隙的标准值为 0.2 ～ 0.5mm，若该值不在标准值范围内时，则需进行调整。

4）输出电压测量。用万用表的交流电压挡，在线路正常连接、发动机运转时测量端子 T3i/3 或端子 T3i/2 间的电压应在 0.2 ～ 2V 范围内波动。

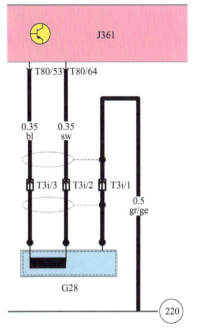

图 2-47　2011 款捷达曲轴位置传感器的部分电路图

5）检查传感器与 ECU 之间的连接线束。分别检查端子 T3i/2 与 ECU 端子 T80/64、端子 T3i/3 与 ECU 端子 T80/53、端子 T3i/1 与发动机线束内电源线之间的电阻，应不超过 1.5Ω。如果电阻为无穷大，则说明存在导线断路或接触不良，需进行维修。

3. 凯美瑞轿车曲轴位置传感器的检测

凯美瑞轿车的曲轴位置传感器安装在曲轴正时护罩内，曲轴的正时转子由 34 个齿组成，带有 2 个齿缺。曲轴位置传感器每 10° 输出曲轴旋转信号，齿缺用于确定上止点，曲轴位置传感器安装位置如图 2-48 所示。磁感应式曲轴位置传感器的检测方法如下：

1）曲轴位置传感器的电阻检查。关闭点火开关，拔下传感器插接器插头，检查传感器上 122 和 121 端子间的电阻，当温度在 20℃时该电阻应为 1850 ～ 2450Ω。若电阻为无穷大，则说明信号线圈存在断路，应更换传感器，电路如图 2-49 所示。

2）检查传感器上端子 122 或端子 121 与屏蔽线端子 C 之间的电阻，电阻应为无穷大，否则应更换传感器。

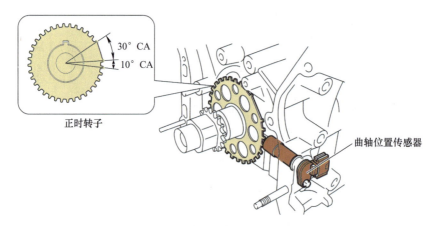

图 2-48　曲轴位置传感器的安装位置

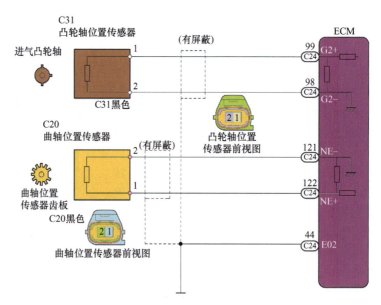

图 2-49　传感器与 ECU 电路图

三、霍尔式曲轴位置传感器

霍尔式曲轴位置传感器是利用霍尔效应的原理，产生与曲轴转角相对应的电压脉冲信号。它是利用触发叶片或轮齿改变通过霍尔元件的磁场强度，从而使霍尔元件产生脉冲的霍尔电压信号，经放大整形后即为曲轴位置传感器的输出信号。可分为触发叶片式和触发轮齿式两种曲轴位置传感器。

1. 霍尔效应的基本原理

如图 2-50 所示，把一块半导体基片（霍尔元件）放在磁场中。当在与磁场垂直的方向上通以电流时，则在与磁场和电流相垂直的另外横向侧面上产生电压。这一现象是 1879 年就读于美国霍普金斯大学的物理学家霍尔发现的，因此命名为霍尔效应。

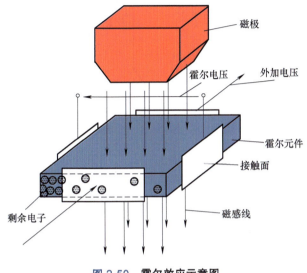

图 2-50　霍尔效应示意图

实验证明：霍尔效应中产生的电压 U_H（霍尔电压）的大小与通过半导体基片的电流 I 和磁场的磁感应强度 B 成正比，与基片的厚度 d 成反比，即

$$U_H = \frac{R_H}{d} IB \qquad (2\text{-}1)$$

式中，U_H 为霍尔电压（V）；R_H 为霍尔系数（m^3/C）；d 为半导体基片厚度（m）；I 为电流强度（A）；B 为磁通密度（T）。

由上式可知，当通过的电流 I 为定值时，产生的霍尔电压与磁感应强度 B 成正比，即霍尔电压随磁感应强度的大小而变化。当 $B \neq 0$ 时，半导体产生霍尔电压；当 $B=0$ 时，霍尔电压降为零，这一原理在汽车上被广泛使用。

2. 触发叶片霍尔式曲轴位置传感器

（1）结构　触发叶片霍尔式曲轴位置传感器的基本结构及原理如图 2-51 所示，它主要由触发叶轮、霍尔集成电路、导磁钢片（磁扼）与永久磁铁等组成。触发叶轮安装在转子轴上，叶轮上制有叶片。霍尔集成电路由霍尔元件、放大电路、稳压电路、温度补偿电路、信号变换电路和输出电路等组成。其中触发叶轮安装在转子轴上，随转子轴一起转动，叶轮上制有叶片。当曲轴带动转子轴转动时，触发叶轮随其一起转动，叶片便在霍尔集成电路与永久磁铁之间转动。

（2）工作原理　当触发叶轮随转子轴一同转动时，叶片便在霍尔集成电路与永久磁铁之间转动，霍尔式集成电路中的磁场就会发生变化，霍尔元件中就会产生霍尔电压，经过信号处理电路处理后，就可输出方波信号。当传感器轴转动时，触发叶轮的叶片便从霍尔集成电路与永久磁铁之间的气隙中转过。当叶片进入气隙时，霍尔集成电路中的磁场被叶片旁路，如图 2-51a 所示，霍尔电压 U_H 为零，集成电路输出级的晶体管截止，传感器输出的信号电压 U_0 为高电平（实测表明：当电源电压 $U_{cc}=14.4V$ 时，信号电压 $U_0=9.8V$；当电源电压 $U_{cc}=5V$ 时，信号电压 $U_0=0.1 \sim 0.3V$）。

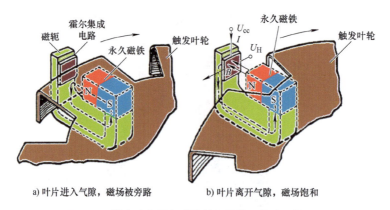

a) 叶片进入气隙，磁场被旁路　　b) 叶片离开气隙，磁场饱和

图 2-51　触发叶片霍尔式曲轴位置传感器的结构原理

当叶片离开气隙时，永久磁铁的磁通便经霍尔集成电路和导磁钢片构成回路，如图 2-51b 所示，此时霍尔元件产生电压（U_H=1.9～2.0V），霍尔集成电路输出级的晶体管导通，传感器输出的信号电压 U_0 为低电平（实测表明：当电源电压 U_{cc}=14.4V 或 U_{cc}=5V 时，信号电压 U_0=0.1～0.3V）。

ECU 便根据输入的脉冲信号计算出曲轴的转角及活塞上止点的位置，从而对发动机的点火和喷油时刻进行控制。

3. 触发轮齿霍尔式曲轴位置传感器

（1）结构　触发轮齿霍尔式曲轴位置传感器即差动霍尔式曲轴位置传感器，也叫双霍尔式曲轴位置传感器，其结构与磁脉冲式曲轴位置传感器相似，由带凸齿的信号转子和霍尔信号发生器组成，其基本结构和输出信号电压波形如图 2-52 所示。

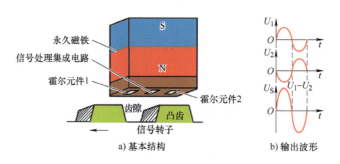

a) 基本结构　　b) 输出波形

图 2-52　触发轮齿霍尔式曲轴位置传感器的结构

（2）工作原理　触发轮齿霍尔式曲轴位置传感器的工作原理与触发叶片霍尔式曲轴位置传感器的工作原理相同。触发轮齿霍尔式曲轴位置传感器的信号转子即凸齿转子，其安装在发动机的曲轴上（部分汽车以发动机的飞轮为信号转子），当发动机曲轴或飞轮转动时，传感器的信号转子随其一起转动，从而使信号转子的齿缺与凸齿转过霍尔电路（与触发叶片霍尔式电路相同，由霍尔元件、放大电路、稳压电路、温度补偿电阻、信号变换电路和输出电路等组成）的探头，使齿缺或凸齿与霍尔探头之间的气隙发生变化，磁通量随之变化，即磁场强度 B 发生变化。根据霍尔效应，在传感器的霍尔元件中就会产生交变电压信号，如图 2-52b 所示，其输出电压由两个霍尔信号电压叠加而成。因为输出信号为叠加信号，所以转子凸齿与信号发生器之间的气隙可以增大到（1.0±0.5）mm（普通霍尔式传感器仅为 0.2～0.4mm），从而

便可将信号转子设置成像磁感应式传感器转子一样的齿盘式结构，其突出优点是信号转子便于安装。

汽车上用霍尔式传感器一般为三线或两线（一根为电源线、一根为信号线）：电源线负责供给工作电压，一般为 12V，也有的用 8V、5V 或 9V；信号线负责提供 5V 参考电压，通过晶体管的导通或关闭，实现 0V 和 5V 的脉冲变化；第三根线为搭铁线。

4. 上海别克轿车触发叶片霍尔式曲轴位置传感器的检测

24X 曲轴位置传感器为三导线触发叶片霍尔式传感器，其位于发动机右侧，在曲轴端部，如图 2-53 所示。24X 曲轴位置传感器主要由叶轮和信号发生器组成。信号发生器用螺栓连接在正时链盖前端，叶轮安装于曲轴配重后部。叶轮上均布有 24 个叶片和窗口，曲轴每转一圈，传感器产生 24 个脉冲信号。24X 参照信号直接送给 PCM，用于改善发动机的怠速点火控制。在 1200r/min 的发动机转速下，PCM 采用 24X 参照信号计算发动机转速和曲轴位置。PCM 连续监视 24X 参照电路上的脉冲数，并将 24X 参照

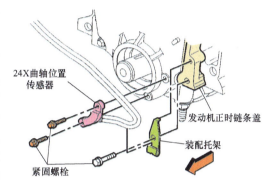

图 2-53　24X 曲轴位置传感器的位置

脉冲数与正在接收的 3X 参照脉冲数和凸轮轴信号脉冲数进行对比。如果 PCM 接收的 24X 参照电路脉冲数不正确，将设置 DTC P0336，且 PCM 将利用 3X 参照信号电路控制燃油和点火。发动机将继续起动并仅采用 3X 参照信号和凸轮位置信号运行。

24X 曲轴位置传感器与 PCM 的连接电路如图 2-54 所示。24X 曲轴位置传感器的插头端子如图 2-55 所示。其中 A 端子为电源线，B 端子为信号线，C 端子为搭铁线。

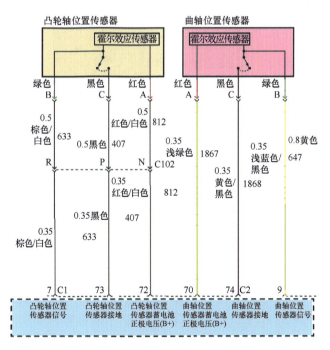

图 2-54　24X 曲轴位置传感器与 PCM 的连接电路

37

24X 曲轴位置传感器的检测方法如下：

1）检测传感器的输出信号。关闭点火开关，在曲轴位置传感器的信号线路上串接一个无源试灯（或发光二极管），起动发动机，观察灯（或发光二极管）的闪烁情况，试灯（或发光二极管）应有规律闪烁，否则为曲轴位置传感器的信号不良。

2）检测传感器的电源电压。关闭点火开关，拔下曲轴位置传感器的 3 芯插头，打开点火开关，用万用表电压挡测量曲轴位置传感器插座上 A 孔与搭铁之间的电压，应为 12V（蓄电池电压），否则为曲轴位置传感器的电源线路不良。

图 2-55 24X 曲轴位置传感器的插头端子

5. 大众 CC 轿车曲轴位置传感器的检测

由于霍尔式曲轴位置传感器能克服电磁式传感器输出信号电压幅值随车速变化而变化、响应频率不高以及抗电磁波干扰能力差等缺点，因而其被广泛应用在汽车上。

普通霍尔式曲轴位置传感器有三根引线，分别为电源线、信号线和搭铁线，而新型霍尔式曲轴位置传感器只有两根引线，如图 2-56 所示，分别为电源线和信号线。新型霍尔式曲轴位置传感器与普通霍尔式曲轴位置传感器的输出信号均为方波脉冲信号，占空比范围为 30% ~ 70%，一般为 50%，如图 2-57 所示，但输出信号的高、低电压存在差异。新型霍尔式曲轴位置传感器输出信号的高、低电压不受速度影响，主要由电控单元内部的电阻 R 决定，电阻 R 一定，高、低电压便一定。即使转速很低，发动机电控单元仍能检测到输出信号电压，这就克服了电磁式曲轴位置传感器输出信号电压随转速变化而变化的缺点。

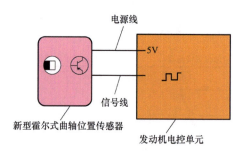

图 2-56 新型霍尔式曲轴位置传感器

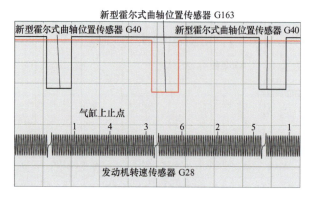

图 2-57 输出信号波形

（1）检测 大众 CC 轿车曲轴位置传感器与发动机 ECU 的连接电路如图 2-58 所示。

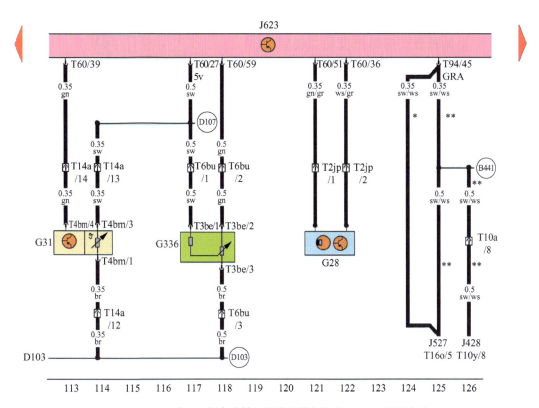

图 2-58 大众 CC 轿车曲轴位置传感器与发动机 ECU 连接电路

G28—发动机转速传感器 G31—增压压力传感器 G336—进气歧管翻板电位计
J428—车距调节控制单元 J527—转向柱电子装置控制单元 J623—发动机电控单元

1）工作电压的检测。拔掉曲轴位置传感器插头，打开点火开关，用万用表电压挡测量线束侧 T2jp/1 端与搭铁是否有约为 5V 的电压，如果没有，检查插头端子 T2jp/1 与电控单元 T60/51 的线束导通性。如果导通，则说明控制单元故障。

2）检测传感器的输出信号。关闭点火开关，在曲轴位置传感器的信号线路 T2jp/1 与 T2jp/2 端子上串接一个发光二极管试灯，起动发动机，观察发光二极管试灯的闪烁情况。试灯应有规律闪烁，否则为曲轴位置传感器的信号不良。如果二极管试灯不闪烁，应检查 T2jp/2 端子与电控单元的 T60/36 线束的导通性。如果导通，检查端子 T2jp/1 与搭铁应有 5V 电压。如果电压正常，则说明传感器有故障，否则是电控单元有故障。

（2）新型霍尔式曲轴位置传感器失灵的诊断方法

1）检查新型霍尔式曲轴位置传感器线路有无断路或短路，以及连接器端子有无腐蚀。

2）清洁新型霍尔式曲轴位置传感器头部。

3）检查新型霍尔式曲轴位置传感器的供电与搭铁情况。

4）用示波器读取波形，波形应为方波信号。

5）串接一个发光二极管，起动发动机，观察发光二极管的闪烁情况，发光二极管应有规律闪烁，否则为曲轴位置传感器的信号不良。

四、光电式曲轴位置传感器

1. 结构及工作原理

光电式曲轴位置传感器由发光二极管和光敏三极管及遮光盘组成，它通常安装在分电器内，它的工作原理及结构分别如图 2-59、图 2-60 所示。在分电器底板上固定着由两对发光二极管和光敏三极管组成的信号发生器。分电器轴上装有遮光盘，盘上开有弧形槽。在光盘随分电器轴转动时，弧形槽交替地阻断从发光二极管射向光敏三极管的光线，使光敏三极管导通或截止，由此产生脉冲信号。光盘外圈弧形槽的个数与气缸数目相同，与它对应的一

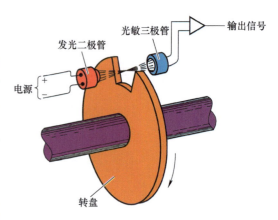

图 2-59 光电式曲轴位置传感器工作原理

对发光二极管和光敏三极管产生各缸活塞到达上止点的基准信号（Ne 信号）及转速信号；光盘内圈的弧形槽只有一个，与它对应的发光二极管和光敏三极管产生第一缸活塞到达上止点的基准信号（G 信号），如图 2-60b 所示。

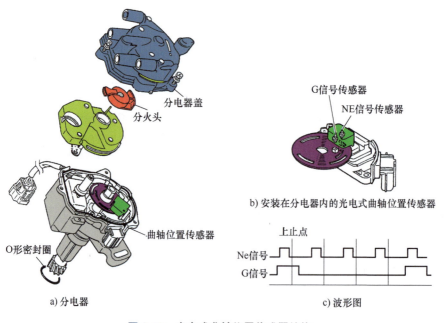

图 2-60 光电式曲轴位置传感器结构

光电式曲轴位置传感器输出信号和霍尔式曲轴位置传感器一样，也是矩形脉冲信号，它也能检测转速很低的运动状态。其缺点是必须保持发光二极管和光敏三极管表面的清洁，否则就会影响传感器的工作。

2. 控制电路

光电式曲轴位置传感器内部的光电元件及放大电路都需要电源才能正常工作，它通常利用蓄电池提供的 12V 电压作为工作电源。光电式曲轴位置传感器的控制电路和霍尔式曲轴位

置传感器完全相同，其控制电路由电源线、搭铁线和信号线组成，如图 2-61 所示。

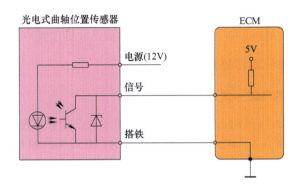

图 2-61　光电式曲轴位置传感器的控制电路

在传感器内部的放大电路中，用光敏三极管组成一个晶体管开关电路，ECU 中的 5V 基准电压通过一个较大的电阻后施加在晶体管的开关电路上，如图 2-61 所示。当发光二极管的光线照射到光敏三极管时，开关电路处于饱和状态，此时传感器的信号输出端与搭铁导通，5V 电压经过 ECU 中的电阻后在该端子处被短路，其电压变为 0V；当发光二极管的光线被转子遮住时，晶体管开关电路处于截止状态，使传感器的信号输出端相对于搭铁开路，其电压变为 5V。由此可知，和霍尔式曲轴位置传感器一样，光电式曲轴位置传感器的输出信号电压也是通过信号输出端相对于搭铁端导通状态的改变，由 ECU 施加在该端子上的电压产生的，在传感器转子转动一圈的过程中，传感器输出和转子叶片（或窗口）数目相同的、幅值为 5V 的矩形电压脉冲信号。

第四节　凸轮轴位置传感器

凸轮轴位置传感器（Camshaft Position Sensor，CPS），又称为凸轮轴转角传感器、相位传感器、同步信号传感器、缸位传感器（Cylinder Position Sensor，CPS）、气缸识别传感器（Cylinder Identify Sensor，CIS）、气缸位置传感器，有的车上还称为 1 缸上止点传感器（No.1 Top Dead Center Sensor，No.1 TDC）。

一、概述

凸轮轴位置传感器的作用主要是检测凸轮轴位置和转角，从而确定第一缸活塞的压缩上止点位置。在起动时，发动机 ECU 根据凸轮轴位置传感器和曲轴位置传感器提供的信号，识别出各个气缸活塞的位置和行程，控制燃油喷射顺序和点火顺序，进行准确的喷油和点火控制。在发动机起动期间，凸轮轴位置传感器是一个关键性的输入。在某些车型上，如果没有凸轮轴位置传感器的输入，发动机将不能正常起动。一旦发动机正常运转，在下一个点火循环之前，就不再需要凸轮轴位置传感器信号，发动机可以正常运转。这是因为 ECU 已经确定了第 1 缸的压缩上止点位置，发动机 ECU 可以利用曲轴位置传感器信号，便可推算出其他各缸的工作情况。

随着可变气门正时技术的出现和发展，凸轮轴位置传感器也被赋予了新的功用，除了在起动时用于压缩上止点判定外，在发动机正常工作后，还要负责监控可变的进气或排气凸轮是否达到预定的位置。

　　按照工作原理的不同，凸轮轴位置传感器可分为磁电式凸轮轴位置传感器、光电式凸轮轴位置传感器、霍尔式凸轮轴位置传感器、磁阻元件式凸轮轴位置传感器。

二、霍尔式凸轮轴位置传感器

1. 位于凸轮轴壳体的飞轮一端

　　（1）结构　　波罗1.4L 16气门55kW发动机采用霍尔式凸轮轴位置传感器，如图2-62所示，霍尔式凸轮轴位置传感器位于凸轮轴壳体的飞轮一端，在进气凸轮轴上方。连接到进气凸轮轴的是三个铸模齿，霍尔式凸轮轴位置传感器对其进行扫描。

　　由霍尔式凸轮轴位置传感器和发动机转速传感器提供的信号被用来确定第一缸的上止点。该信号用于对各个气缸的爆燃控制和点火顺序喷射的控制。

　　如果霍尔式凸轮轴位置传感器发生故障，发动机继续运转并可以重新起动，此时，发动机电子控制单元进入紧急运行模式。气缸内的喷油是同时进行的，而不再是顺序进行的。

　　如图2-63所示，霍尔式凸轮轴位置传感器同节气门电位计G69一起由发动机电子控制单元提供电源。

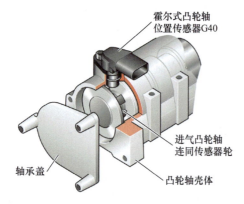

图 2-62　霍尔式凸轮轴位置传感器的安装位置

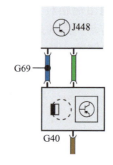

图 2-63　霍尔式凸轮轴位置传感器的电路结构

　　（2）工作过程　　如图2-64所示，当一个齿通过霍尔式凸轮轴位置传感器时会产生一个霍尔电压。霍尔电压脉冲的持续时间取决于齿的长度。该霍尔电压被传递到发动机电子控制单元并在那里被运算。霍尔电压信号可以使用VAS 5051的数字式示波仪显示。

　　1）第一缸识别功能。如图2-65所示，如果发动机电子控制单元从霍尔式凸轮轴位置传感器接收到霍尔电压的同时，也从发动机转速传感器接收到参考标记信号，则表明发动机处于第一缸的压缩行程。此时发动机电子控制单元计算转速传感器轮在参考标记后的齿数，并据此计算出曲轴的位置，如参考标记后的14齿对应于第一缸的上止点。

　　2）快速起动识别功能。如图2-66所示，仅仅使用3个齿就可以确定凸轮轴相对于曲轴的瞬间位置。这样第一个压缩行程就可以尽快地开始，发动机就可以更快地起动。

　　3）故障维修。如果传感器发生故障，发动机继续运转并可以重新起动，此时，发动机电子控制单元进入紧急运行模式。气缸内的喷油是同时进行的，而不再是顺序进行的。

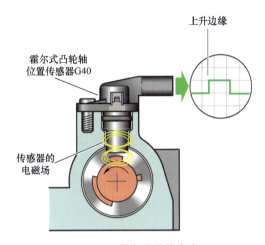

图 2-64　霍尔信号的产生

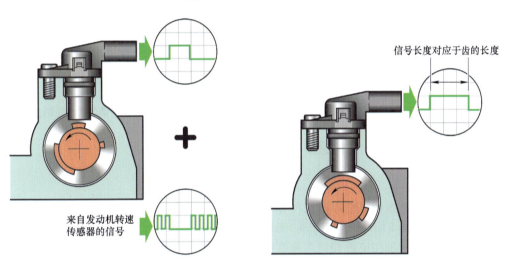

图 2-65　第一缸识别功能　　　　图 2-66　快速起动识别功能

2. 位于凸轮轴传动轮的后侧

某些车型的霍尔式凸轮轴位置传感器位于凸轮轴传动轮的后侧，如图 2-67 所示。测程轮被固定在凸轮轴传动轮的背面，如图 2-68、图 2-69 所示。

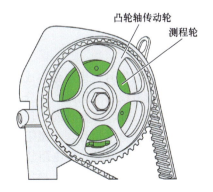

图 2-67　霍尔式凸轮轴位置传感器信号轮安装位置

图 2-68　霍尔式凸轮轴位置传感器信号轮的结构

（1）信号应用 通过霍尔式凸轮轴位置传感器可以知道凸轮轴的位置。此外，霍尔式凸轮轴位置传感器也可用作快速起动传感器。

（2）功能和结构 由于在测程轮上有两个宽的和两个窄的测量窗，因此曲轴每转动90°就产生一个特征信号。在发动机转动半圈前，发动机电控单元就可探到凸轮轴的位置，并控制燃油喷射系统和点火开关（快速起动传感器），从而改善了冷起动状况。在冷起动过程中，废气排放较少。

（3）备用功能和自诊断系统 当霍尔式凸轮轴位置传感器失灵时，发动机可用一个备用信号继续运行。为了安全起见，取消点火角。自诊断系统里可以检测霍尔式凸轮轴位置传感器。早期发动机的旋转式点火分电器由中间轴驱动，如图2-70所示。霍尔式凸轮轴位置传感器和节流环位于点火分电器中。

图 2-69 霍尔式凸轮轴位置传感器的结构

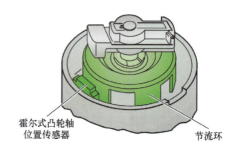

图 2-70 分电器内安装的霍尔式凸轮轴位置传感器

三、磁阻式凸轮轴位置传感器

1. 磁阻效应

利用磁阻效应制成的磁敏电阻元件称为磁阻元件（Magneto Resistance Element，MRE）。磁阻效应是指半导体材料的电阻值随与电流相同或垂直方向的磁场强弱而变化的现象，如图2-71所示。在一个长方形半导体元件的两端面通电，在无磁场时，电流电极间的电阻值取最小电流分布。当长方形半导体元件处于磁场中时，由于两电极间的电流路径因磁场作用而增长，从而使电极间的电阻值增加。利用磁阻效应，可实现磁和电到电阻的转换。对于非铁磁性物质，外加磁场通常能使其电阻率增加，即产生正的磁阻效应。

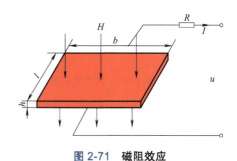

图 2-71 磁阻效应

2. 检测原理

MRE凸轮轴位置传感器由信号发生器、磁铁和用树脂封装的信号处理电路集成的电路模块组成，如图2-72所示。当传感器的磁头正对转子凹槽时，磁力线向两侧的叶片分布构成闭合磁路，此时磁阻元件电阻较小，通过磁阻元件的磁力线较少，磁场强度较弱，且磁力线与磁阻元件成一定角度，如图2-73a所示，此时磁阻元件输出5V高电平信号。当磁阻传感器的磁头正对转子叶片时，磁力线通过正对的叶片构成闭合磁路，此时磁阻元件电阻较大，通过磁阻元件的磁力线较多，磁场强度较强，且磁力线与磁阻元件垂直，如图2-73b所示，此时磁阻元件输出0V低电平信号。

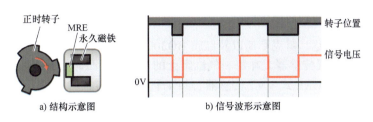

a) 结构示意图　　　　　　　b) 信号波形示意图

图 2-72　磁阻式凸轮轴位置传感器的结构

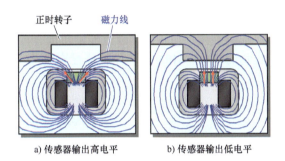

a) 传感器输出高电平　　　　b) 传感器输出低电平

图 2-73　磁阻式凸轮轴位置传感器的工作原理

因此，随着转子的旋转，叶片的凸起与凹槽交替变化，引起通过磁阻元件的磁力线的强弱和角度发生改变，由于磁阻效应的作用，磁阻元件的电阻也发生变化，通过 MRE 装置的电流也随之改变，这种电流的变化由信号放大电路、滤波电路和整形电路转换成二进制数字信号，并输送给发动机 ECU。发动机 ECU 根据此信号判别进、排气凸轮轴的位置。

磁阻式凸轮轴位置传感器具有体积小、结构简单、精度高、灵敏度高、分辨率高、输出信号幅值大、抗电磁干扰能力强、耐油污粉尘、稳定性和可靠性良好、工作温度范围宽等特点，而且频率特性优良，在静止状态下也有信号输出。

3. 控制电路

磁阻式曲轴／凸轮轴位置传感器的控制电路的形式和霍尔式曲轴／凸轮轴位置传感器、光电式曲轴／凸轮轴位置传感器的完全相同，都由电源线、搭铁线和信号线组成，如图 2-74 所示；用蓄电池提供的 12V 电压或 ECU 提供的 5V 电压作为工作电源；其输出信号也是通过一个晶体管开关电路饱和或截止状态的变化，使信号输出端改变与搭铁端的导通状态，由 ECU 通过一个电阻后施加在该端子上的 5V 电压产生的。在传感器转子转动一圈的过程中，传感器输出和转子的凸齿或叶片数目相同的、幅值为 5V 的矩形电压脉冲信号。

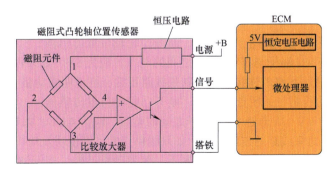

图 2-74　磁阻式凸轮轴位置传感器的控制电路

4. 磁阻式凸轮轴位置传感器的检测

丰田新皇冠、汉兰达、雷克萨斯以及红旗 HQ300 等发动机智能可变气门正时系统 VVT-i 采用 MRE 式凸轮轴位置传感器，在每一气缸组上的进、排气凸轮轴上都装有 1 个 MRE 凸轮轴位置传感器（也称为 MRE 式 VVT 传感器，共 4 个），其安装位置如图 2-75 所示。

进、排气凸轮轴上凸轮轴位置传感器正时转子有 3 个凸起，所对应的凸轮轴角分别为 90°、60°、30°，即所对应的曲轴转角为 180°、120°、60°，曲轴每旋转两周，进、排气凸轮轴旋转一圈，产生 3 个大小不同的脉冲，智能可变气门正时系统通过凸轮轴位置传感器的检测，由 ECU 占空比控制油压控制电磁阀，从而把进、排气凸轮轴分别控制在 40° 和 35° 曲轴转角之间，提供最适合发动机工作特性的气门正时，以改善发动机所有转速范围内的转矩，从而提高燃油经济性，减少污染物的排放。MRE 式凸轮轴位置传感器的连接电路如图 2-76 所示，信号波形如图 2-77 所示。

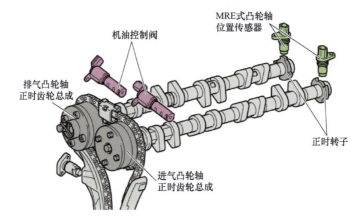

图 2-75 MRE 式凸轮轴位置传感器的安装位置

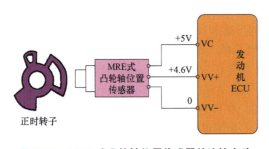

图 2-76 MRE 式凸轮轴位置传感器的连接电路

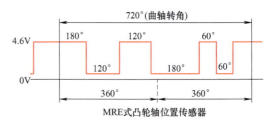

图 2-77 MRE 式凸轮轴位置传感器数字信号波形

（1）工作电压的检测 关闭点火开关，断开凸轮轴位置传感器，打开点火开关至"ON"位置，用万用表检查 VC 端子与 VV- 端子之间的电压，应为 5V，如果没有 5V 电压，则应分别检查端子与 ECU 之间线路的连接情况，如果线路正常，则说明发动机 ECU 有故障。

（2）参考电压的检测 关闭点火开关，断开凸轮轴位置传感器，打开点火开关至"ON"位置，用万用表检查 VV+ 端子与 VV- 端子之间的电压，应为 4.6V，如果没有 4.6V 电压，则应检查 VV+ 与 ECU 之间线路的连接情况，如果线路正常，则说明发动机 ECU 有故障。

（3）波形检测 在线路正常连接的情况下，使发动机运转，用示波器检测输出信号，其标准波形应与图 2-77 所示的波形相同。

四、凸轮轴位置传感器快速起动功能

1. 凸轮轴位置传感器 G40 和 G163 的功能

某些发动机（如一些 5 气门发动机）使用两个传感器（G40 和 G163）来判定凸轮轴的位置。发动机上使用了带有"快速起动转子环"的传感器。

如图 2-78 所示，快速起动转子环上有两个宽隔板和两个窄隔板（两个小窗和两个大窗）。如图 2-79、图 2-80 所示，如果霍尔式凸轮轴位置传感器中出现一个隔板，那么传感器信号输出电平就为高电平。根据不同的隔板宽度，G40 的信号与发动机转速传感器 G28 的信号一起可快速判定出凸轮轴相对于曲轴的位置。在发动机起动时，发动机电子控制单元也可借此快速识别出下一个气缸的点火上止点，于是发动机就可快速起动了（不必一定要与 1 缸同步了），这就是发动机快速同步或快速起动功能。

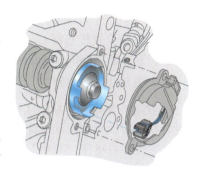

图 2-78 凸轮轴位置传感器的安装位置

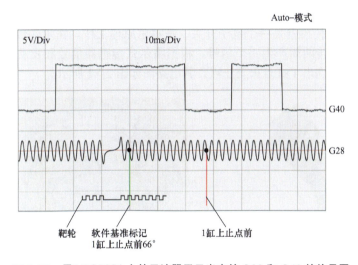

图 2-79 用 VAS5051 上的示波器显示出来的 G28 和 G40 的信号图

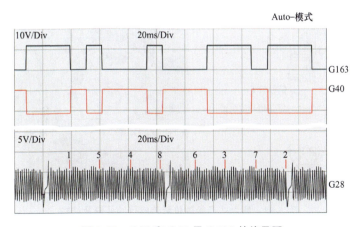

图 2-80 G28 和 G40 及 G163 的信号图

47

图 2-78 中的软件基准标记是一个时刻点，电子控制单元从这一时刻开始计算，以便确定点火时刻。软件基准标记比硬件基准标记错后一个齿，约相当于 1 缸点火上止点前 66°～67°。

凸轮轴位置传感器 G163 用于监控凸轮轴正时调节，在 G40 损坏时起替代信号作用。凸轮轴位置传感器 G40 位于缸体 2 上。凸轮轴位置传感器 G163 位于缸体 1 上。

2. 发动机渐停识别

发动机管理系统 ME7.1 配有一个发动机渐停识别装置，该装置通过在快速起动同步前喷射燃油来帮助快速起动功能。在关闭点火开关后的一定时间内，发动机电子控制单元仍在工作，它借助 G28 来"观察"发动机从转速开始降低直至停止转动。

发动机的机械位置（处于点火上止点的下一气缸的位置）就被储存起来，以便用于下次起动。ME7.1 可以马上喷油并提前准备好燃油混合气，这有助于提高起动性能。

五、捷达霍尔式凸轮轴位置传感器的检修

捷达霍尔式凸轮轴位置传感器（以下简称霍尔式传感器）向 ECU J361 提供第 1 缸点火位置信号，故又称为判缸传感器。霍尔式传感器安装在气缸盖前端凸轮轴正时齿轮之后，如图 2-81 所示。霍尔式传感器是一个电子开关，按霍尔原理工作。霍尔式传感器隔板上有一个霍尔窗口，凸轮轴每转两周产生一个信号，根据霍尔式传感器信号和发动机转速传感器的点火时间信号，ECU 识别出 1 缸点火上止点，其电路图如图 2-82 所示。

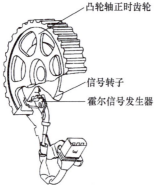

凸轮轴正时齿轮

信号转子
霍尔信号发生器

图 2-81　霍尔式凸轮轴位置传感器的外形及结构

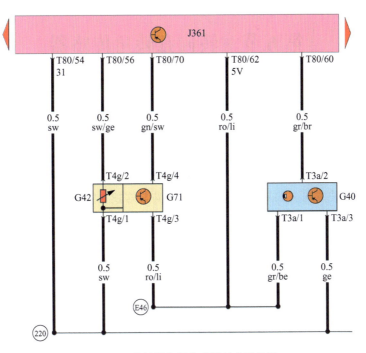

图 2-82 凸轮轴位置传感器的电路连接

G40—霍尔式传感器　G42—进气温度传感器　G71—进气压力传感器　J361—发动机电子控制单元
T3a—3 芯黑色插头连接　T4g—4 芯灰色插头连接　T80—80 芯黑色插头连接
⑳—发动机线束中的搭铁连接（传感器搭铁）　E46—喷射装置线束中的正极连接 1

（1）检测霍尔式传感器的供电电压

1）关闭点火开关。

2）拔下霍尔式传感器的 3 芯插头。

3）打开点火开关，用万用表电压挡测量 3 芯插头的 T3a/1 与 T3a/3 两孔之间的电压约为
5V。

4）用万用表电压挡测量 T3a/2 与 T3a/3 两孔之间的电压约为 12V（即蓄电池电压）。

（2）检测霍尔式传感器的线束导通性

1）关闭点火开关。

2）拔下电控单元 J361 的连接插头。

3）拔下霍尔式传感器的 3 芯插头。

4）用万用表电阻挡测量 3 芯插头的 T3a/1 端子与 ECU J361 的 T80/82 端子之间应导通。

5）测量 3 芯插头上 T3a/2 端子与电子控制单元 J361 的 T80/60 端子之间应导通。

6）测量 3 芯插头上 T3a/2 端子与 220 发动机线束内传感器搭铁之间应导通。

（3）霍尔式传感器工作情况的检测

1）关闭点火开关。

2）拔下燃油泵 G6 的熔丝 S37 号（20A）。

3）释放燃油系统的压力。

4）将二极管连接到传感器 T3a/1 与 T3a/3 之间。

5）短暂起动发动机检测二极管，二极管应有规律地闪烁。

第五节　转向盘转角传感器

一、大众轿车的转向盘转角传感器

1. 作用

车身电子稳定系统（Electronic Stability Program，ESP）的 ECU 根据转向盘转角传感器和轮速传感器来判断驾驶人想往什么方向驾驶，同时 ECU 根据横摆率传感器和横向加速传感器判断车辆实际行驶方向。如果车辆实际行驶方向与驾驶人的意图相同，则 ESP 不工作；如果车辆发生跑偏或甩尾，导致车辆实际行驶方向与驾驶人意图不同的时候，则 ESP 工作，调节车辆实际行驶方向，防止发生事故。当车辆转向不足时，通过对内侧后轮施加相应的制动，并控制发动机和变速器管理系统，减小动力输出，ESP 在一定程度内阻止车辆向外驶出弯道。当车辆出现过度转向时，通过对外侧前轮施加制动，并对发动机和变速器管理系统施加控制，ESP 在一定程度内可以阻止车辆向内过度转向。向带有 EDL/TCS/ESP 的 ABS 控制单元传递转向盘转角信号。测量范围为 ±720°，4 圈；测量精度为 1.5°；分辨速度为 1 ～ 2000（°）/s。

2. 安装位置与结构

如图 2-83 所示，转向盘转角传感器位于转向柱锁开关和转向盘之间的转向柱上，与安全气囊时钟弹簧集成为一体。安装时，应保证转向盘转角传感器在正中位置，观察孔内黄色标记可见，其外形如图 2-84 所示。

图 2-83　转向盘转角传感器的安装位置

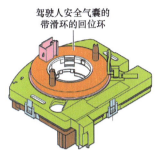

驾驶人安全气囊的
带滑环的回位环

图 2-84　转向盘转角传感器的外形

如果缺少转向盘转角传感器的信息，ESP 就无法得知所需要的行驶方向，则 ESP 功能失效。在更换了控制单元或传感器后，须重新校准起始位置（零位）。否则转向盘转角传感器无法通信。

注意：调整轮距后可能出现故障，一定要注意传感器与转向盘的连接。安装时，要保证 G85 在正中位置，观察孔内黄色标记可见。

转向盘转角传感器 G85 是 ESP 中唯一直接通过 CAN 总线将信息传递给控制单元的传感器。只要转向盘转角达到 4.5°，接通点火开关后，该传感器就开始初始化，这相当于转动了约 1.5cm，其电路如图 2-85 所示。

转向盘转角传感器 G85（它使用独立的驱动 CAN 总线）测量出当前的转向角值，并把该值发送到 CAN 总线上。驻车转向系统控制单元现在就可以从转向角实际值与规定值的对比中确定出实际驻车路线与理想驻车路线之间的偏差。根据这个偏差信息计算出新的转向角规定值，并把该值发送到 CAN 总线上。打开点火开关后，转向盘被转动 4.5°（相当于 1.5cm），传感器进行初始化。

3. 工作原理

转向盘转角传感器主要由带有两只编码环的编码盘以及带有一只光源和一只光学传感器的光栅对组成。如图 2-86 所示，编码盘由两只环组成，在外面的环叫作绝对环，里面的环叫作增量环。增量环被分为 5 个扇区，每个扇区 72°，它由一对光栅对读取，如图 2-87 所示。该环在扇区有开口，同一扇区内的开口顺序是相同的，但不同扇区之间的开口顺序则不同，从而实现了各扇区之间的设码。

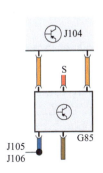

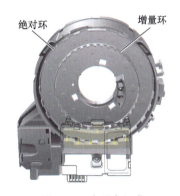

绝对环　　　　　　　　　　　　　　　　增量环

图 2-85　转向盘转角传感器 G85 电路　　　　图 2-86　密码盘组成

绝对环确定精度，它被 6 只光栅对读取。转向盘转角传感器可以识别 1044° 的转向角，它对角度进行累加。因此，当超出 360° 标记时，能够识别转向盘完全转动了一圈。转向器的这种设计结构可以使转向盘转动 2.76 圈。

4. 角度测量原理

（1）结构与测量原理　角度的测量是通过光栅原理来实现的，如图 2-88 所示。转向盘转角传感器由光源、编码盘、光学传感器、计数器等组成，用于传递转动圈数的编码盘由两个环构成，一个是绝对环，另一个是增量环。每个环由两个传感器进行扫描。

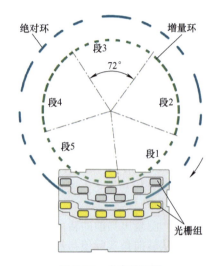

图 2-87　光电编码器

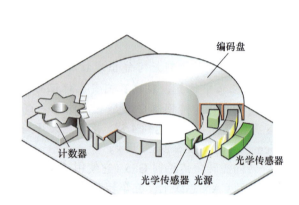

图 2-88　转向盘转角传感器 G85 的结构

（2）信号产生机理　为了简化结构，将两个带孔蔽光框放在一起，一个为增量蔽光框，另一个是绝对蔽光框。在两个蔽光框之间有光源，其外侧是光学传感器。如果光透过缝隙照到传感器上，就会产生一个信号电压，如图 2-89a 所示；如果光源被遮住，这个电压就又消失了，如图 2-89b 所示。

如图 2-89c 所示，如果移动蔽光框，就会产生两个不同的电压。增量传感器传送一个均匀的信号，这是因为间隙是均匀分布的；绝对传感器传送一个不均匀的信号，这是因为间隙是不均匀分布的。系统通过对比这两个信号，就可计算出蔽光框移动的距离，于是确定绝对部件运动的起始点。转向盘转角传感器的工作原理与此相同，只是运动变成了旋转运动。

二、丰田轿车的转向盘转角传感器

丰田轿车的转向盘转角传感器安装在组合开关区。该传感器能检测转向力和转向方向，向防滑控制 ECU 输出信号。转向盘转角（简称转向角）传感器包括一个带孔的信号盘、一个微型处理器和几个光电断路器（SS1、SS2、SS3），如图 2-90 所示，光电断路器包括发光二极管和光敏二极管。当转动转向盘时，信号盘会随着转向盘转动，发光二极管发出的光线以一定的周期经过信号盘光孔照射在光敏二极管上，光敏二极管就发出一定的电压信号。光电断路器则检测信号，再把信号传给微型处理器，由微型处理器把这些信号转化成数字信号传给ECU。ECU 通过这个数字信号来判断转向盘的中间位置、旋转方向和转向的角度。车速检测方法如图 2-91 所示，转向盘转角传感器的转动方向及角度原理图如图 2-92 所示。

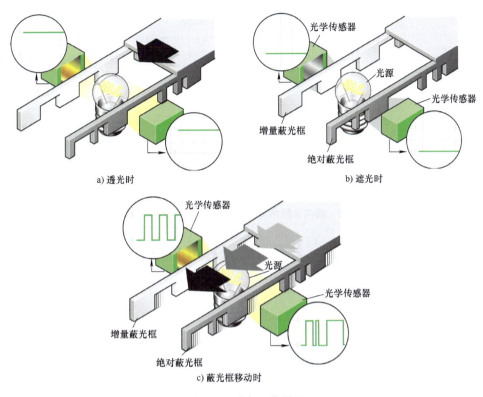

a) 透光时

b) 遮光时

c) 蔽光框移动时

图 2-89　光框工作原理

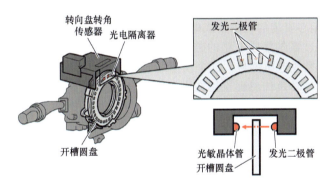

图 2-90　转向盘转角传感器的结构

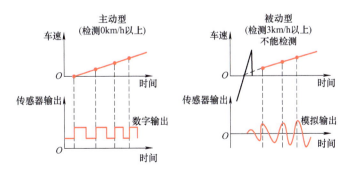

图 2-91　主动型和被动型轮速传感器车速检测方法示意图

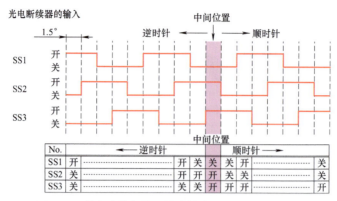

图 2-92　转向盘转角传感器的转动方向及角度原理图

第六节　其他位置和角度传感器

一、水平位置传感器

1. 工作原理

　　水平位置传感器 G84 用于车身的水平状态。这种传感器是一种非接触式转角传感器，它通过一根连动杆来判定后桥相对于车身的弹簧压缩量。所使用的转角传感器也是根据霍尔原理来工作的。集成在传感器内的测量电子装置将霍尔集成电路信号按角度比例转换成电压信号，如图 2-93 所示。有一块环形磁铁与传感器曲轴连接在一起（转子）。在分为两半的铁心（定子）之间有一个偏心安装的霍尔集成电路，与测量电子装置共同构成一个部件。根据环形磁铁的位置不同，穿过霍尔集成电路的磁场会发生变化。由此而产生的霍尔信号就被测量电子装置按角度比例转换成电压信号，这个模拟的电压信号由控制单元 J197 来使用，用于判定车身的水平状态。这种转角传感器也用在大灯照程自动调节装置上。带有大灯照程自动调节装置的车上共装有 3 个传感器。

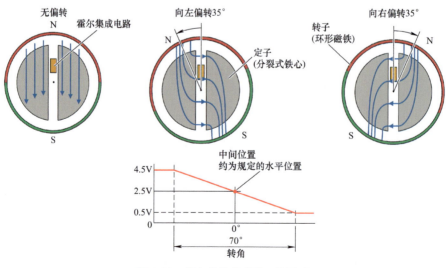

图 2-93　霍尔线性传感器工作原理

这些水平传感器都是所谓的转角传感器。借助一个连杆机构可将车身水平变化转换成角度变化，如图 2-94、图 2-95 所示。

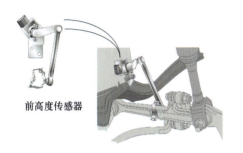

前高度传感器

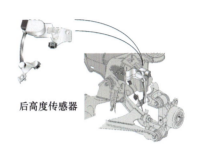

后高度传感器

图 2-94　前桥水平传感器　　　　　　图 2-95　后桥水平传感器

　　该角度传感器是非接触式的，采用感应原理。这种水平传感器的一个特点是，它可产生两个不同的且与转角成比例的输出信号。这种传感器既可用于空气悬架，也可用于大灯照程调节。其中一个输出信号提供一个与角度成比例的电压（用于前照灯照程调节），另一个输出信号提供一个与角度成比例的 PWM 信号（用于空气悬架）。这四个水平传感器结构是相同的，只是支架和连杆根据左右和车桥的不同而有所不同。左、右传感器臂的偏转方向是相反的，所以输出的信号也是相反的。例如，车身一侧的传感器输出信号在空气悬架压缩时如果增大，那么车身另一侧的传感器输出信号则是减小的。

2. 结构与设计

　　转角传感器主要由定子和转子组成，如图 2-96 所示。

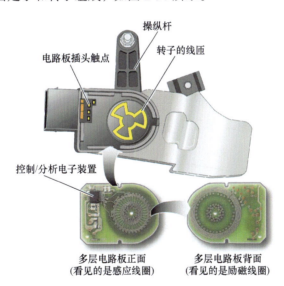

操纵杆

电路板插头触点

转子的线匝

控制/分析电子装置

多层电路板正面
（看见的是感应线圈）

多层电路板背面
（看见的是励磁线圈）

图 2-96　转角传感器的结构

　　定子由多层电路板组成，电路板上有励磁线圈、3 个感应线圈以及控制/分析电子装置。这 3 个感应线圈布置成多角星形，相位是彼此错开的。励磁线圈装在电路板的背面。转子由一个封闭的线匝构成，线匝上连着传感器臂（匝与传感器臂一同转动）。线匝的形状与感应线圈的形状是一样的。

3. 检测

交变电流流过励磁线圈，于是就产生了一个交变电磁场，其电磁感应会穿过转子。转子中感应出的电流又会在线匝（转子）周围感应出一个次级交变磁场，如图2-97所示。这两个交变磁场（分别由励磁线圈和转子产生的）共同作用在感应线圈上，在感应线圈内感应出交流电压。转子中的感应与角度位置无关，但感应线圈的感应取决于它与转子之间的距离和其角度位置。

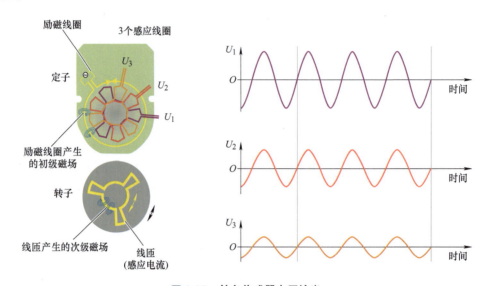

图 2-97　转角传感器电压输出

由于角度位置不同，转子与感应线圈的重合度就不同，因而对应于角度位置的感应电压幅值也就不同。电子分析装置会对感应线圈的交变电压进行整流并放大，同时使得3个感应线圈的输出电压成比例（相对比例测量）。在分析完电压后，将分析结果转化成转角传感器的输出信号，送至控制单元作进一步处理。

二、离合器位置传感器

1. 作用

大众轿车的离合器位置传感器G476的作用是切断定速巡航的控制，换档时减少喷油，保证换档平顺，识别离合器的接合状态。对于安装手动变速器的车型，要启动电子驻车制动系统（Eletrical Park Brake，EPB）的坡道起步辅助功能或者奥迪坡道起动辅助功能，必须事先确定离合器踏板的位置。EPB的电控单元要综合分析下列因素才能确定制动起动点的位置，即离合器踏板位置、所选档位、道路坡度以及发动机转矩等。

同样，在具备奥迪坡道起动辅助功能的车型中，EPB的控制单元要确定何时释放系统中的电磁阀以及已降低的制动力。这两种情况下，为了防止翻车，在降低制动力之前都必须达到足够的发动机转矩。

2. 结构

离合器位置传感器的安装位置如图2-98所示，离合器位置传感器用卡箍固定在主缸上，该传感器用于监测离合器踏板的动作。主缸通过一个卡扣，安装在轴承支撑架上。当踩下离合器踏板时，推杆推动主缸的活塞。离合器位置传感器 G476 如图 2-99 所示。

带离合器位置传感器的离合器踏板

图 2-98 离合器位置传感器的安装位置

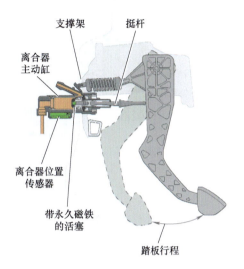

支撑架　挺杆

离合器主动缸

离合器位置传感器

带永久磁铁的活塞

踏板行程

图 2-99 离合器位置传感器 G476

3. 原理

当踩下离合器踏板时，推杆头和推杆一起沿离合器位置传感器方向被推动。在活塞的最前端是一块永久磁铁。集成在离合器极板中有一排 3 个霍尔式传感器。永久磁铁一经过霍尔式传成器，电子机构就会向相应的控制单元发送信号，如图 2-100 所示。

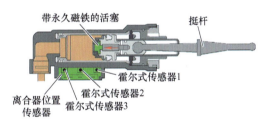

带永久磁铁的活塞　　　　挺杆

霍尔式传感器1

离合器位置传感器　　霍尔式传感器2
霍尔式传感器3

图 2-100 离合器位置传感器 G476 内部原理图

1）霍尔式传感器 1 是一个数字传感器。它将电压信号发送到发动机电子控制单元，该信号用于关闭巡航控制系统。

2）霍尔式传感器 2 是一个模拟传感器。它将一个 PWM 信号发送到电控机械驻车制动控制单元。这样就可监测到离合器踏板的准确位置，控制单元可在动态起步时，计算出驻车制动的最佳解除时间点。

3）霍尔式传感器 3 是一个数字传感器。它将电压信号发送到车载电网控制单元。控制单元监测是否踩下离合器踏板。仅在踩下离合器踏板才可起动发动机（互锁功能），如图 2-101 所示。

1）离合器踏板未踩下。如图 2-102 所示，在离合器踏板未踩下时，推杆和活塞处于静止位置。离合器位置传感器内的电子分析装置将一个电压信号发送给发动机电子控制单元，当有供电电压（蓄电池电压）时该电压为 2V。发动机电子控制单元识别是否踩下了离合器踏板。

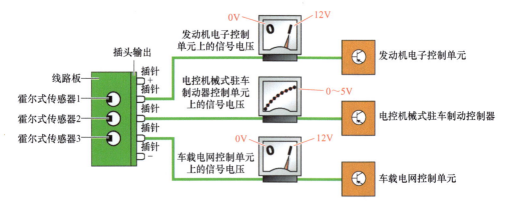

图 2-101　离合器电路控制

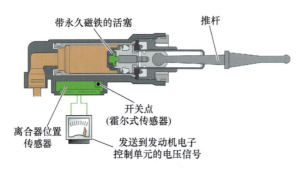

图 2-102　离合器踏板未踩下

2）离合器踏板已踩下。如图 2-103 所示，当踩下离合器踏板时，推杆与活塞一起向离合器位置传感器方向移动。活塞前端有一个永久磁铁。

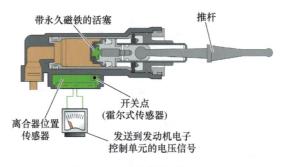

图 2-103　离合器踏板已踩下

只要永久磁铁经过霍尔式传感器的开关点，电子分析装置就会将一个 0～2V 的电压信号发送给发动机电子控制单元，通过此信号识别离合器踏板是否已踩下。

4.检测

离合器位置传感器的连接电路如图 2-104 所示。在正常情况下，测量离合器位置传感器 G476 的 2、3、4 号引脚的电压，数据流见表 2-3。

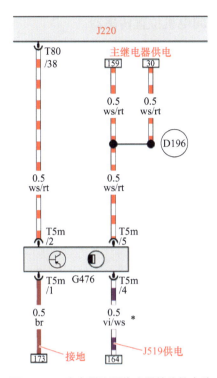

图 2-104 离合器位置传感器的连接电路

G476—离合器位置传感器 J220—发动机电子控制单元 J519—车载电网控制单元

表 2-3 在正常情况下测量 G476 的 2、3、4 号引脚的数据流

项目	01-08-66-02	09-08-15-03	03-08-03-01
不踩离合器	00000000	关	00
踩下 1/3	00000100	关	10
踩下 2/3	00000100	开	11

分别断开离合器位置传感器 G476 的 2、3、4 号引脚后，数据流见表 2-4。

表 2-4 断开 G476 的 2、3、4 号引脚后的数据流

项目	01-08-66-02	09-08-15-03	03-08-03-01
不踩离合器	00000000	关	00
到 J540 断路踩下离合器	00000100	开	11
到 J220 断路踩下离合器	00000100	开	11
到 J519 断路踩下离合器	00000100	关	10

从上述试验得出，ABS 控制单元 J104 中可以读出 G476 到 J540、J220、J519 的线路通断状态，J104 从 J220 中得出第 1 状态位，从 J519 中得出第 2 状态位。

三、电动机械式助力转向电机位置传感器

1. 电动机械式助力转向电机

如图 2-105 所示，电动机械式助力转向电机 V187 安装在转向器壳体内，与齿条是平行的。它将所需的助力经齿形传送带传至循环球机构上。该电机最大可提供 4.5N·m 的转矩来帮助驾驶人转向。

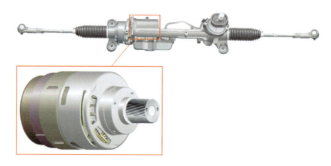

图 2-105　电动机械式助力转向电机的安装位置

电动机械式助力转向电机 V187 是一种三相同步电机。在三相同步电机上，转子与定子电流磁场是同步转动的。该三相同步电机的效率很高，因为它省去了异步电机中的预励磁。如果该电机已损坏，则不会产生转向助力。

与异步电机相比，由于三相同步电机采用了永磁铁，因此三相同步电机具有质量小、无磨损、无须预励磁、节能、反应快等优点。

（1）结构　如图 2-106 所示，电动机械式助力转向电机有一个转子和一个定子。这个转子就是一个 6 极环形磁铁，是一种稀土磁铁。稀土磁铁在能使磁场强度非常高的同时，还能保证自身的尺寸非常小。该电机的定子由 9 个绕组和 6 个片组成，这些绕组以一个接一个的正弦曲线形式交替通电，于是每 3 个磁场会合成一个大磁场，并吸拉其后面的转子。为了提高电机工作的平稳性，6 极环形磁铁的磁向通用采用斜向布置。

（2）工作过程　如图 2-107 所示，当给定子绕组通电后，在定子中会形成一个动态的旋转磁场。转子磁铁按照绕组产生的旋转磁场的方向来调整其位置，就像一个指南针处于地球磁场中一样。由于 9 个定子绕组和转子上的 6 个磁极不成对，所以转子就会自发地转动，因此不需要预励磁。转子与定子电流磁场是同步转动的，所以这种电机才被叫作同步电机。

2. 电机位置传感器

电机位置传感器是电动机械式助力转向电机 V187 的一个组件。

（1）结构　如图 2-108 所示，电机位置传感器处于轴端位置。电机位置传感器是以旋转变压器原理来工作的（旋转变压器也称为解算器或分解器）。该电机位置传感器由带有 10 个绕组的旋转变压器定子和旋转变压器转子构成。

（2）应用　电机位置传感器用于获取电机旋转过程中转子的绝对位置。另外，从该位置信号中也可推算出转子的转速和旋转方向。因此，电机位置传感器用于感知电动机械式助力转向电机 V187 的准确位置，该位置信息对于精确控制电机是非常重要的。

如果电机位置传感器发生损坏，则转向助力系统就会停止工作。此时电动机械式助力转向指示灯 K161 会呈红色亮起，表示当前存在故障。

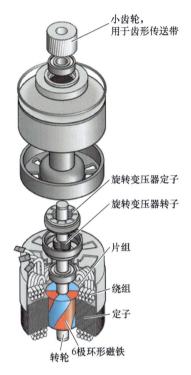

图 2-106 电动机械式助力转向电机的结构

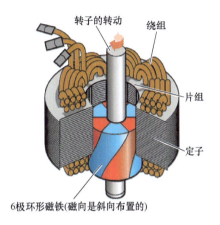

图 2-107 电机的工作过程

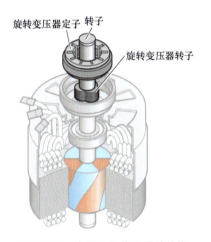

图 2-108 电机位置传感器的结构

四、电容式液位传感器

1. 结构原理

电容式液位传感器常用作燃油、机油和冷却液液位的测量。电容式液位传感器的构造如图 2-109 所示，将电容式液位传感器放入燃油或冷却液中，随着燃油或冷却液液面高度发生变化，将导致电容电极间电介质的不同，从而引起电容的变化。而电容的变化会引起振荡周期的变化，通过计算振动频率，就能获知液面状态。

机油液位传感器是大众和奥迪车系所配备的反映机油状况的一个重要的传感器，其主要作用是随时监控机油液位和机油温度。下面以大众 CC 发动机为例，说明其构造和检测方法。

机油液位传感器的外形如图 2-110 所示。机油液位传感器 G266 安装在油底壳的下部，通过持续测得油位和温度数据作为脉冲宽度调制的输出信号传递给组合仪表。机油液位传感器由两个重叠安装的筒形电容器组成，两根金属管作为电容器电极嵌套安装在电极之间，如图 2-111 所示。发动机的机油作为电介质，作为电介质的机油因磨损碎屑的不断增加以及添加剂的分解，从而导致介电常数发生变化，相应的电容值将在传感器内的电子装置中被处理成数字信号，并作为发动机机油状态信息传送给仪表的 ECU。机油液位传感器在状态传感器的上部，它测量机油液位这一部分的电容值，该电容值会随着机油液位的变化而发生变化，并通过传感器的电子装置处理成数字信号传送给仪表的 ECU。

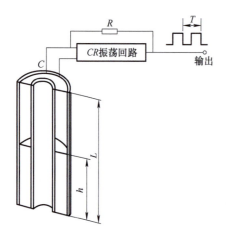

图 2-109　电容式液位传感器的构造

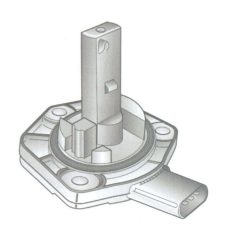

图 2-110　机油液位传感器的外形

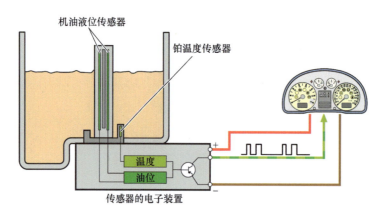

图 2-111　机油液位传感器的组成

如图 2-111 所示，在机油液位传感器的底座上装有一个铂温度传感器，该传感器负责检测机油的温度，并将检测到的温度信号传送给仪表的 ECU，再输出到机油温度表来显示。只要在输出信号端连续测量，即可测得机油液位、温度和发动机机油状态信号的变化。

2. 机油液位和机油温度传感器 G266 的检测

如图 2-112 所示，机油液位和机油温度传感器 G266 是一个三线式数字信号传感器。

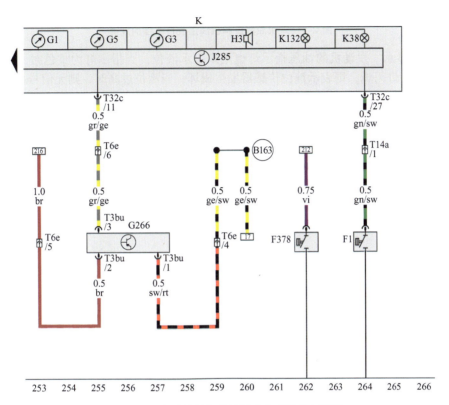

图 2-112 机油液位和机油温度传感器的电路图

F1—油压开关 F378—机油压力降低开关 G1—燃油储备显示 G3—冷却液温度表 G5—转速表
G266—机油液位和机油温度传感器 H3—警告蜂鸣器和警告音 J285—仪表板中的控制单元
K—仪表板 K38—液位指示灯 K132—电子加速踏板故障信号灯

（1）供给电源检测 用数字万用表对传感器 1 号端子的工作电压进行检查。用数字万用表电压挡检测机油状态传感器 T3bu/1 号端子与 T3bu/2 的电压。当点火开关打开时，其电源端电压应是蓄电池的电压。

（2）搭铁线检测 检测 T3bu/2 号线与搭铁间的电阻，正常值应为 0Ω，否则说明搭铁不正常。

（3）信号线参考电压 检测 T3bu/3 号线的信号电压，应在 9.8～10.5V 范围内。在怠速时测量该电压值应基本不发生变化。

（4）解码器检测 使用 VAS5052 可以查询故障代码，如果机油液位传感器本身或线路出现问题，则会出现故障代码 00562。

（5）波形检测 使用示波器对机油液位和机油温度传感器输出端的信号进行波形分析，可以进一步确定该传感器的信号特征。该信号是一个脉冲矩形方波信号。机油液位和机油温度传感器的波形如图 2-113 所示。

图 2-113　机油液位和机油温度传感器的波形

（6）液位显示　发动机的油压指示灯也用来显示液位。当指示灯为黄色时，表示液位过低；当黄色指示灯闪烁，则表示液位传感器发生损坏；当液位过高时，则无信号显示。

五、进气歧管风门位置传感器

1. 作用

进气歧管风门位置传感器集成于进气歧管风门驱动系统（进气歧管风门电机 V157）中，如图 2-114 所示。其用于记录进气歧管风门的当前位置。如图 2-115 所示，进气歧管风门位置传感器位于进气歧管风门模块塑料罩盖下的印制电路板上，该传感器是一个磁阻式传感器，在不与其接触的情况下，可以检测风门控制轴上永久磁铁的位置。

图 2-114　进气歧管风门位置传感器的安装位置

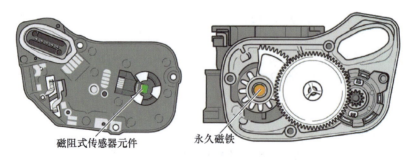

磁阻式传感器元件　　　　永久磁铁

图 2-115　进气歧管风门位置传感器的周边结构

发动机电子控制单元利用该信号判断进气歧管风门的当前位置。此外，电子控制单元需要这一位置信号来控制排气再循环阀以及微粒滤清器。

当进气歧管风门位置传感器信号发生故障时，排气再循环系统关闭。此时进气歧管风门驱动系统也会停止工作，而调节风门由回位弹簧拉至"开"的位置。同时故障信息被添加到进气歧管风门电机 V157 的故障记录中。

2. 结构及功能

磁阻式传感器为无触电式运行，可用于测量转角，例如，进气歧管风门的角度调节。这一特殊内部结构设计使磁阻式传感器能够测量 0°～180° 之间的转角。另外，磁阻式传感器还具有以下优点：

① 对温度引起的磁场强度变化不敏感。

② 对参照磁铁老化不敏感。

③ 对机械误差不敏感。

（1）结构　如图 2-116 所示，磁阻式传感器由一个表层涂有铁磁物质的传感器元件以及一个作为参照磁铁的磁铁组成。磁铁与被测转角轴相连接，轴带动柱形磁铁转动，磁铁形成的磁力线位置相对传感器元件变化，因此传感器元件的阻值会发生变化。传感器电子部件通过此阻值可计算出此轴相对于传感器的绝对转角。

传感器元件由两个次级传感器 A 和 B 组成，互成 45° 角。每个次级传感器由 4 个测阻桥组成，围绕同一中心，每 90° 角有一个测阻桥。

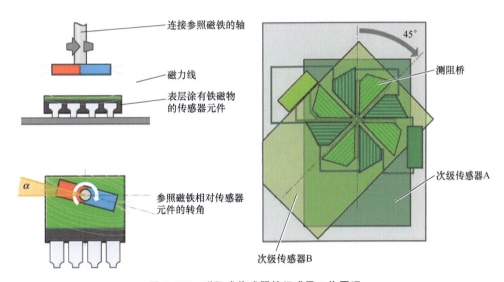

图 2-116　磁阻式传感器的组成及工作原理

（2）功能　如图 2-117 所示，轴相对次级传感器转动会引起次级传感器阻值的正弦变化。但一个次级传感器仅能在正弦曲线的 –45°～+45° 范围内判定出一个确定的角度。例如：R 阻值对应转角 $\alpha=22.5°$。

而在 –90°～+90° 范围内，同一阻值可能有两个转角值。因此仅一个次级传感器不足以得出此测量范围内的正确值。例如：R 阻值对应转角 $\alpha=22.5°$ 以及 $67.5°$。

利用两个相隔 45° 安装的次级传感器，使输出的测量信号为两条相位差 45° 的正弦曲线。通过计算，传感器电子部件能通过两条曲线计算出一个在 0°～180° 之间的确定的角度，并将此数值传递至指定的控制单元。

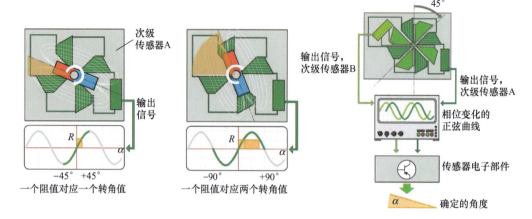

次级传感器A

输出信号

一个阻值对应一个转角值

一个阻值对应两个转角值

45°

输出信号，次级传感器B

输出信号，次级传感器A

相位变化的正弦曲线

传感器电子部件

α 确定的角度

图2-117 磁阻式传感器信号产生的过程

六、排气再循环电位传感器

排气再循环系统电位传感器G212的作用是记录EGR阀门内阀片的位置（排气再循环阀），其在发动机上的安装位置如图2-118所示。阀片的升程控制再循环废气进入进气歧管的流量。

图2-118 排气再循环电位传感器的安装位置

1. 结构

如图2-119所示，排气再循环电位传感器集成在EGR阀塑料罩盖中，它是一个霍尔式传感器，在不与驱动轴上的永久磁铁接触的情况下对其进行检测。它根据磁场强度的变化提供信号，由此可计算出阀片的升程。发动机电子控制单元利用该信号判断阀片的位置。此外，该信号还用于调节再循环废气的流量，从而控制废气中氮氧化合物的含量。

当该霍尔式传感器信号发生故障时，会导致排气再循环系统关闭。同时EGR阀的驱动部件也停止通电，于是阀片由回位弹簧拉至关闭位置。

2. 功能

排气再循环电位传感器的核心结构为霍尔式传感器，霍尔式传感器用于测量转速以及检测位置。当用于位置检测时，可记录线性位置变化以及旋转角度。

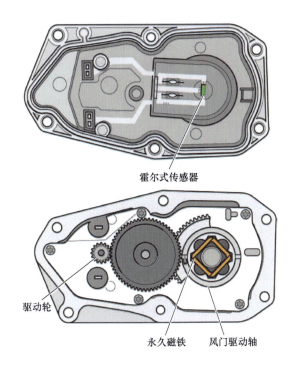

霍尔式传感器

驱动轮

永久磁铁　风门驱动轴

图 2-119　排气再循环电位传感器的结构

　　如图 2-120 所示，霍尔式传感器可记录一定电压范围内的电压变化。为测量一个线性移动，以增压压力调节位置传感器 G581 为例，磁铁与霍尔集成电路分开，霍尔集成电路移动时会经过磁铁。磁场强度随其与霍尔集成电路的距离变化而变化。若霍尔集成电路向磁场内移动，则霍尔电压会升高；若远离磁场，则电压再次降低。传感器电子部件因而能够根据霍尔电压的变化判断其位置。

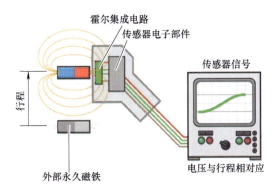

霍尔集成电路
传感器电子部件

传感器信号

行程

外部永久磁铁

电压与行程相对应

图 2-120　霍尔式传感器的信号产生过程

　　根据霍尔式传感器和永久磁铁的结构，也可以根据霍尔原理来测量和记录旋转角度。因此，传感器上安装有两个正交的霍尔集成电路。这样的位置安排能够使两个霍尔集成电路提供两个互为反向的霍尔电压，如图 2-121 所示。传感器电子部件利用这两个电压值来计算旋转轴的变化角度。永久磁铁由两个柱形磁铁组成，通过两个金属桥接，使两个条形磁铁中的磁力线平行。

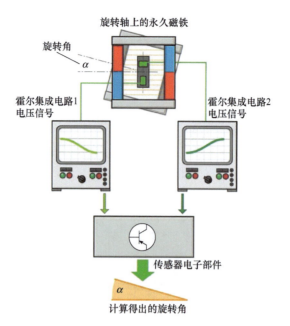

图 2-121　霍尔式传感器的工作过程

流量传感器

一、空气流量传感器概述

1. 空气流量传感器的功用

空气流量传感器是测定吸入发动机的空气流量大小的传感器。空气流量传感器（Air Flow Sensor，AFS）又称为空气流量计（Air Flow Meter，AFM），是进气歧管空气流量传感器（Manifold Air Flow Sensor，MAFS）的简称，其功用是检测发动机进气量的大小，并将空气流量信号转换成电信号输入电控单元，以供 ECU 计算确定喷油时间（即喷油量）和点火时间。空气流量信号是发动机 ECU 计算喷油时间和点火时间的主要依据。如果空气流量传感器或线路出现故障，ECU 得不到正确的进气量信号，就不能正常地进行喷油量的控制，将造成混合气过浓或过稀，使发动机运转不正常。

2. 空气流量传感器的类型

根据检测进气量的方式不同，空气流量传感器分为 D 型（即压力型）和 L 型（即流量型）两种类型。

L 型中热线式空气流量传感器是目前轿车发动机上应用最多的空气流量传感器，按照其热线的类型又分为 3 种，即热丝式、热膜式、热阻式。

二、热丝式空气流量传感器

1. 结构原理

这种空气流量传感器在进气道中套有一个小喉管，在小喉管中架有两个极细的铂丝（直径为 0.01～0.05mm），如图 3-1 所示。其中一个铂丝被电流加热至 120℃左右，故称之为热丝；另一个是温度补偿电阻，也称为冷线。

在热丝式空气流量传感器电路中，热丝是惠斯顿桥形电路的 1 个桥臂，如图 3-2a 所示。由比较放大器控制的电源转换器供给电桥 4 个臂的电流，使电桥保持平衡，即 A、B 两点的电位相等。当空气通过流量传感器时，进入小喉管的气流流过热丝周围，使其冷却，则温度下降，电阻随之减小。热丝电阻的减小使 A 点电位高于 B 点电位，则电桥失去平衡。为了使电桥恢复平衡，此时比较放大器会使电源转换器增加供给电桥的电流，流过热丝的电流也因此增大，使其温度升高、电阻增大，直至电桥达到新的平衡。所增加的电流大小取决于热丝被冷却的程度，即取决于通过流量传感器的空气流速。由于电流的增加，电阻 C 的电压降也增加，这就将电流的变化转换为电压的变化，以此作为该传感器的输出信号。这一信号输入ECU，用来指示通过流量传感器的空气量，如图 3-2b 所示。

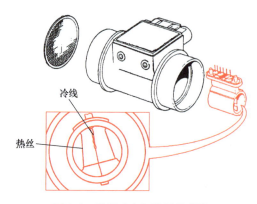

图 3-1　热丝式空气流量传感器

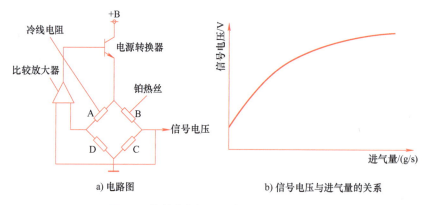

a) 电路图　　　　　　　　　　b) 信号电压与进气量的关系

图 3-2　热丝式空气流量传感器的工作原理

温度补偿电阻的作用是防止因进气温度变化而影响进气量的测量精度。由于当进气温度变化时，热丝的温度也会发生变化，因此，在靠近热丝的地方另外装有一个温度补偿电阻（也称为冷线），它也是电桥的一个部分。由于其电阻会随着进气温度的不同而发生变化，起到一个参照标准的作用，使进气温度的变化不至于影响进气量的测量精度。在工作中，比较放大器使热丝温度始终高于冷线温度100℃。

热丝式空气流量传感器的优点是测量精度高、响应速度快、进气阻力小、不会磨损。其缺点是使用一段时间后，热丝表面受空气中尘埃的沾污，热辐射能力降低，影响测量精度。为克服这一缺陷，可采取的一种方法是在 ECU 中设计自洁电路，即在发动机熄火后，ECU 自动将热丝加热至1000℃（约1s），从而烧掉粘附在热丝上的尘埃；另一种方法是提高热丝的保持温度（一般使保持温度升高至200℃以上），以防止污物粘附。此外，由于热丝很细且暴露在空气中，在空气高速流动时，空气中的沙粒很容易击断热丝，因此目前已较少使用。

2. 检测

2009 款上海别克君威轿车采用的 MAF 传感器为热丝式空气流量传感器，该传感器使用热线电阻式元件，此元件与温度补偿电阻、精密电阻、电桥电阻及环境温度传感器共同组成惠斯顿电桥。热线式空气流量传感器为三导线型传感器，安装在进气管中，外形如图3-3所示，其插接器端子如图3-4所示，传感器与ECU的连接电路图如图3-5所示。

图3-3 2009款别克君威轿车热丝式空气流量传感器的外形

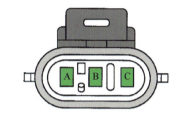

图3-4 2009款别克君威轿车热丝式空气流量传感器插接器端子

A—空气流量传感器信号端子 B—搭铁端子
C—电源电压输入端子

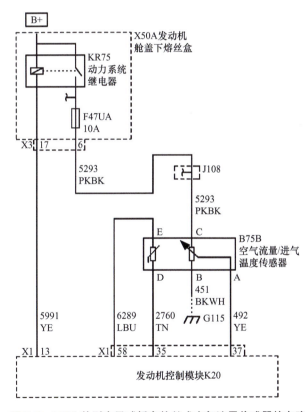

图3-5 2009款别克君威轿车热丝式空气流量传感器的电路

对热丝式空气流量传感器进行检测时，应主要检测该传感器的输出信号电压。首先关闭点火开关，拔下该传感器的插接器；然后将点火开关转至"ON"，但不起动发动机；用数字万用表电压挡测量空气流量传感器信号端子和搭铁端子之间的电压，即A端子与B端子间的电压，该电压应为5V；当该传感器输出电压正常时，可用吹风机向此传感器进气口处吹风，其信号电压应随吹风量大小的变化而变化，且应符合标准规定值范围，否则说明该热丝式空气流量传感器已损坏，应当予以更换。

三、热膜式空气流量传感器

1. 结构

热膜式空气流量传感器是热线式空气流量传感器的改进型（在大众CC、新帕萨特轿车上应用），它的发热体是热膜（由发热金属铂固定在薄的树脂膜上制成），而不是热线。热膜式空气流量传感器的发热体不直接承受空气流动所产生的作用力，从而增加了发热体的强度，提高了流量传感器的可靠性。同时与热线式空气流量传感器相比，热膜式空气流量传感器的热膜电阻的阻值较大，消耗电流较小，使用寿命也较长。但是由于其发热元件表面的一层保护薄膜存在辐射热传导作用，因此响应特性稍差。

热膜式空气流量传感器的外形及结构如图3-6所示。热膜式空气流量传感器内部的进气通道上设有一个矩形护套（相当于取样套），热膜电阻设在护套中。为了防止污物沉积到热膜电阻上影响测量精度，在护套的空气入口一侧设有空气过滤层，用以过滤空气中的污物。为了防止空气温度变化使测量精度受到影响，在热膜电阻附近的气流上游设有铂金属膜式温度补偿电阻。温度补偿电阻和热膜电阻与传感器内部控制电路连接，控制电路与线束连接器插座连接，线束设在传感器壳体中部。

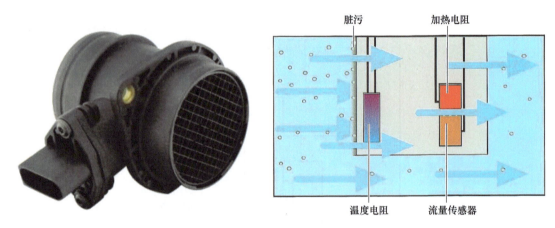

图 3-6　热膜式空气流量传感器的外形及结构

2. 工作原理

热膜式空气流量传感器与热线式空气流量传感器的工作原理相似。传感器的热膜电阻 R_H、温度补偿电阻 R_T、精密电阻 R_1 及 R_2、信号取样电阻 R_s 在电路板上以惠斯顿电桥的方式连接，如图3-7所示。

如图3-8、图3-9所示，热膜式空气流量传感器中的主要部件是一个热膜电阻，该电阻处于气流中并保持恒定的温度。根据流过热膜式空气流量传感器的空气量及其温度，热膜电阻需要不同大小的加热电流来使其温度保持不变。热膜电阻所需加热电流的大小就是吸入空气量的一个直接量度。

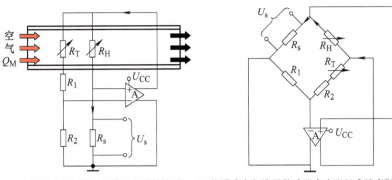

a) 热膜式空气流量传感器的连接电路　　b) 热膜式空气流量传感器内电阻组成的惠斯顿电桥电路

图 3-7　热膜式空气流量传感器的电路

R_T—温度补偿电阻　R_H—热膜电阻　R_s—信号取样电阻　R_1、R_2—精密电阻
U_{CC}—电源电压　U_s—信号电压　A—控制电路

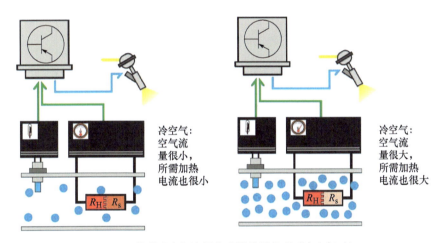

冷空气：空气流量很小，所需加热电流也很小

冷空气：空气流量很大，所需加热电流也很大

图 3-8　热膜式空气流量传感器检测机理（冷空气时）

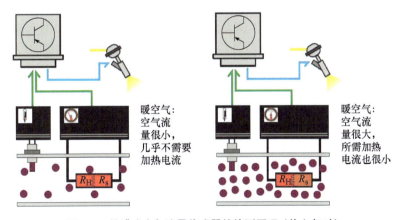

暖空气：空气流量很小，几乎不需要加热电流

暖空气：空气流量很大，所需加热电流也很小

图 3-9　热膜式空气流量传感器的检测原理（热空气时）

当空气气流流经发热元件并使其受到冷却时，发热元件（即热膜电阻）的温度降低，阻值减小，电桥电压失去平衡，控制电路将增大供给发热元件的电流，使其温度保持高于温度补偿电阻温度一个固定值（一般为100℃）。电流增量的大小取决于发热元件受到冷却的程度，即取决于流过热膜式空气流量传感器的空气量。当电桥电流增大时，信号取样电阻 R_s 上的电压就会升高，从而将空气流量的变化转化为信号电压 U_s 的变化。信号电压输入ECU后，ECU可根据信号电压的大小计算出空气流量的大小。

当发动机怠速或空气为热空气时，因为怠速时节气门关闭或接近全闭，所以空气流速低，空气量少；又因空气温度越高，空气密度越小，所以在体积相同的情况下，发热元件受到冷却的程度小，阻值减小的幅度小，所以电桥平衡需要的电流小，如图3-10所示，故信号取样电阻上的信号电压低。电子控制单元（ECU）根据信号电压即可计算出空气量。

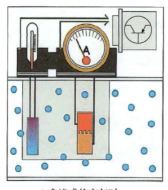
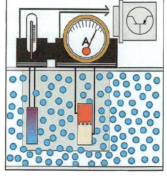

a) 怠速或热空气时　　　　　　b) 负荷增大或冷空气时

图 3-10　热膜式空气流量传感器的测量原理

当发动机负荷增大或空气为冷空气时，随着节气门开度增大，空气流速加快使空气流量增大。由于冷空气密度大，因此在体积相同的情况下冷空气质量大，也因此发热元件受到冷却的程度会增大，阻值减小幅度会增大，保持电桥平衡需要的电流也会增大，因此当发动机负荷增大时，信号电压升高。

四、新型热膜式空气流量传感器

1. 结构

如图3-11所示，新型热膜式空气流量传感器HFM6的主要结构包括具有回流识别功能的微型机械式传感器元件和进气温度传感器、一个具有数字信号处理功能的传感器电子单元、一个数字接口。

与传统的空气流量传感器相比，新型空气流量传感器的信号可以通过数字接口传递给发动机电子控制单元进行准确、稳定的分析。新型热膜式空气流量传感器的电路和传感器元件安装在一个紧凑的塑料外壳上。

在新型热膜式空气流量传感器总成的最下端是一条测量管路，伸入到传感器元件组中。测量管路从进气歧管的气流中引入一部分气流并引导其流经传感器元件。传感器元件测量这部分气流中进气以及反方向的空气流量。对于空气流量的测算信号由电路进行处理分析，并传递给发动机电子控制单元。

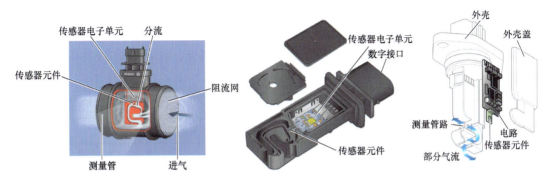

图 3-11　新型热膜式空气流量传感器 HFM6 的结构

2. 旁路通道

与型号 HFM5 相比，新型热膜式空气流量传感器的旁路通道在流动性方面进行了优化。用于空气流量测量的空气分流在阻流边后被吸入旁路通道，如图 3-12 所示。通过阻流边这种结构在其后产生负压，在这个负压的作用下，空气分流被吸入旁路通道，以进行空气流量测量。迟缓的污粒跟不上这种快速的运动，通过分离孔被重新导入到进气中。因此，测量结果不会因污粒而失真，传感器元件也不会因其而损坏。

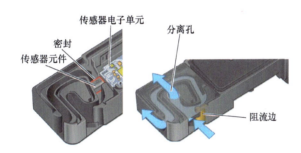

图 3-12　新型热膜式空气流量传感器的旁路通道

3. 测量方法

传感器元件位于传感器电子单元旁边，并伸入用于空气流量测量的空气分流内。在传感器元件上有一个热电阻、两个与温度相关的电阻 R_1 和 R_2，以及一个进气温度传感器，如图 3-13 所示。

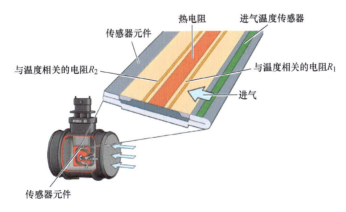

图 3-13　热膜式空气流量传感器中传感器元件的位置

75

传感器元件在中间通过热电阻被加热到高于进气温度 120℃。例如，当进气温度为 30℃、热电阻被加热至 120℃，则测得的温度为 120℃ +30℃ =150℃。

由于与热电阻之间的间距，传感器至边缘的温度逐渐降低，显示温度见表 3-1。电子模块通过 R_1 和 R_2 的温度差识别出进气空气质量和流向。

表 3-1　测量显示温度

测量项目	显示温度 /℃
进气温度	30
传感器元件边缘温度	30
热电阻	150
无进气流时，R_1 和 R_2 的温度	90
有进气流时 R_1 的温度	50
有进气流时 R_2 的温度	大约 90

4. 回流识别

为保证最佳的空燃比和较低的燃油消耗，发动机管理系统需要知道有多少空气最终进入发动机气缸内，空气流量传感器可以为管理系统提供此项信息。气门的开关动作会导致进气歧管内的空气朝相反的方向流动。带反向流量识别的热膜式空气流量传感器探测气流的反向流动，并将此信号发送给发动机电子控制单元，从而可以精确地测算空气流量。

当进气门关闭时，吸入的空气受其阻碍回流到空气质量传感器。如果回流未被识别出来，则测量结果会出错。回流的空气碰到传感器元件，先流过与温度相关的电阻 R_2，然后流过热电阻，再流过与温度相关的电阻 R_1。电子模块通过 R_1 和 R_2 的温度差识别出回流空气流量和流向，如图 3-14 所示。

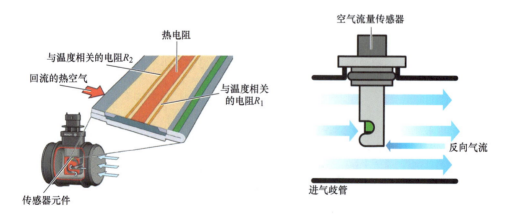

图 3-14　新型热膜式空气流量传感器的回流识别

如图 3-15 所示，集成在传感器元件上的是两个温度传感器（T_1+T_2）和一个加热元件，连接温度传感器和加热元件的基板由玻璃膜片组成。因为玻璃的导热性较差，所以可以防止热量从加热元件由玻璃膜传给温度传感器，如果热量被传给温度传感器，将导致温度传感器的测量误差。

　　加热元件负责加热流经玻璃膜的空气。由于没有气流而使热辐射均匀，并且与加热元件等距布置，因此两个温度传感器能测量到相同的空气温度，如图 3-16 所示。

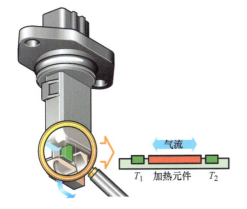

图 3-15　新型热膜式空气流量传感器内部元件设计

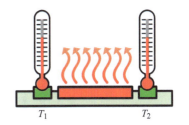

图 3-16　两个温度传感器测量空气温度

　　（1）空气质量识别　在进气冲程时，气流经传感器元件从温度传感器 T_1 流经 T_2。气流使 T_1 得以冷却，然后流经加热元件又重新被加热，从而使 T_2 达不到 T_1 的冷却程度，如图 3-17 所示，因此 T_1 的温度比 T_2 低。温差信号发送给电路，从而使进气质量得以计算。

　　（2）反向气流识别　如果气流反方向流过传感器元件，则 T_2 温度受冷却而下降的程度比 T_1 大，所以电路能识别出气流的反向流动。它将从进气质量中减去这部分反向气流的质量，并将信号反馈给发动机电子控制单元，如图 3-18 所示。因此，发动机电子控制单元会获得一个电信号，它能准确标定出实际的空气质量，并能准确地标定喷射的燃油质量。

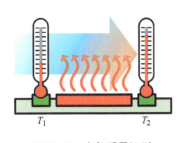

图 3-17　空气质量识别

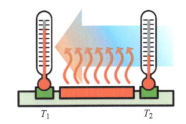

图 3-18　反向气流识别

5. 工作过程

　　新型热膜式空气流量传感器的传感器元件耸立在发动机吸入的气流中，一部分空气流经空气流量传感器的旁通气道，旁通气道内有传感器电子装置，该电子装置上集成有一个热膜电阻和两个温度传感器，如图 3-19 所示。这两个温度传感器用来识别空气的流动方向，吸入的空气首先经过温度传感器 1；从关闭的气门回流的空气首先经过温度传感器 2，与热膜电阻合用，于是发动机电子控制单元就可计算出吸入空气中氧的含量。

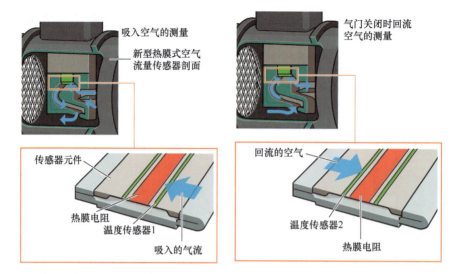

图 3-19　新型热膜式空气流量传感器的工作过程

空气质量传感器向发动机电子控制单元传递一个包含被测空气质量的数字信号（频率），如图 3-20 所示。发动机电子控制单元通过周期长度来识别测得的空气质量。数字信息相比于模拟线路连接，其对干扰不敏感。

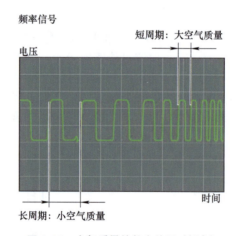

图 3-20　空气质量的数字信号（频率）

五、热膜式空气流量传感器的检测

1. 桑塔纳 2000GSi 热膜式空气流量传感器 G70 的电路

桑塔纳 2000GSi 热膜式空气流量传感器 G70 的电路如图 3-21 所示。传感器的 1 号端子是预留的进气温度传感器接口；2 号端子是热膜式空气流量传感器加热膜片的加热电源线，是由点火开关控制主继电器或燃油泵继电器提供的；热膜式空气流量传感器 G70 的 3 号端子是传感器地线，该线由发动机电子控制单元（J220）的 T80/12 号端子搭铁（通过 ECU 搭铁）；热膜式空气流量传感器 G70 的 4 号端子是由发动机电子控制单元（J220）T80/11 端子输出的 5V 参考电源，提供给热膜式空气流量传感器作为传感器内部信号放大器的工作电源；热膜式空气流量传感器 G70 的 5 号端子是传感器信号输出，该信号输出到发动机电子控制单元（J220）的 T80/13 号端子。

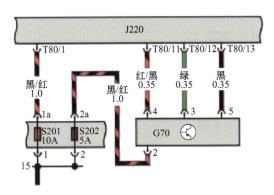

图 3-21　桑塔纳 2000GSi 热膜式空气流量传感器 G70 的电路

2. 桑塔纳 2000GSi 热膜式空气流量传感器 G70 的故障设定条件

当根据空气进气量决定喷油持续时间时，可以通过节气门开度和发动机转速计算出一个补充、比较用的喷油时间。如果 ECU 发现二者之间差异过大，首先它会储存这个出错记录。当车辆继续运行时，通过合理的检查会判断出哪个传感器有问题。直到控制单元能清楚地判断哪个传感器出错时，它才会记录下相应的错误代码。

当发动机处于运转状态时，ECU 发现 T80/13 端子持续 5s 电压低于一定值时，即设定故障码：00553——空气流量传感器 G70 对地断路或短路。故障的原因可能是线路故障、传感器本身故障以及 ECU 内部端子故障（故障率较低）。

3. 桑塔纳 2000GSi 热膜式空气流量传感器 G70 的检查

1）读取空气流量传感器的数据。当发动机怠速运转时，读取测量数据块显示组 02，检查进气量，标准值应为 2.0 ～ 4.0g/s。如果不在标准范围内或者查询到空气流量传感器有故障，应检查空气流量传感器的供电电压。

2）检查空气流量传感器的供电电压。用发光二极管试灯连接空气流量传感器插头端子 2 和发动机搭铁点，空气流量传感器的插头如图 3-22 所示。然后起动发动机，试灯应亮。如果试灯不亮，应检查熔丝与端子 2 间线路有无断路或短路；如果线路正常，则检查燃油泵继电器。

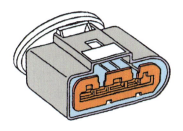

图 3-22　空气流量传感器插头

测量空气流量传感器插头端子 4 对搭铁的电压，约为 5V（用 20V 量程挡）。如果空气流量传感器供电电压正常，应测试信号线路。如果供电电压不正常，则应更换 ECU。

3）测试空气流量传感器线路。测试空气流量传感器端子上触点与发动机电子控制单元上相关端子间的线路，其电阻值应小于1Ω。如果线路有断路或短路，应修复；如果线路没有故障，则应更换空气流量传感器。

六、热阻式空气流量传感器

热阻式空气流量传感器和热膜式空气流量传感器相似，它将加热丝绕成线圈形式固定在石英玻璃管内或暴露在空气通道内，如图3-23所示。由于热阻式空气流量传感器热丝被固定，故热线寿命延长，但由于热阻面积很小，只能部分采集空气流量，要求空气通道内空气流速均匀，所以常在进气侧安装梳流格栅。

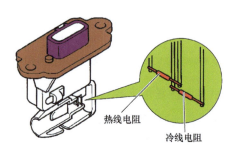

热线电阻

冷线电阻

图3-23　热阻式空气流量传感器

由于热膜式和热阻式空气流量传感器均是部分采集空气计量空气量，故精度比热丝式空气流量传感器差。另外，热丝式、热膜式和热阻式空气流量传感器还都易受空气中水分及灰尘的污染，所以在控制电路上都做了专门的设计，每次打开点火开关或关闭点火开关后，流量传感器中的热丝会由电路提供瞬时大电流加热，使热丝瞬间产生高温（700～1000℃），烧掉污染在热丝、热膜或热阻表面的杂质，保持空气流量传感器的测量精度。

热膜式和热阻式空气流量传感器的特点和热丝式空气流量传感器相同，而且可靠、耐用，是目前轿车发动机上使用最多的空气流量传感器。

第二节　液体流量传感器

一、光电式燃油流量传感器

1.结构

光电式燃油流量传感器的基本结构如图3-24所示，它由光电耦合元件、叶轮、遮光板组成。当叶轮旋转时，遮光板也随叶轮在光电耦合件之间旋转，光敏三极管就会导通或截止，根据导通的次数就可以计算出旋转的速度，该速度乘以每一转的排量，即可推算出燃油流量，光电式燃油流量传感器的电路图如图3-25所示。

2.检测

将点火开关置于"ON"位置，首先检查供电电压，应为5V，在发动机处于怠速运转状态时，用万用表电压挡测量光电式燃油流量传感器信号输出端子间的电压变化情况。电压应该以脉冲形式产生，并且脉冲间的时间间隔均匀；当发动机转速升高，脉冲传感器的电压频率应明显加快。

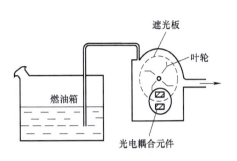

图 3-24 光电式燃油流量传感器的基本结构

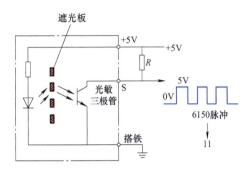

图 3-25 光电式燃油流量传感器的电路图

二、静电式冷媒流量传感器

1. 结构

静电式冷媒流量传感器可用于汽车空调上检测冷媒流量，其结构如图 3-26 所示。传感器的内部有多个电极，当通过传感器的流量发生变化时，电极间的电容量也会发生变化。静电式冷媒流量传感器的原理图如图 3-27 所示，两个平行电极之间的静电容 C 由式（3-1）确定。

$$C = \frac{\varepsilon S}{r} \tag{3-1}$$

式中，ε 为介电常数；S 为电极面积；r 为电极之间的距离。

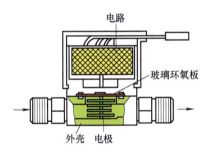

图 3-26 静电式冷媒流量传感器的结构

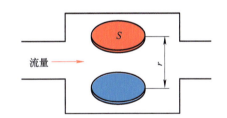

图 3-27 静电式冷媒流量传感器的原理图

当通过传感器的物质的状态发生变化时，或者混入少量的气体时，介电常数 ε 会发生变化，其静电容 C 也会发生变化，再经振荡电路把变化的静电容转换成频率，输入到空调 ECU 中，ECU 就能测得冷媒的数量。

这种静电式冷媒流量传感器利用其静电容的变化检测冷媒量的变化。冷媒循环的过程如图 3-28 所示，静电式冷媒流量传感器接在储液罐和膨胀阀之间，通过传感器的电极检测出冷媒量的变化，把这种变化转换成频率之后，再输入空调 ECU 中，ECU 再把这种传感器输入的脉冲信号变换成电压，并判断冷媒数量是否正常。当出现异常时，利用监控显示系统向驾驶人员警告。

2. 检测

拔开静电式冷媒流量传感器导线连接器橡胶套,在发动机运转期间,打开空调系统,用万用表电压挡测量信号输出端子间的电压变化频率,然后使出风量最大、温度最低,并提高发动机转速,以改变流过流量传感器的冷媒流量,此时观察电压表指示电压变化频率有无变化,若无变化,则需更换静电式冷媒流量传感器。

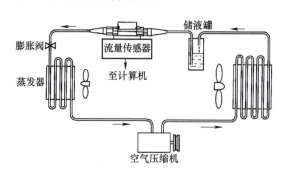

图 3-28　冷媒循环的过程

压力传感器

第一节 进气压力传感器

进气压力传感器用于 D 型汽油喷射系统和缸内直喷系统中。它在汽油喷射系统中所起的作用和空气流量传感器相似。进气压力传感器根据发动机的负荷状态测出进气歧管内绝对压力（真空度）的变化，并转换成电压信号，与转速信号一起输送到电子控制单元（ECU），作为确定喷油器基本喷油量的依据。

一、进气压力传感器的结构原理

1. 功用与结构

如图 4-1 所示，进气压力传感器的安装位置比较灵活，只要将节气门至进气歧管之间的进气压力引入传感器，就可将传感器安放在任何位置。

进气压力传感器是一种间接测量发动机进气量的传感器，其功用是通过检测节气门至进气歧管之间的进气压力来检测发动机的负荷状况，并将压力信号转变为电信号输入 ECU，以供 ECU 计算确定喷油（即喷油量）和点火时间。如果进气压力传感器工作不良，则一般会使发动机出现起动困难、怠速抖动、加速无力、油耗增大、排放超标等故障。

注意： 在发动机燃油喷射系统中，如果安装了进气压力传感器（Manifold Absolute Pressure Sensor，MAP）就无须安装空气流量传感器（Air Flow Sensor，AFS）。反之，如果安装了 AFS，就无须安装 MAP，两种传感器均配置的情况较少。

图 4-1 进气压力传感器的外形及安装位置

半导体压敏电阻式进气压力传感器由压力转换元件（硅膜片）和把转换元件输出信号进行

放大的混合集成电路组成，如图 4-2 所示。

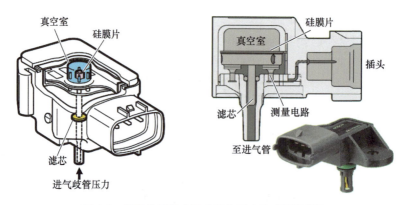

图 4-2 半导体压敏电阻式进气压力传感器的结构

硅膜片是压力转换元件，用单晶硅制成。压力转换元件是利用半导体的压阻效应制成的硅膜片。硅膜片的一侧是真空室，另一侧导入进气歧管压力。硅膜片为边长 3mm 的正方形，它的中部经光刻腐蚀形成直径约 2mm、厚约 50μm 的薄膜片。薄膜周围有 4 个应变电阻，以惠斯顿电桥的方式连接，根据力敏电阻扩散制作的方向不同分为径向电阻和切向电阻，扩散电阻的长边与膜片半径垂直的电阻称为切向电阻 R_t（图 4-3 中电阻 R_1 和 R_3），扩散电阻的长边与膜片半径平行的电阻称为径向电阻 R_r（图 4-3 中电阻 R_2 和 R_4）。所以进气歧管内绝对压力越高，硅膜片的变形越大，其变形量与压力成正比。附着在薄膜上的应变电阻的阻值则产生与其变形量成正比的变化。利用这种原理，可把进气歧管内压力的变化转换成电信号。硅杯与壳体以及底座之间形成的腔室制作成为真空室。壳体顶部设有排气孔，利用排气孔将该腔室抽真空后，再用锡焊密封，从而形成真空室。真空室为基准压力室，基准压力一般为零。在导压管入口设有滤清器，用于过滤导入空气中的尘埃或杂质，以免硅膜片受到腐蚀和脏污而导致传感器失效。

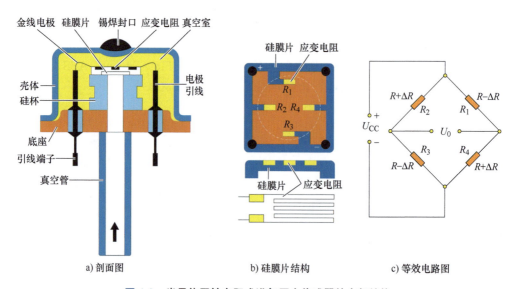

a) 剖面图   b) 硅膜片结构   c) 等效电路图

图 4-3 半导体压敏电阻式进气压力传感器的内部结构

2. 工作原理

半导体压敏电阻式进气压力传感器的工作原理及信号电压如图 4-4 所示，硅膜片一面通真空室，另一面导入进气歧管压力。在进气歧管压力作用下，硅膜片会产生应力。在应力作用下，半导体压敏电阻的电阻率会发生变化，从而引起阻值变化，惠斯顿电桥上电阻值的平衡就会被打破，当电桥输入端输入一定的电压或电流时，在电桥的输出端就可得到变化的信号电压或信号电流。根据信号电压或信号电流的大小，就可检测出歧管压力的大小。

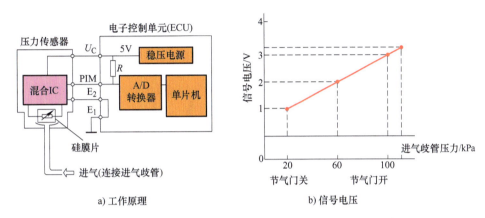

a) 工作原理　　　　　　　b) 信号电压

图 4-4　半导体压敏电阻式进气压力传感器的工作原理及信号电压

当发动机工作时，进气歧管压力随进气流量的变化而变化。当节气门开度增大（即进气流量增大）时，空气流通截面增大，气流速度降低，进气歧管压力升高，膜片应力增大，压敏电阻的阻值变化量增大，电桥输出的电压升高，经混合集成电路放大和处理后，传感器输入电子控制单元（ECU）的信号电压升高。反之，当节气门开度由大变小（即进气流量减小）时，进气流通截面减小，气流速度升高，进气歧管压力降低，膜片应力减小，压敏电阻的阻值变化量减小，电桥输出电压降低，输入 ECU 的信号电压降低。实测进气压力传感器信号电压与歧管压力的关系见表 4-1。

表 4-1　进气压力传感器信号电压与歧管压力的关系

歧管压力 P/kPa	13	27	40	54	67
信号电压 U_0/V	0.3 ～ 0.5	0.7 ～ 0.9	1.1 ～ 1.3	1.5 ～ 1.7	1.9 ～ 2.1

在图 4-4a 所示的进气压力传感器的控制电路中，进气压力传感器的 3 个接线端子分别是电源、进气歧管压力信号和搭铁。进气压力传感器的电源线电压 U_C 由 ECU 为其提供 5V 基准电压作为工作电源。进气歧管压力信号是一个高于 0V、低于 5V 的电压，并随着进气压力值的增大而增大，如图 4-4b 所示。该信号送入 ECU，作为 ECU 计算并判定进气量的依据。搭铁线通常先接入 ECU，再由 ECU 的搭铁端子搭铁，以保证搭铁电路的可靠性。

二、进气压力传感器的检测

2011 款高尔夫、捷达轿车的半导体压敏电阻式进气压力传感器与进气温度传感器制成一体，安装在进气系统的动力腔上，这两种传感器配合工作能准确地反映气缸的进气量。该传

85

感器插接器的 4 个连接端子 1、2、3、4 分别与 ECU 的 220、D101、T60/59、T60/42 端子相连接，其连接电路如图 4-5 所示。进气压力传感器的检测方法如下：

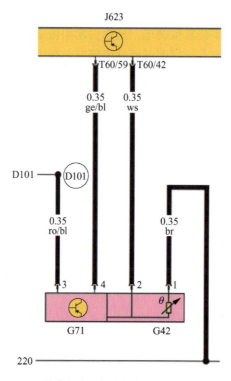

图 4-5 2011 款高尔夫、捷达轿车进气压力传感器的电路

G42—进气温度传感器 G71—进气歧管压力传感器 J623—发动机电子控制单元（在排水槽内中部）
T60—20 芯插头连接 ⑳—搭铁连接（传感器搭铁），在发动机线束中 Ⓓⁱ⁰¹—连接 1（在发动机线束中）

（1）电阻检测 关闭点火开关，拔下 ECU 线束插接器和进气压力传感器线束插接器。用万用表的电阻挡检测 ECU 与传感器有关端子间的电阻。该阻值应符合表 4-2 中列出的标准规定值，如果阻值过大或为无穷大，则说明线束与端子接触不良或有断路，应更换传感器。

表 4-2 进气压力传感器线束电阻值的检测

检测项目	检测部位	电阻值 /Ω
传感器正极线	发动线束中 D101 与端子 3	
传感器信号线	T60/59 与端子 4	
传感器负极线	发动线束中 220 与端子 1	<0.5
温度传感器信号线	T60/42 与端子 2	

（2）电压检测 用万用表直流电压挡检测电压，打开点火开关，检查进气压力传感器插接器端子 3 与端子 1 间的电源电压，标准值应为 5V 左右；打开点火开关，发动机不运转，检查进气压力传感器信号输出端子 4 与搭铁端子 1 间的信号电压，标准值应为 3.8 ～ 4.2V，当发动机怠速运转时，信号电压应为 0.8 ～ 1.3V；当节气门开度加大时，信号电压应上升。如果信号电压经检查不符合上述规定，则说明传感器已经损坏，应进行更换。

第二节 轮胎压力传感器

轮胎压力监控系统（Tire Pressure Monitor System，TPMS），通过采用无线射频通信的胎压传感单元和胎压监控单元，实现了对轮胎压力的实时监控。轮胎压力监控系统（TPMS）的作用是在汽车行驶过程中对轮胎气压进行实时自动监控，并对轮胎漏气和低气压进行警告，以确保行车安全。

轮胎的轮毂或气嘴上安装一个内置传感器，传感器中包括感应气压的电桥式电子气压感应装置，它将气压信号转换为电信号，通过无线发射装置将信号发射出来。TPMS通过在每一个轮胎上安装高灵敏度的传感器，在行车或静止的状态下，实时监视轮胎的压力、温度等数据，并通过无线方式发射到接收器，在显示器上显示各种数据变化或以蜂鸣等形式提醒驾驶人。并在轮胎漏气和压力变化超过安全门限（该门限值可通过显示器设定）时进行警告，以保障行车安全。

一、轮胎压力监控系统的结构组成

轮胎压力监控系统由5个轮胎压力传感器、4个轮胎压力监控天线、轮胎压力监控控制单元、组合仪表、功能选择开关等组成，这些部件在车上所处的位置如图4-6所示。

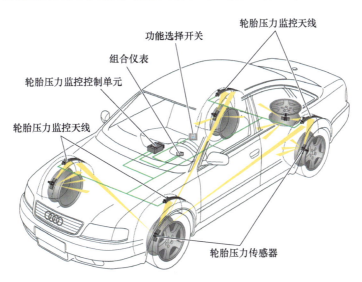

图4-6 轮胎压力监控系统部件的安装位置

1. 轮胎压力传感器（G222～G226）

轮胎压力传感器拧在金属气门嘴上，在更换车轮或轮辋时，该传感器仍可继续用。轮胎压力传感器将轮胎的实时压力信息（绝对压力测量）发送给轮胎压力监控控制单元，用以评估压力情况。温度信号用于补偿因温度改变而引起的压力变化，同时还用于自诊断。当温度高于某一限定值时，传感器就停止发送无线电信号。温度补偿由轮胎压力监控控制单元来进行，测出的轮胎压力以20℃时的值为标准值。

轮胎压力传感器内部集成部件如图4-7所示。压力传感器、温度传感器及测量/控制电子装置都集成在一个智能型传感器上。

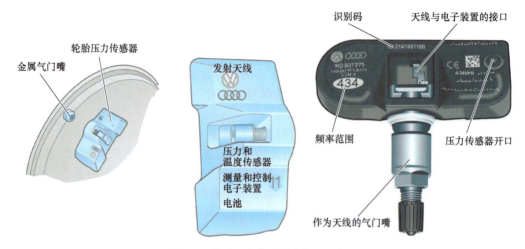

图4-7　轮胎压力传感器内部集成部件

现在使用两种不同的载波频率，多数国家使用433MHz的载波频率；少数国家（如美国）使用315MHz的载波频率。传感器、天线和控制单元上打印有相应的载波频率，另外从零件号上也可看出用的是哪种载波频率。一个封闭系统内的空气压力变化与温度是成比例的。正常情况下，温度每变化10℃，压力变化约10^4Pa。输入"存储压力"后，轮胎充气压力就被标准化为20℃时的值。

注意：为了避免调整不当，必须在"轮胎冷态"时检查、校正储存轮胎的充气压力。

轮胎压力传感器的发射天线发送以下信息：专用识别码（ID–Code）、实时轮胎压力（绝对压力）、实时轮胎空气温度、集成电池的状态，为保证数据的安全传递所需的状态、同步和控制方面的信息。以上所列的信息都包含在一段12位长的数据电报内。数据传递是调频式的，传递时间约10ms。

注意：只有当系统部件都使用相同的载波频率时，轮胎压力监控系统才能正常工作。

每个轮胎压力传感器都有一个专用的识别码（ID–Code），用于"轮胎识别"。为了避免接收到错误信息，当轮胎压力传感器接收到的温度达到120℃时，它就不再发送无线电信号（数据电报）。在发射电子装置马上切断轮胎压力传感器前，轮胎压力控制单元会得到"温度切断"信息，于是"故障内容"就被记录在故障存储器内。当温度低于某一值时，轮胎压力传感器又能恢复无线电通信。电子部件对高温是很敏感的，高温会导致功能故障及部件损坏，比如制动盘产生高温如图4-8所示。当一个或多个轮胎压力传感器发生温度切断时，会出现图4-9中的提示。

测量、控制及发射电子装置通过集成的锂电池供电。为了使轮胎压力传感器的使用寿命尽可能长，其控制电子装置有专用的"能源管理"功能。

测量轮胎压力的数据传递量很小，但应能立即识别出气压不足并将此信息传递给控制单元。"能源管理"功能可以根据不同的测量和发射时间间隔，区分出是正常发射模式还是快速发射模式。当轮胎气压值保持恒定时，轮胎压力传感器就处于正常发射模式。当气压损失高于2×10^4Pa/min时，轮胎压力传感器立即切换到快速发射模式，如图4-10所示。"能源管理"可在保证压力监控功能的同时，使传感器电池所承受的负荷尽可能小。电池寿命理论上可达到7年。

图 4-8　制动盘产生高温

图 4-9　轮胎压力传感器发生温度切断

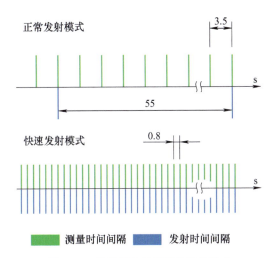

图 4-10　轮胎压力传感器的发射模式

注意： 电池是轮胎压力传感器的一个组成部件，它不能单独更换，可以通过自诊断来查询电池的理论寿命。

2. 轮胎压力监控天线（R59 ～ R62）

轮胎压力监控天线的外形如图 4-11 所示。轮胎压力监控天线接收来自轮胎压力传感器的无线电信号，并将此信号传至轮胎压力监控控制单元以便进一步处理。轮胎压力监控系统共有 4 根用于轮胎压力监控的天线，分别安装于左前、右前、左后、右后车轮罩内的衬板后，如图 4-12 所示。这 4 根天线经高频天线导线与轮胎压力监控控制单元相连，并根据安装位置与控制单元进行匹配。天线会接收所有处于接收范围和频率范围内的无线电信号，每根天线都会接收所有处于其作用半径以内的传感器信号。无线电信号会被传送至控制单元内并经过选择，以便得出正确的信息。为了保证轮胎压力监控系统能正常工作，该系统上使用的各部件的载波频率必须相同，从零件号也可看出载波频率。

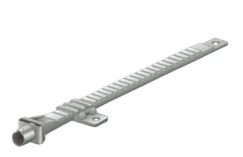

图 4-11　轮胎压力监控天线的外形

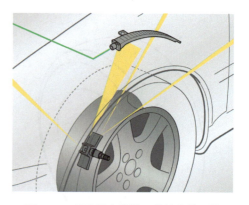

图 4-12　轮胎压力监控天线的安装位置

为了不干扰高频数据传递，对于损坏的天线导线不可以修理，如果天线导线损坏，应更换整个线束。轮胎压力监控天线目前还不能自诊断查找故障。

3. 轮胎压力监控控制单元（J502）

轮胎压力监控控制单元 J502 的外形如图 4-13 所示。轮胎压力监控控制单元 J502 负责对轮胎压力监控天线发来的信号进行处理，然后把相应的信息送至组合仪表。驾驶人信息系统的显示屏会显示相应信息。车辆外围设备是通过 CAN 总线进行通信的。通过对各种不同的界限值和按时间变化的压降（压降梯度）进行分析，就可对系统状况信息进行排序（按其重要性）。输入"存储压力"后，不但要求控制单元储存新的轮胎充气压力，还要"学习"以前储存的传感器及其位置，因此控制单元内储存了两套彼此毫无关系的轮胎压力值。

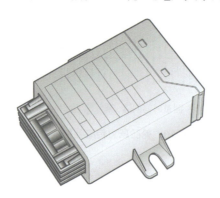

图 4-13　轮胎压力监控控制单元 J502 的外形

1）控制单元编码输入部分负荷及全负荷时的轮胎压力值，如图 4-14 所示。该压力值可在油箱盖上的不干胶标签上查到，它是按编码表输入的。根据部分负荷的压力可计算出一个最低压力极限值。

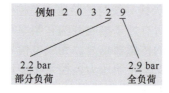

图 4-14　轮胎压力值（1bar=10^5Pa）

2）通过驾驶人信息系统显示屏的"存储压力"功能，由驾驶人储存轮胎充气压力（见随车使用说明书）。使用驾驶人信息系统的菜单可以储存个性化的轮胎充气压力值（如满负荷或冬季轮胎）。

4. 金属气门嘴

对于轮胎压力监控系统所用的气门嘴，过去使用的是橡胶气门嘴，现在常用的是金属气门嘴，其结构如图 4-15 所示。

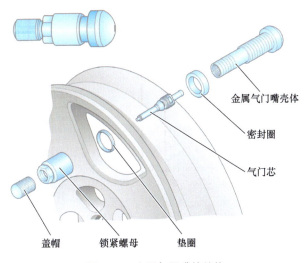

图 4-15　金属气门嘴的结构

二、轮胎压力监控系统的工作过程

奥迪汽车使用的轮胎压力监控系统功能图如图 4-16 所示。当打开驾驶人车门或 15 号接线柱接通时，系统就开始初始化过程，然后控制单元给轮胎压力监控发射器 G31 ～ G434 和天线 R96 各分配一个 LIN 地址（分配时在时间上是错开的）。当初始化完成后，这几个发射器陆续从控制单元接收到信息，随后这些已经分配地址的发射器发射出无线电信号（频率为 125kHz，只发射一次）。由于这种无线电信号的作用半径很小，所以它们只会分别被相应的轮胎压力传感器所接收。轮胎压力传感器被无线电信号激活后，会发送测量到的当前压力和温度值，这些测量值由天线接收后，再经 LIN 总线传送到控制单元。

在此之后，只要车辆处于停止状态，就不会再进行任何通信联系。轮胎压力传感器上装有离心力传感器，该传感器可以识别出车轮是否在转动。与过去的轮胎压力监控系统相比，现在的轮胎压力监控系统的优点是：只要 15 号接线柱接通就可立即显示出警告信息，同时轮胎压力监控传感器的寿命也得到了提高。

当车辆起步时，传感器在约 2min 后开始与车轮位置进行匹配。当车速超过约 20km/h 时，每个传感器会自动发射当前的测量值，而无须等待来自各自发射器的信号。发射出的无线电信号中包含有传感器的 ID，因此控制单元可以识别出是哪个传感器发出的信息及其位置。在正常情况下，发射器每隔 30s 就发射一次信号。如果传感器发现压力变化较快（$>2 \times 10^4$Pa/min），则传感器会自动切换到快速发送模式，此时每隔 1s 就发送 1 次当前测量值。

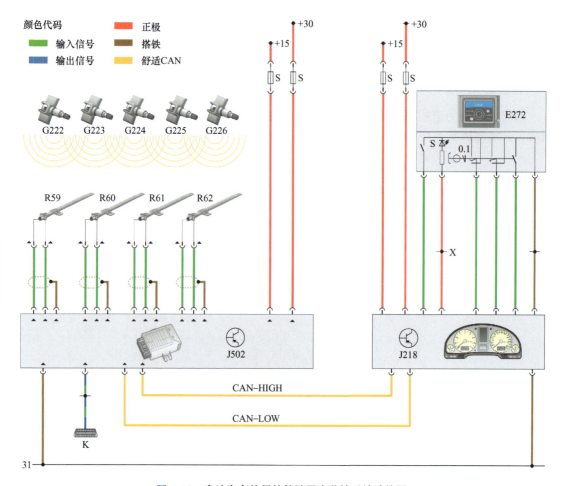

图 4-16 奥迪汽车使用的轮胎压力监控系统功能图

E272—功能选择开关 G222—左前轮胎压力传感器 G223—右前轮胎压力传感器 G224—左后轮胎压力传感器
G225—右后轮胎压力传感器 G226—备胎轮胎压力传感器 J218—仪表板内组合处理器 J502—轮胎压力监控控制单元
K—自诊断连接 R59—左前轮胎压力监控天线 R60—右前轮胎压力监控天线 R61—左后轮胎压力监控天线
R62—右后轮胎压力监控天线 X—接线柱 58s ▲—镀金触点

三、轮胎压力监控系统的操作和显示

1. 轮胎压力监控系统的操作

在轮胎压力子菜单里通过功能选择开关可以关闭或再次接通轮胎压力监控系统，还可以储存轮胎的实时压力。在储存轮胎压力时，为了避免错误信号，建议每次检查及校正完轮胎充气压力后，执行一次"存储压力"功能。如果没有按照这个流程操作，且使用了不同的充气仪器来检查和校正轮胎气压，那么根据充气仪器的公差范围情况，系统信号可能提前或延迟。在轮胎温度不同（热／冷）或外界温度不同（夏天／冬天）的条件下校正完轮胎压力后，但没有每次都储存压力值时，也会出现系统信号提前或延迟现象。用功能选择开关的旋／压钮来选择所需要的功能，详见随车使用说明书。

当输入"存储压力"后，轮胎充气压力就被标准化为20℃时的值。为了避免调整不当，应特别注意：必须在"轮胎冷态"时检查、校正及储存轮胎的充气压力。该系统可由驾驶人关闭。在每次接通点火开关后，会短时出现"系统已关闭"的信息以提醒驾驶人。在选择"存储压力"时，轮胎压力监控系统会自动接通。

2. 轮胎压力监控系统的显示

根据对车辆行驶性能的影响，将轮胎压力监控系统信号分成两个优先等级：

优先等级 1 的信号（最重要），表示此时轮胎压力监控系统已不能保证车辆行驶的安全性。优先等级 1 的信号由驾驶人信息系统显示屏上的红色警告符号以及声音信号（锣）来指示，此时要求驾驶人立即检查轮胎状态。

优先等级 2 的信号（次重要），表示此时轮胎压力监控系统还没有直接影响行驶安全性，驾驶人信息系统显示屏会出现黄色符号来提醒驾驶人现在系统的状态。

优先等级 1 的信号和优先等级 2 的信号都可以分成"无位置"和"有位置"两种形式。所谓"无位置"是指系统不能准确说明故障原因的位置，或者有多个故障位置。所谓"有位置"是指系统可以准确说明故障位置，且只有该位置是引起故障的原因。优先等级 1 的信号在下列条件下才显示，如图 4-17 所示。

1）实际的轮胎充气压力值降至警告线 2 以下。

2）压力损失梯度大于 $2 \times 10^4 \mathrm{Pa/min}$。

3）压力损失很快。

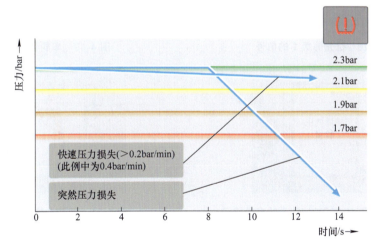

图 4-17　轮胎压力随时间变化的示意图

例如，根据编码表，轮胎压力的规定值是 $22 \times 10^4 \mathrm{Pa}$，最低压力极限值是 $4 \times 10^4 \mathrm{Pa}$（制造厂规定的奥迪 A8 车的部分负荷值）。

优先等级 1 的信号在处理完成后会立即显示出来，当超过警告线 3 以后，则会一直显示优先等级 1 的信号。当至少满足优先等级 1 的一个条件，且不能明确指出是哪个车轮时，可能会显示图 4-18 所示的优先等级 1 的信号。这些信息（优先等级 1，有位置）有明确的车轮位置指示，如图 4-19 所示。

在出现优先等级 1 的信号时，若按下 CHECK 按钮，会出现图 4-20 的提示。如果此时导航系统已激活，那么很快就会用这个指示符号指示所有优先等级 1 的信号（先是全图，然后是小图）。这个指示符号出现在驾驶人信息系统显示屏的上部，不会干扰行车路线指示，如图 4-21 所示。

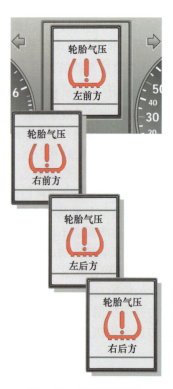

图 4-18　优先等级 1 的信号

图 4-19　车轮位置指示

图 4-20　按下 CHECK 按钮后的车轮提示

图 4-21　驾驶人信息系统提示

优先等级 1 的信号在满足下列条件时自动撤销：

1）所有轮胎压力传感器接收到的轮胎充气压力都高于警告线 1（比储存的轮胎充气压力规定值低 2×10^4 Pa）。

2）重新储存了轮胎的压力。

3）调整不当。

4）缓慢漏气。

例如，根据编码表，轮胎压力的规定值是 20×10^4 Pa，最低压力极限值是 17×10^4 Pa（制造厂规定的奥迪 A8 车的部分负荷值）。

当某个车轮的实际压力比通过驾驶人信息系统菜单储存的轮胎压力规定值低 20×10^4 Pa（警告线 1）时，会显示如图 4-22 所示的信息。这时轮胎压力监控控制单元应识别出轮胎压力传感器的位置（优先等级 1，有位置）。另外，其他 3 个轮胎的实际压力与储存的压力规定值相差不能大于 10^4 Pa。

图 4-22　车轮实际压力低于轮胎压力规定值 20×10^4Pa 时的仪表显示

　　如果某个轮胎压力达到警告线 1，而其他轮胎中有 1 个或多个轮胎的压力比储存的压力规定值低 10^4Pa，就会显示无位置信息，如图 4-23 所示。此时要求驾驶人检查并校正所有轮胎的压力，从而可以避免警告过于频繁，因为下次车轮故障在短时间内是不会发出警告的。

　　在点火开关接通的情况下，传感器传递的温度不应大于环境温度 15℃以上，如果超过了这个界限，则会发出警告。驾驶人可以通过驾驶人信息系统菜单将轮胎压力监控系统关闭。当装有轮胎压力传感器的轮胎（如冬季轮胎）放在行李舱内运输或装用的轮胎无传感器时，应关闭轮胎压力监控系统。在每次接通点火开关后，会出现如图 4-24 所示的显示，以提示驾驶人轮胎压力监控系统已关闭。

图 4-23　显示无位置信息

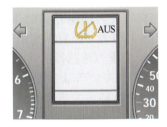

图 4-24　轮胎压力监控系统关闭示意图

　　如果轮胎压力监控系统已无法使用，则会出现提示以提醒驾驶人。例如，因电磁场变化而导致轮胎压力传感器无法接收信号，就会出现如图 4-25 所示的提示。可能产生干扰的因素包括火花塞间隙过大（火花塞插头未插好）或使用了无线耳机等。如果无线电干扰消失且传感器接收到信号，则这个提醒信息就会消失。只有当车速高于 5km/h 时，才会出现这个提醒信息。

　　当其他系统干扰轮胎压力监控系统工作时，会出现信息提示，此时会关闭轮胎压力监控系统，如图 4-26 所示。

图4-25 轮胎压力监控系统受干扰示意图 图4-26 轮胎压力监控系统关闭示意图

四、轮胎压力监控系统的功能

1. 轮胎识别

每个轮胎压力传感器都有一个单独的识别码（即 ID 码），它是一个 10 位的数字。这个 ID 码包含在传感器信号中并传给控制单元，车辆可以通过它来识别传感器的位置。控制单元在一定条件下确定并储存传感器的信息，这个过程就称为轮胎识别。系统最多可以"管理"5 个传感器（包括备胎）。接收到的 ID 码与储存的 ID 码不断地进行对比，以便对储存的数据进行进一步处理，这样可以避免在无线电作用范围内"未知传感器"影响系统。

轮胎识别有"自学习"能力，如果轮胎装上了别的传感器，控制单元会识别出来，并在一定条件下（算法处理）接受并储存"新传感器"。只有在车辆行驶过程中，才能完成传感器的自适应，从而可以避免暂停在附近的车辆的影响（如果该车也有轮胎压力监控系统的话）。轮胎识别码（ID 码）、车轮位置识别码（ID 码）如图 4-27 所示。

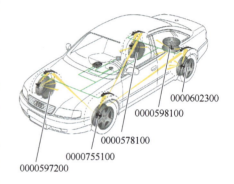

图4-27 轮胎识别码及车轮位置识别码

2. 位置识别

为了能向驾驶人提供轮胎的位置信息，轮胎压力监控控制单元必须知道轮胎压力传感器在车上的安装位置。位置识别是轮胎压力监控控制单元的一个扩展功能。该功能可以自动完成车轮与轮胎压力传感器的匹配，即定义出左前（VL）、右前（VR）、左后（HL）、右后（HR）及备胎（RR）。车上安装有 4 个接收天线，天线通过分析各个轮胎压力传感器传来的不同强度的信号，即可完成位置识别。控制单元根据计算和统计数据就可以确定轮胎压力传感器的理论位置（车轮的安装位置 VL—0000755100，VR—1000597200，HL—0000602300，HR—0000578100 和 RR—0000598100）。

在无线电传输过程中，有很多影响接收信号强度的因素（如金属件的屏蔽作用、发射器到天线的距离、环境影响等），因此并不能确定传感器的准确位置，所以称其为"理论位置"。

3. 车在停止时的监控功能

为了使车在停止时仍能监控轮胎压力，轮胎压力监控控制单元在关闭点火开关后也仍在工作。只是这时的控制单元处于省电状态，当它接收到轮胎压力传感器定期发来的信号时会马上激活。该功能要求维护好蓄电池，这样才能保证在车辆起动前可以得到及时的提示（如瘪胎）。

备胎在轮胎压力监控系统中占有很重要的位置，备胎上也装有轮胎压力传感器，如图 4-28 所示。与其他轮胎不同的是，备胎没有自己单独用于轮胎压力监控的天线。备胎发出的无线电信号（数据电报），由天线接收后再传给轮胎压力监控控制单元，通过轮胎识别和位置识别就可判断出"第 5 个"轮胎就是备胎，并将该信息存入控制单元。备胎由控制单元"管理"，涉及到备胎的警告信息都会被抑制，不会显示出来。

4. CAN 舒适接口

轮胎压力监控控制单元与车辆的信息交换是在组合仪表上通过 CAN 舒适总线来完成的。

五、轮胎压力监控系统的自诊断

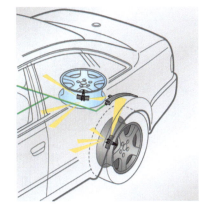

图 4-28 备胎上也装有轮胎压力传感器

轮胎压力监控系统可以通过自诊断快速查询故障，地址码为 65，可选功能如下：

01—查询控制单元版本号；02—查询故障存储器；05—清除故障存储器；06—结束输出；07—给控制单元编码；08—读取测量数据块；10—自适应。

匹配轮胎压力监控系统的步骤如下：

1）首先检查轮胎气压，必要时进行气压调整并在奥迪多媒体交互系统（Multi Media Interface，MMI）中储存。规定的气压值在油箱盖内侧标注或查找轮辋和轮胎指导说明。

2）确认"车轮更换功能"并储存在 MMI 中。

3）当匹配轮胎气压监控控制单元 J502 时，需要满足如下条件：

① 以大于 40km/h 的车速持续行驶至少 20min，避免时走时停驾驶，与其他车辆并行行驶时间不要超过 5min，以避免接受其他车辆车轮信号。

② 匹配结果可通过轮胎压力系统读取测量数据块 17 组的系统状态显示。

③ 系统状态数据块 17 记录 1。

④ 状态 0049 表示系统已经匹配成功。

第三节　制动压力传感器

一、压阻式制动压力传感器

1. 结构

制动压力传感器的安装位置如图 4-29 所示，其集成在 ESP 单元内。制动压力传感器在过去通常安装在串联制动主缸上。

图 4-30 所示的制动压力传感器通过 4 个接触弹簧与控制单元连接。两个触点用于供电，另外两个触点提供两个彼此独立的压力信号。该传感器根据压阻原理工作，利用制动时结构变形引起的材料电导率变化量。4 个压阻测量元件构成一个电桥，这些元件固定在一个隔膜上。压阻测量元件是半导体材料制成的电阻。

第四章

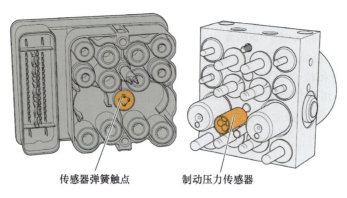

传感器弹簧触点　　　制动压力传感器

图 4-29　制动压力传感器的安装位置

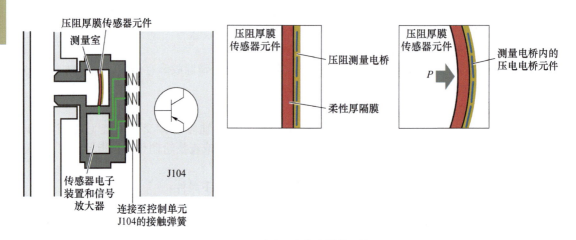

图 4-30　制动压力传感器的结构

2. 功能

当压力升高时，隔膜和与其连接的压阻测量电桥的长度会发生变化。当长度变化时，测量电桥内的压电电桥元件上会出现作用力，这些作用力会使压电元件内的电荷分布发生改变。当电荷分布发生变化时，压电电桥元件的电气特性会发生改变。其电气信号与压力成正比，并作为放大后的传感器信号传输给控制单元。当某一制动压力传感器失灵时，系统将 ESP 功能降低到 ABS 和电子制动力分配（Electronic Brakeforce Distribution，EBD）功能。

3. 工作原理

制动压力传感器安装在 ESP 系统中的行驶动力调节液压泵中，该制动压力传感器不能从液压泵中拧出（该传感器拧在液压泵内），更换时需要和液压泵一起更换。制动压力传感器通过向电子控制单元传送制动管路的实际制动压力，电子控制单元据此算出车轮制动力及作用在车辆上的轴向力，如果需要 ESP 工作，电子控制单元会利用上述数值计算侧向力。

制动压力传感器的核心部件是一只会受到制动液作用的压电元件和一只传感器电子元件。若制动液挤压压电元件，则压电元件上的电荷分布会发生变化，从而使电荷位置移动，并由此产生电压。该电压的压力越大，则电荷分得越开。当该电压被内置的电子元件放大后，会以信号的形式送给电子控制单元。故由该电压的大小可以直接测量出制动力的大小。

4. 检测

奥迪 A6 轿车上的制动压力传感器集成在液压控制单元中，如图 4-31 所示，制动压力传感器负责在液压控制单元输入端的初级电路中测量制动压力，这种集成结构可以减少线束的使用，并可提高安全性。该制动压力传感器的最大测量值为 170bar；最大能量消耗为 10mA、5V。

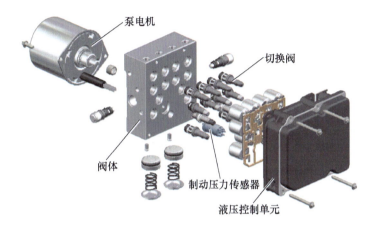

图 4-31 奥迪 A6 轿车上制动压力传感器的安装位置

制动压力传感器由 4 个压电晶体电阻组成，并形成电桥，附在柔性的变形片上。当液压控制单元发现两个信号偏离了公差范围后，液压控制单元会出现故障记忆，同时 ESP 功能失效，但 ABS 和 EBD 功能仍然有效。制动压力传感器的检测方法如下：

① 首先检查线路是否损坏断路。

② 其次检查正极线路是否短路。

③ 最后检查负极线路是否短路。

④ 如果以上检查均确认无故障，说明该制动压力传感器已损坏，应更换新的制动压力传感器。

二、压电式制动压力传感器

如图 4-32 所示，在带 ESP 的制动系统中，制动压力传感器直接安装在液压控制单元中，用于记录制动系统中的实际制动力。

压电式制动压力传感器的核心元件是一个压电元件。如图 4-33 所示，压电式制动压力传感器通过元件内部的电荷分布变化对压力变化作出反应，由电荷变化产生可测量的电压变化。压电式制动压力传感器的电压变化由液压控制单元感知并分析。

综上所述，通过压电式制动压力传感器的信号与时间段的比值可以得到压力斜度，该斜度被设定为制动辅助系统的接通条件。如果没有制动压力传感器的信号，则制动辅助系统和ESP 将不起作用。压电式制动压力传感器的功能异常将被自诊断系统记录下来，并储存到故障代码存储器中。

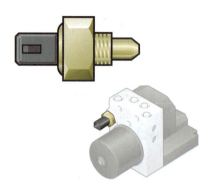

图 4-32　压电式制动压力传感器的安装位置

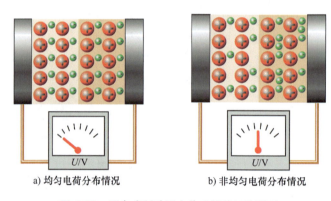

a) 均匀电荷分布情况　　　　　　　　b) 非均匀电荷分布情况

图 4-33　压电式制动压力传感器的工作原理

三、电容式制动压力传感器

电容式制动压力传感器如图 4-34 所示，电容式制动压力传感器内部有一个平板式电容器，制动液就作用在这个电容器上。

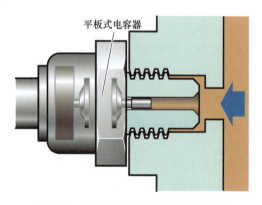

图 4-34　电容式制动压力传感器的结构

电容式制动压力传感器的工作过程如图 4-35 所示，电容器的两个平板间有一定距离 s，因此它有一定的电容量，即它可以容纳一定量的电荷，电容量的单位是法拉（F）。一个平板是不动的，另一个平板在制动液的作用下可以移动。

如图 4-35b 所示，当压力作用到活动的平板上时，两个平板之间的距离 s_1 就会变小，电

第四章

容 C_1 就会变大。如果阻止了该压力，那么活动的平板就会回位，两个平板之间的距离为 s_2，如图 4-35c 所示，则电容 C_1 又变小了。因此，电容的变化可直接作为压力变化的量度。

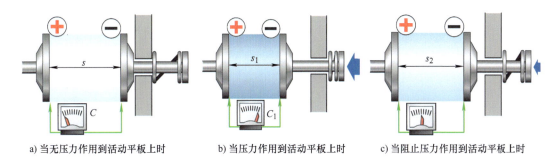

a) 当无压力作用到活动平板上时　　b) 当压力作用到活动平板上时　　c) 当阻止压力作用到活动平板上时

图 4-35　电容式制动压力传感器的工作过程

第四节　座椅占用识别压力传感器

大众新款速腾轿车的智能安全气囊系统采用了乘客位置感知系统。

一、座椅占用识别压力传感器的安装位置

如图 4-36、图 4-37 所示，前排乘员座椅占用识别压力传感器 G128 安装在前排乘员座椅的座椅套和坐垫之间。座椅占用识别压力传感器的位置包括前排乘员座椅的后部区域，选择位置时应确保能够探测到座椅面的相关区域。前排乘员座椅占用识别压力传感器 G128 有一个塑料膜，该膜覆盖在座椅的后部。G128 由几个单独的压力电阻组成，可以感知座椅相关部位。

前排乘员座椅占用压力传感器 G128 根据负重改变其电阻。如果前排乘员座椅未被占用，则 G128 的电阻很高。负重越大，电阻就越小。负重自约 5kg 起，安全气囊控制单元 J234 就将座椅识别为"座椅已被占用"。当 G128 的电阻大于 430Ω 时，控制单元认为座椅未被占用；当 G128 的电阻小于 140Ω 时，控制单元就认为座椅已被占用。

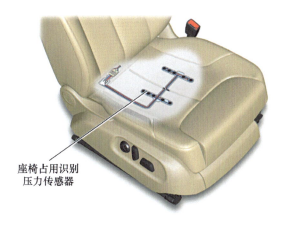

座椅占用识别
压力传感器

图 4-36　前排乘员座椅占用识别压力传感器 G128 的安装位置

101

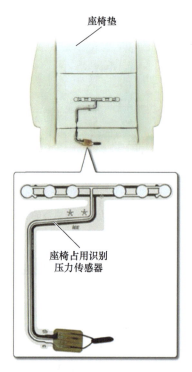

图 4-37　前排乘员座椅占用识别压力传感器 G128 的外形

二、座椅占用识别压力传感器的结构

如图 4-38 所示，座椅占用识别压力传感器 G452 和座椅占用识别垫是一个部件。座椅占用识别垫充有硅凝胶，位于前排乘员座椅的坐垫下。如果前排乘员座椅被占用，则座椅占用识别垫中的压力会发生变化。座椅占用识别压力传感器识别出该压力变化，并以电压信号形式将这一情况报告给座椅占用识别控制单元 J706。

根据负重情况，电压在 0.2V（大负重）～ 4.8V（小负重）之间变化。座椅占用识别控制单元向传感器提供的电压为 5V。

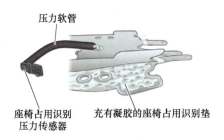

图 4-38　座椅占用识别压力传感器 G452

三、座椅占用识别压力控制单元

座椅占用识别控制单元 J706 用于分析座椅占用识别压力传感器 G452 和座椅占用识别安

全带拉紧力传感器 G453 的信号。

座椅占用识别安全带拉紧力传感器的信号用于说明安全带上的拉力大小。借助座椅占用识别压力传感器的信号，座椅占用识别压力控制单元可识别出前排乘员座椅的负重情况，见表 4-3。如果前排乘员座椅负重小于 20kg，并且识别出没有安全带拉紧力或者安全带拉紧力很小，则座椅占用识别压力控制单元确定为"儿童座椅"，并将这一情况通知安全气囊控制单元，则前排乘员正面安全气囊即被安全气囊控制单元关闭。

表 4-3 前排乘员座椅占用情况的识别

座椅负重	安全带拉紧力	识别
<20kg	非常小或者没有	儿童座椅
25kg	非常高	儿童座椅
>25kg	小	成人

如果前排乘员座椅负重 25kg，并且安全带拉紧力超过一个预定的值，则座椅占用识别压力控制单元识别到儿童座椅被具有儿童座椅固定功能的安全带额外压在坐垫上，则识别为"儿童座椅"，则安全气囊控制单元将前排乘员正面安全气囊关闭。

从负重大于 25kg 和很小的安全带拉紧力起，座椅占用识别压力控制单元将座椅视为被一个成人占用，前排乘员正面安全气囊将保持激活状态。在接通点火开关后，座椅占用识别压力传感器的信息将被持续分析，这样可以确保座椅占用识别压力控制单元识别到座椅占用的变化情况，并对此作出反应。

为了在行驶中不会因前排乘员座椅上出现的负重交变而导致立即停用前排乘员正面安全气囊，系统在行驶期间工作时会有一定的延迟。安装在座椅占用识别压力控制单元中的加速度传感器向控制单元报告汽车的运动情况。

安全气囊控制单元 J234 和座椅占用识别压力控制单元 J706 之间的数据交换通过 LIN 数据总线进行。诊断监控由安全气囊控制单元负责。

四、座椅占用识别安全带拉紧力传感器

如图 4-39 所示，座椅占用识别安全带拉紧力传感器集成在前排乘员座椅的安全带锁中。它主要由两个可相互移动的部件和一个位于电磁铁Ⅰ和Ⅱ之间的霍尔式传感器组成。一根设定过的弹簧使这两个部件停在静止位置。在该位置上，电磁铁Ⅰ和Ⅱ对霍尔式传感器没有影响。

按规定佩带好安全带后即在安全带锁上产生拉力。霍尔式传感器至电磁铁Ⅰ和Ⅱ之间的距离将发生改变，因此，电磁铁对霍尔式传感器的影响也会改变，进而改变霍尔式传感器的电压信号。若安全带锁上的拉力越大，这两个部件相对位移也越大。座椅占用识别压力控制单元会收到这些信息，并对其加以分析。机械挡块用于确保在碰撞时传感器元件不会彼此裂开。

五、系戴安全识别开关

如图 4-40、图 4-41 所示，有的车型配置的系戴安全识别开关直接装在安全带锁内，开关内有两个电阻。根据开关位置，通过一个或两个电阻进行测量。通过测得的电阻，安全气囊控制单元识别是否已系安全带。

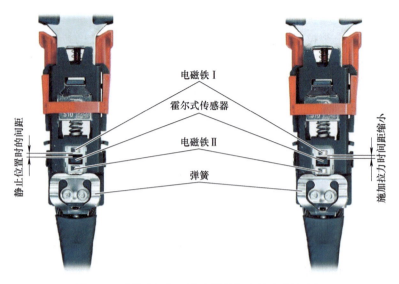

图 4-39 座椅占用识别安全带拉紧力传感器的结构

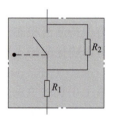

图 4-40 系戴安全识别开关电路的结构

图 4-41 系戴安全识别开关的识别

六、座椅占用识别系统组件的联网

如图 4-42 所示，如果安全气囊控制单元 J234 得到前排乘员座椅未被占用或者安装有儿童座椅的信息，则安全气囊控制单元关闭前排乘员正面安全气囊。如果前排乘员正面安全气囊已被停用，则会通过前排乘员安全气囊关闭指示灯（PASSENGER AIRBAG OFF）和组合仪表中的字符向乘员显示这一情况。

所安装的组件位置均有规定，严禁改动。同样也禁止更换系统零部件。修理时必须严格按照维修手册和"引导型故障查询"进行操作。

如图 4-42 所示，座椅占用识别系统主要由坐垫、座椅占用识别垫、座椅占用识别压力传感器 G452、座椅占用识别控制单元 J706、前排乘员侧安全带开关 E25、座椅占用识别安全带拉紧力传感器 G453、前排乘员侧安全气囊关闭指示灯 K145（PASSENGER AIRBAG OFF）以及安全气囊控制单元 J234 等部件组成。

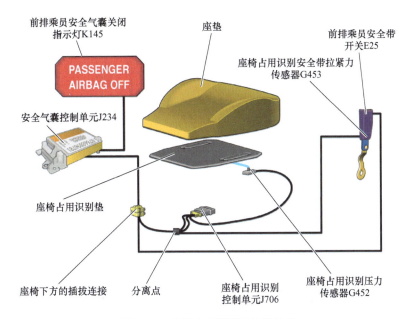

图 4-42　座椅占用识别系统的组成

七、座椅占用传感器的检测

副驾驶人侧座椅占用传感器相关电路如图 4-43 所示，相关检测如下：

（1）检测步骤

1）打开点火开关，检测 G128 的端子 T2be/1 与 T2be/2 之间的电压应约为 5V。

2）检测 T2be/2 端子与搭铁之间的导通性。

3）测量副驾驶人侧安全带开关 E25，电阻应为 2Ω，插上开关时电阻应为无穷大。

（2）控制逻辑分析　舒适型速腾气囊电控系统功能，当车速超过一设定目标值，气囊控制单元监控在乘客侧座位处于占位状态（由 G128 识别），且副驾驶人侧安全带开关不插合时，仪表将发出安全带未系提示音警告。

（3）电路图分析

1）如图 4-43 所示，由控制单元提供 5V 电压→副驾驶人侧座椅占用传感器 G128 →副驾驶人侧安全带开关 E25 →搭铁。

2）当无乘员时，整个回路是闭合的，G128 和 E25 产生电压降，控制单元通过 T50/32 电位变化进行监测（实际上控制单元通过控制单元内部分压电电阻电压的变化进行监测）。

3）当有乘员未系上安全带时（E25 闭合），则 G128 阻抗会发生变化，电压降发生变化，控制单元通过 T50/35 的电位变化进行监测，此时乘员未系安全带，则系统发出警告提示音。

4）当乘员系上安全带时，安全带开关 E25 将断开回路，此时无电压降，电位约 5V，控制单元通过 T50/35 进行监测。

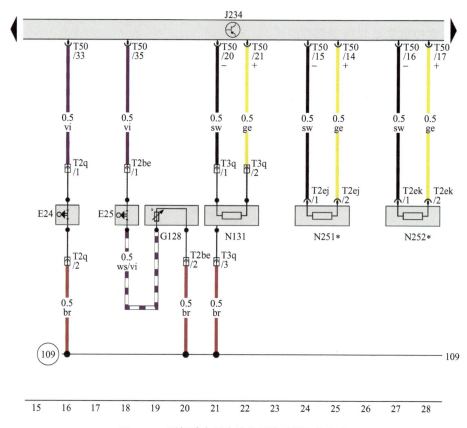

图 4-43　副驾驶人侧座椅占用传感器相关电路

E24—驾驶人侧安全带开关　E25—副驾驶人侧安全带开关　G128—副驾驶人侧座椅占用传感器
J234—安全气囊控制单元　N131—副驾驶人侧安全气囊引爆装置1　N251—驾驶人侧头部安全气囊引爆装置
N252—副驾驶人侧头部安全气囊引爆装置

5）座椅占用传感器标准电阻值见表4-4。

表 4-4　座椅占用传感器标准电阻值

G128 的电阻值	分析结果
430 ～ 480Ω	座椅上未坐人
≤120Ω	座椅上已坐人
>480Ω	故障 / 断路

⸬⸬⸬ 第五节　其他压力传感器 ⸬⸬⸬

　　目前用在汽车上的液体压力传感器主要有机油压力传感器、发动机机油液面传感器、制动主缸油压传感器、蓄压器压力传感器、燃油压力传感器、共轨燃油压力（柴油机用）传感器和制冷剂（空调）压力传感器等。

一、机油压力传感器

1. 结构及原理

发动机机油压力传感器用于检测发动机机油压力的大小，它一般通过螺纹拧在缸体的油道内，该传感器内有一个可变电阻，其一端用于输出信号，另一端和搭铁的滑动臂连接。当油压增大时，压力通过润滑油道接口推动膜片弯曲，膜片推动滑动臂移动到低电阻位置，使电路中的输出电流增大；反之，当油压降低时，膜片推动滑动臂移动到高电阻位置，使电路中的输出电流减小，通过机油压力表将机油压力的大小以指针（指示灯）指示出来，机油压力传感器的外形和结构如图 4-44、图 4-45 所示。

图 4-44　机油压力传感器的外形

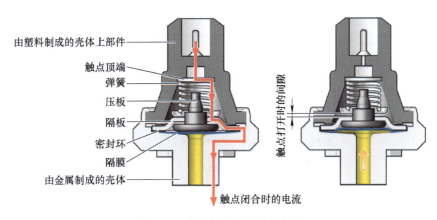

图 4-45　机油压力传感器的结构

2. 检测方法

1）将点火开关置于"OFF"位置，断开发动机机油压力开关的线束连接器，将点火开关置于"ON"位置，用万用表测量线束连接器电压应为 12V，说明 ECM 和线束都没有问题。然后测量机油压力开关与缸体间的电阻，假设为 345Ω，则过大，正常值应该接近 0Ω，则说明机油压力开关内部失效了。

2）检查机油压力开关及机油压力时应满足的条件有：机油油位正常；点火开关打开后，机油压力警告灯必须亮；自动检查系统的显示屏必须显示"OK"；机油温度约为 80℃。

3）机油压力传感器的检查。断开机油压力开关连接导线，拧下机油压力开关，并装上机油压力检测仪 VAG1342，如图 4-46 所示，将机油压力传感器装到机油压力检测仪 VAG1342 上，检测仪导线 1 搭铁。将二极管测试灯 VAG1527 连接到机油压力传感器及蓄电池正极上，测试灯应不亮；若测试灯亮，则须更换机油压力传感器。起动发动机，压力达到 120 ～ 160kPa 时，测试灯应亮；若测试灯不亮，则须更换机油压力传感器。

断开机油压力开关连接导线，拧下机油压力开关，并装上机油压力测试仪 VAG1342。将机油压力开关装到 VAG1342 上，起动发动机，机油温度约为 80℃，机油压力参考值是：急速时机油压力为 100 ～ 250kPa；2000r/min 时应不小于 200kPa；3000r/min 时机油压力为 300 ～ 500kPa；转速更高时机油压力不允许超过 700kPa。若未达到上述规定值，应更换带限压阀的滤清器支座或机油泵。

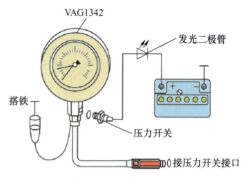

图 4-46　检测机油压力传感器和机油压力

二、大众直喷发动机燃油压力传感器

1. 结构及原理

燃油压力传感器用于检测发动机实际的燃油压力。如图 4-47 所示，大众直喷发动机的燃油压力传感器由印制电路板、传感器元件、隔离块（间隔块）和壳体等组成，其安装在进气歧管下方靠近飞轮一侧，用螺栓紧固在塑料制成的油轨上。该传感器用于监控燃油系统高压部分的压力，并把信号传给发动机电子控制单元。油轨内的压力保持恒定，对减少排放、降低噪声和提高功率有重要影响。燃油压力在一个调节回路中进行调节，该燃油压力传感器的测量误差小于 2%。传感器的核心元件是一个钢膜，在钢膜上有应变电阻要测的压力，经压力接口作用到钢膜的一侧，使钢膜弯曲，从而引起应变电阻的阻值发生变化。分析电路将电信号处理放大后，传递给控制单元电路。

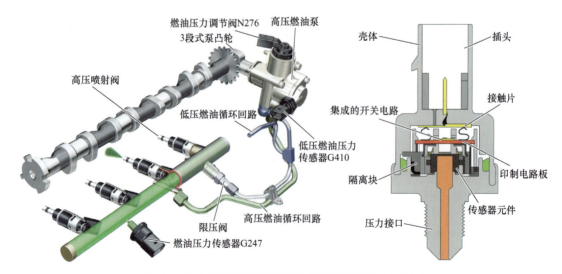

图 4-47　大众直喷发动机燃油压力传感器的结构及安装位置

由发动机电子控制单元给燃油压力传感器供电，供电电压为 5V。当压力升高时，电阻降低，信号电压升高。燃油压力传感器的特性曲线如图 4-48 所示。

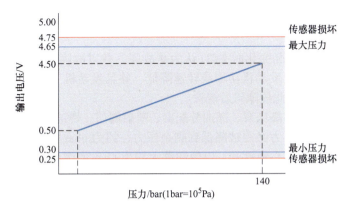

图 4-48　燃油压力传感器的特性曲线

2. 信号作用

发动机电子控制单元根据燃油压力传感器输出的信号，调节燃油压力调节阀来控制油轨内的燃油压力。如果这个信号显示燃油压力无法调整，则燃油压力调节阀会在泵油行程通电，即处于常开状态，此时整个系统的压力将降低至低压端的 5bar。

3. 失效影响

如果燃油压力传感器输出的信号失效了，则燃油压力调节阀会在泵油行程通电，即处于常开状态，此时整个系统的压力将降低至低压端的 5bar。发动机的输出转矩和功率都会大幅下降。

4. 检测方法

燃油压力传感器的相关控制电路如图 4-49 所示，其电路的相关检测方法如下：

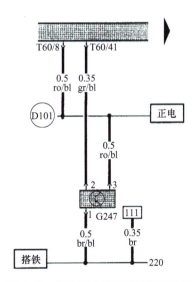

图 4-49　燃油压力传感器的控制电路

（1）电路检测

1）打开点火开关，检查燃油压力传感器插头 1 和 3 端子的电压应为 5V。

2）检查传感器线束与发动机线束和ECU连接器端子有无损坏之处，若有损坏之处，应修复或更换传感器线束。

3）当燃油压力随着工况变化时ECU认为是故障，并以故障码268的形式储存该故障。由于故障的存在，直接导致发动机功率或转速降低，并且发动机工作粗暴。起动发动机，急速运转，连接诊断仪确认是此故障码后清除。

（2）油压检测 在拆卸高压泵、燃油分配器、喷射阀门、燃油管或燃油压力传感器G247之前，高压范围内的燃油压力必须被降低到剩余压力，约为6bar。操作方法为将一块干净的抹布放在连接点周围，并小心地打开，以便卸载大约为6bar的剩余压力。另外，必须收集流出的燃油。在工作结束后，查询发动机电子控制单元的故障存储器，将所有由于插头拔下而生成的故障输入值清除。

三、电控柴油机共轨燃油压力传感器

1. 结构

共轨燃油压力传感器以足够的精度，在相对较短的时间内，测定共轨中的实时压力，并向ECU提供电信号。其结构如图4-50所示，燃油经过一个小孔流向共轨燃油压力传感器，传感器的膜片将孔的末端封住。高压燃油经压力室的小孔流向膜片，膜片上装有半导体材料的敏感元件，可将压力转换为电信号。通过连接导线将产生的电信号传送到一个向ECU提供测量信号的求值电路中。

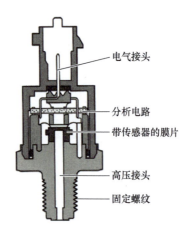

图4-50 共轨燃油压力传感器的结构

2. 工作原理

共轨燃油压力传感器的测量元件安装在其中心部位，测量元件与一个被微机械蚀刻的硅膜制成一体，4个变形的电阻分布在硅膜的膜片上。共轨燃油压力传感器的工作电路如图4-51所示。

当有微小压力作用于硅膜膜片上时，它们的电阻值将发生变化，测量元件的四周被盖子环绕，测量元件与盖子一起真空封闭。根据压力测量的范围，燃油压力传感器的硅膜膜片可以制成 $10 \sim 1000 \mu m$ 厚度（150MPa时变化量约为1mm）。燃油压力传感器以惠斯顿电桥原理工作，当膜片在气压作用下发生变形时，4个测量电阻中的2个电阻值升高，而其他2个电阻值降低，这将导致电桥的输出端产生电压，以该电压值代表压力。信号处理电子电路被集

成在燃油压力传感器内部，该电路用于对电桥电压进行放大，同时补偿温度的影响，从而产生线性的压力特性曲线。共轨燃油压力传感器的输出电压在 0 ～ 5V 范围内，该电压通过端子与发动机的 ECU 连接，发动机 ECU 以此输出电压计算压力。当共轨燃油压力传感器失效时，具有应急行驶功能的调压阀将以固定的预定值进行控制。

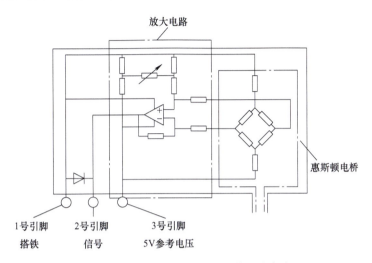

图 4-51　共轨燃油压力传感器的工作电路

共轨燃油压力传感器应用于第三代柴油机电控燃油系统中，其外形及安装位置如图 4-52 所示，该系统将喷油量和喷油时间控制融为一体，使燃油的升压机构独立，即燃油压力与发动机转速、负荷无关，具有可以独立控制压力的蓄压器共轨。喷油量、喷油时间等参数直接由装在各个气缸上的喷油器控制。

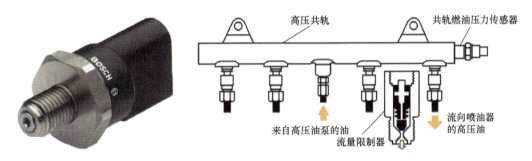

图 4-52　柴油共轨燃油压力传感器的外形及安装位置

第三代柴油机电控燃油系统采用高速电磁阀，其在降低柴油机的排放、保护环境方面将起到重要的作用。图 4-53 和图 4-54 是电控共轨式燃油系统的控制原理图及电路图。

共轨式燃油系统中喷油压力的控制方法如图 4-55 所示。根据各个传感器的信息，ECU 演算单元经过演算后定出目标喷油压力。根据装在共轨上的压力传感器的信号，ECU 计算出实际喷油压力，并将其值和目标压力值比较，然后发出命令控制供油泵，升高或降低压力。将 ECU 中的目标喷油压力特性用具体数据表示成 3D 图形，即所谓 MAP 图，可以得到最佳喷射压力特性。

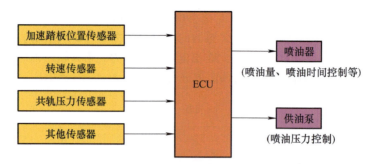

图 4-53　电控共轨式燃油系统的控制原理图

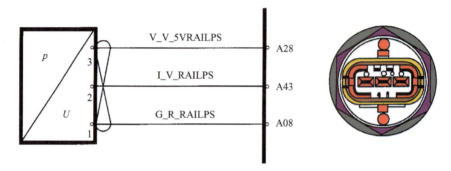

图 4-54　电控共轨式燃油系统的控制电路图

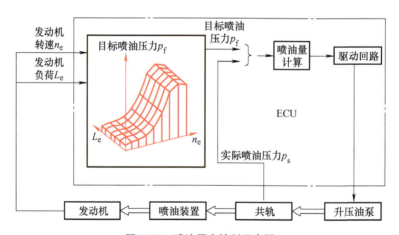

图 4-55　喷油压力控制示意图

3.检修

（1）BOSCH 高压共轨系统可能会有的故障代码　P0194 油轨压力传感器信号太弱；P0191 油轨压力传感器信号太强；P0192 油轨压力传感器电压太低；P0193 油轨压力传感器电压太高。

（2）可能会有的实际值　检查油轨压力传感器的电源供应；拔出油轨压力传感器插头；在线束一侧的端子 1 上对应于端子 3 进行检测。触发系统已接通，额定值为 4.5 ～ 5.5V，如果未达到额定值，检查电线。

（3）检查信号电压　插上油轨压力传感器的插头；在部件一侧的端子 2（＋）和端子 1（－）之间进行测量，触发系统已接通，额定值为 0.3 ～ 0.7V；当发动机处于热温和急速运转状态中时，额定值为 0.8 ～ 1.2V，踩下加速踏板时的标准电压值为 1.2 ～ 4.5V。

（4）其他可能出现的故障　电缆断路、正极短路或者搭铁短路；插头没有连接或者连接处导电不佳；尽管已通过检验，油轨压力传感器仍然有故障。

四、制冷剂压力 / 温度传感器

1. 作用及位置

如图 4-56 所示，制冷剂压力 / 温度传感器 G395 位于发动机舱内压缩机与冷凝器之间的高压管路上，它将制冷剂温度与制冷剂压力信号送到 Climatronic 控制单元。这两个信号用于控制散热器风扇、控制压缩机以及检测制冷剂的损耗。

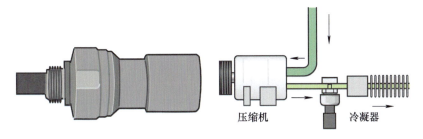

图 4-56　制冷剂压力 / 温度传感器 G395 的外形及安装位置

在制冷剂发生大的泄漏而逸出时，压力会急剧下降。在此情况下，压力传感器的信号足以让控制单元检测到故障。

如果冷却液逐渐损耗，那么此信号就不会足够强，因为少量制冷剂的损耗不会使压力变化达到系统可测量的程度。但是，由于制冷剂的量与蒸发器的量精确相关，所以缺少制冷剂会导致蒸发器中膨胀的冷却液气体热到可测量的程度，从而使压缩机后的制冷剂温度上升。

由于较少的制冷剂吸收了等量的热量来将空气冷却到默认值，从而造成这种温升。该传感器检测这种温升并发送电压信号给 Climatronic 控制单元。若温度或压力信号失败，则制冷功能关闭。

2. 功能

如图 4-57 所示，压力测量传感器元件按照电容原理进行工作。它的工作模式可以用平行极板电容器进行简单说明。制冷剂回路中的压力变化改变了传感器中电容极板之间的间距。由于电容极板之间的间距发生改变，电容量也就发生改变，即电容器储存电能的能力发生改变。若间距减小，电容量下降；若间距增大，电容量上升。传感器电子装置检测这种变化，并按比例将压力转换成电压信号。

五、制冷剂高压传感器

当压缩机工作时，管路的压力会升高，高压传感器防止管路冷媒压力过高。当压力高于一定值（约 1.6×10^6Pa）时，高压传感器会给自动空调 ECU 信号，ECU 将会终止压缩机工作以防止管路压力过高。高压传感器 G65 如图 4-58 所示。

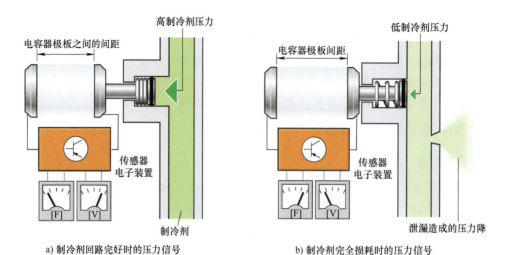

a) 制冷剂回路完好时的压力信号　　　　b) 制冷剂完全损耗时的压力信号

图 4-57　压力测量传感器的工作原理

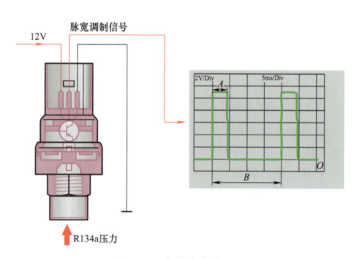

图 4-58　高压传感器 G65

　　如图 4-59a 所示，高压传感器 G65 在低压情况下输出一个小的脉冲宽度。20ms 的脉冲周期相当于 100%。在 0.14MPa（1.4bar）的低压下，脉冲宽度为 2.6ms，相当于 13%。

　　如图 4-59b 所示，脉冲宽度随压力增加而增加，在 3.7MPa（37bar）的高压下，脉冲宽度为 18ms，相当于 90%。

　　在低压下，晶体的变形最小，输出一个小脉冲，如图 4-60 所示。在高压下，晶体变形增加，脉冲宽度随着压力的增加而变宽，如图 4-61 所示。

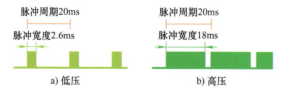

a) 低压　　　　　　　　　b) 高压

图 4-59　脉冲宽度

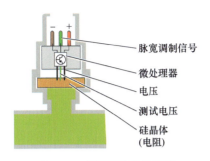

图 4-60 低压下的晶体变形

脉宽调制信号
微处理器
电压
测试电压
硅晶体
(电阻)

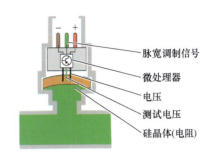

图 4-61 高压下的晶体变形

脉宽调制信号
微处理器
电压
测试电压
硅晶体(电阻)

六、增压压力调节位置传感器

1. 功用

如图 4-62 所示，增压压力调节位置传感器集成于增压器真空单元内。它是一个动态传感器，发动机电子控制单元通过其来获知增压器导片的位置。

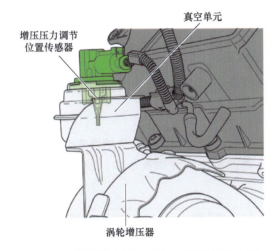

增压压力调节
位置传感器

真空单元

涡轮增压器

图 4-62 增压压力调节位置传感器的安装位置

发动机电子控制单元一方面根据增压压力传感器将增压压力调节到所期望的规定值，另一方面根据传感器信号来计算出每个工作循环中每个气缸吸入的空气流量，这个输入量将决定喷油时刻、喷油量以及点火提前角。如果增压压力传感器损坏，那么在整个负荷转速范围内的混合气成分都是不正确的，因为空气流量的计算就已经是错误的，这也会引起喷油量错误，结果导致废气排放出现问题。在增压工况，若传感器出现故障，则会导致增压压力错误，这有可能损坏发动机。因此，在打开点火开关后，这些传感器会一直进行彼此互检以及对照替代模块进行检查，一旦发现有异常，就会记录下故障，同时切换到对应的传感器，或者切换到替代模块。这样就可以使车辆尽可能地保持正常的状态行驶，从而避免造成不良后果。

2. 结构

如图 4-63 所示，位置传感器通过一个带磁铁的可移动导板，对真空单元中的膜片位移变化进行控制。若膜片随导片的调节而移动，则磁铁移动时会经过一个霍尔式传感器。根据磁场强度的变化，传感器电子部件可检测到膜片的位置以及导片的位置。

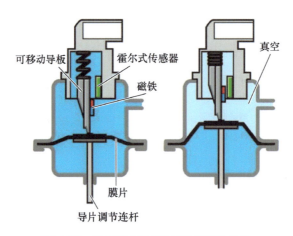

可移动导板 霍尔式传感器
磁铁
真空
膜片
导片调节连杆

图 4-63 增压压力调节位置传感器的结构

3. 信号的使用

传感器信号直接向发动机电子控制单元提供涡轮增压器导片的当前位置信息。其结合增压压力传感器 G31 的信号对增压压力的状态进行控制。

若传感器发生故障，增压压力传感器的信号以及发动机的转速信号会被用来确定导片的位置，排气警告灯 K83 则被点亮。

七、低压和高压燃油压力传感器

1. 低压燃油压力传感器 G410

（1）作用　如图 4-64 所示，低压燃油压力传感器安装在高压燃油泵的供油管路内。该传感器的作用是测量低压燃油系统内的燃油压力，并将一个信号发送给发动机电子控制单元。

低压燃油压力传感器G410

图 4-64 低压燃油压力传感器 G410 的安装位置

（2）信号的使用　系统利用该信号调节低压燃油系统内的压力。根据发动机的情况，燃油压力位于 0.5 ～ 5bar 之间。

（3）信号失灵时的影响　如果燃油压力传感器失灵，系统将以一个固定的 PWM 信号控制电动燃油泵，且低压燃油系统内的压力将升高。

第四章

2. 高压燃油压力传感器 G247

（1）作用　高压燃油压力传感器位于进气管下部部件上，如图 4-65 所示，并用螺栓拧在燃油分配器内。该传感器的作用是测量燃油分配器内的燃油压力，并将一个信号发送给发动机电子控制单元。

高压燃油压力传感器G247

图 4-65　高压燃油压力传感器 G247 的安装位置

（2）信号的使用　发动机电子控制单元分析这个信号并通过燃油压力调节阀调节燃油分配器内的压力。根据发动机的情况，燃油压力位于 30 ～ 110bar 之间。

（3）信号失灵时的影响　如果燃油压力传感器失灵，发动机电子控制单元将以一个固定值控制燃油压力调节阀。

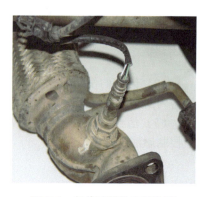

第五章

气体浓度传感器

:::: 第一节　氧传感器 ::::

现在的三元催化转化器大都安装在排气歧管近端，以便更有效地净化排气中 CO、HC 和 NO_x 3 种主要的有害成分。但三元催化转化器只能在混合气的空燃比接近理论值的一个窄小范围内才能有效地起到净化作用。故在排气管中安装氧传感器，如图 5-1 所示，氧传感器的功用是通过监测排气中氧离子的含量来获得混合气的空燃比信号，并将空燃比信号转变为电信号输入发动机 ECU 中。ECU 根据氧传感器信号对喷油时间进行修正，以实现空燃比反馈控制（闭环控制），从而将过量空气系数（λ）控制在 0.98～1.02 的范围内（空燃比 A/F 约为 14.7），使发动机得到最佳浓度的混合气，从而达到降低有害气体的排放量和节约燃油的目的。

图 5-1　氧传感器的安装位置

随着汽油缸内直接喷射（Gasoline Direct Injection，GDI）发动机和燃油分层喷射（Fuel Stratified Injection，FSI）发动机的大量使用，均质稀薄燃烧技术也日益成熟，只能在理论空燃比附近间接测量混合气浓度的二氧化钛式和二氧化锆式氧传感器已不能适应监测的需要，因此宽域氧传感器随之出现。宽域氧传感器能在混合气极稀薄的条件下，连续地检测出空燃比，以实现稀薄领域的反馈控制。

一、普通氧传感器

目前使用的氧传感器有二氧化锆（ZrO_2）式和二氧化钛（TiO_2）式两种，其中应用较多的是前者。二氧化锆式氧传感器又分为加热型与非加热型氧传感器两种，二氧化钛式一般都为加热型传感器。

1. 二氧化锆（ZrO_2）式氧传感器（电压型）

（1）结构和工作原理　二氧化锆式氧传感器的基本元件是二氧化锆陶瓷管（固体电解质），陶瓷体制成管状，因此也称为锆管。锆管固定在带有安装螺纹的固定套中，锆管的内、外表面上都覆盖着一层多孔性的透气铂膜作为电极。氧传感器安装在排气管上，其内表面与大气接触，外表面与废气接触。为了防止废气中的杂质腐蚀铂膜，在锆管外表面的铂膜上覆盖着一层多孔的氧化铝保护层，并加装了一个防护套管，套管上开有通气槽。这样既可以防止废气烧蚀电极，又可以保证废气渗进保护层和电极接触。氧传感器的接线端有一个金属护套，其上开有一孔，用于锆管内表面与大气相通，导线将锆管内表面电极经绝缘套从传感器引出，如图 5-2 所示。

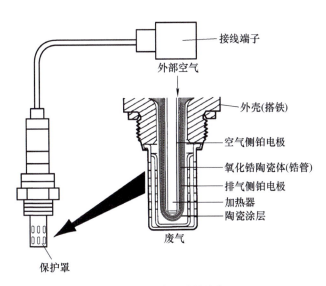

图 5-2 氧传感器的结构

锆管的陶瓷体是多孔的，允许氧渗入该固体电解质内。当温度高于 300℃时，氧气发生电离，氧气渗入锆管的多孔陶瓷体，由于锆管内、外侧的氧含量不一致，存在浓度差，因而氧离子从大气侧向排气一侧扩散，从而使锆管成为一个微电池，在两电极间产生电压如图 5-3a 所示。

当混合气的实际空燃比小于理论空燃比，即发动机以较浓的混合气运转时，排气中氧含量较少，但 CO、HC 和 NO_x 等较多。这些气体在锆管外表面铂的催化作用下与氧发生反应，将耗尽排气中残余的氧，使锆管外表面氧气浓度变为零，这就使得锆管内、外侧氧浓度差加大，两电极间的电压陡增，可以产生约 1V 的电压；当混合气的实际空燃比大于理论空燃比，即发动机以较稀的混合气运转时，氧气浓度高，CO、HC 和 NO_x 浓度低，在锆管外表面的铂催化作用下，使 CO、HC 和 NO_x 气体完全与氧发生反应，排气中仍有残余的氧存在。由于内、外两侧氧的浓度差较小，几乎不能产生电动势，此时输出电压几乎为零。最终，二氧化锆式氧传感器产生的电压将在理论空燃比时发生突变，如图 5-3b 所示。

根据氧传感器所产生的电压值，就可以测量氧传感器外表面的氧气含量，而发动机废气排放中的氧含量主要取决于混合气的空燃比。因此，ECU 根据氧传感器输入的电信号分析汽油的燃烧状况，以便及时修正喷油量，使空燃比处于理想状况，即使空气过量系数 $\lambda=1$，所以这种传感器又称为 λ 传感器。要准确地完全保持混合气浓度为理论空燃比是不可能的，实际上氧传感器对喷油器的反馈调节是动态的，只能使混合气在理论空燃比附近一个较小的范围内波动，故氧传感器的输出电压在 0.1～0.8V 之间不断变化（通常每 10s 内变化 8 次以上）。如果氧传感器输出电压变化过缓（每 10s 内变化少于 8 次）或电压保持不变（不论保持在高电位或低电位），则表明氧传感器本体或线路有故障，需检查线路或更换传感器。

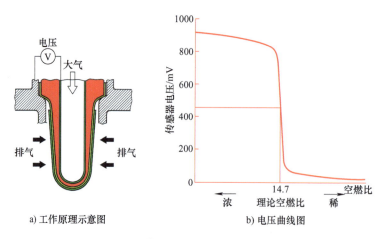

a) 工作原理示意图   b) 电压曲线图

图 5-3 氧传感器的工作原理及电压变化

（2）加热型二氧化锆式氧传感器 二氧化锆式氧传感器输出信号的强弱与工作温度有关，只有在 300℃ 以上时，该传感器才能正常工作。早期使用的氧传感器靠排气加热，这种传感器必须在发动机起动运转数分钟后才能开始工作，因此，电控发动机在氧传感器正常工作之前是开环控制。目前，大部分汽车使用带加热器的氧传感器，这种传感器在原来传感器的基础上，增加了一个陶瓷加热元件用于加热传感器，可在发动机起动后的 20～30s 内迅速将氧传感器加热至工作温度，扩大了空燃比闭环控制的工作范围，故又称为加热型氧传感器。

常见氧传感器有一线制、二线制、三线制、四线制 4 种类型。一线制氧传感器只有一根信号线与发动机 ECU 连接，传感器的另一极直接搭铁。二线制的两根线均与 ECU 相连，一根为信号线，另一根进入 ECU 后搭铁；三线制、四线制氧传感器均属于加热型氧传感器，由于添加了两根加热电阻的接线和氧传感器信号线组合成为三线制或四线制。加热电阻的两根接线，一根直接接控制继电器或主继电器，接受 12V 加热电源，一根由 ECU 控制搭铁端，控制加热电阻加热时间。氧传感器加热器是正温度系数热敏元件，在传感器与线束断开的情况下，可以通过测量加热器的阻值来对加热元件进行检测，加热型氧传感器的控制电路如图 5-4 所示。

（3）双氧传感器系统 随着排放法规越来越严格，越来越多的车辆都在三元催化转化器的前、后端分别安装了氧传感器，称为双氧传感器系统，如图 5-5 所示，一个氧传感器位于三元催化转化器之前，称为主氧传感器或上游氧传感器，用于混合气反馈控制，发动机 ECU 根据主氧传感器的反馈信号，增加或减少喷油量，将实际空燃比控制在理论空燃比附近；另一个位于三元催化转化器之后，称为副氧传感器或下游氧传感器，用于监测三元催化转化器的催化净化效率。

因为正常运行的三元催化转化器在转化 HC 和 CO 时要消耗 O_2。所以副氧传感器输出的电压信号比主氧传感器输出的电压信号波动要缓慢得多，两个氧传感器电压幅度差值可反映出三元催化转化器储存氧以及转换有害气体的能力。当三元催化转化器损坏时，其转化效率丧失，这时在其前后排气管中的氧气量十分接近，几乎相当于没有安装三元催化转化器，前、后两氧传感器的信号电压波形就趋于相同，并且电压波动范围也趋于一致，此时表明三元催化转化器转化能力下降。OBD-Ⅱ 监视系统正是根据这个原理来检测三元催化转化器转化效率的。

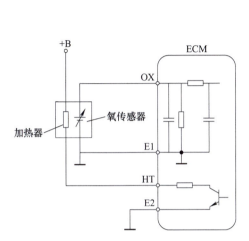

图 5-4　加热型氧传感器的控制电路

图 5-5　双氧传感器系统

2. 二氧化钛式氧传感器（电阻型）

（1）结构　二氧化钛式氧传感器是利用二氧化钛（TiO_2）材料的电阻值随排气中氧含量的变化而变化的特性制成的，故又称为电阻型氧传感器。二氧化钛式氧传感器的外形和氧化锆式氧传感器相似。在传感器前端的护罩内是一个二氧化钛厚膜元件，如图 5-6 所示。纯二氧化钛在常温下是一种高电阻的半导体，其表面一旦缺氧，则晶格便会出现缺陷，电阻随之减小。由于二氧化钛的电阻也随温度不同而变化，因此，在二氧化钛式氧传感器内部也有一个电加热器，以保持二氧化钛式氧传感器在发动机工作过程中的温度恒定不变。

（2）工作原理　由于二氧化钛半导体材料的电阻具有随氧离子浓度的变化而变化的特性，因此二氧化钛式氧传感器的信号源相当于一个可变电阻，其电阻值与过量空气系数的关系如图 5-7 所示。

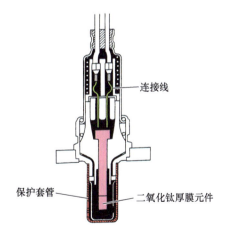

图 5-6　二氧化钛式氧传感器

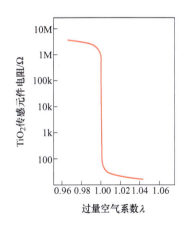

图 5-7　二氧化钛式氧传感器的特性

当发动机的可燃混合气较浓（$\lambda<1$）时，由于燃烧不完全，排气中会剩余少量氧气，此时

传感元件周围的氧离子很少，二氧化钛呈现高阻状态。与此同时，在催化剂铂的催化作用下，使剩余氧离子与排气中的一氧化碳（CO）产生化学反应，生成二氧化碳（CO_2），将排气中的氧离子进一步消耗掉，从而大大提高了传感器的灵敏度。

当发动机混合气较稀（$\lambda > 1$）时，排气中的氧离子含量较多，传感元件周围的氧离子浓度较大，此时二氧化钛呈现低阻状态。

由上可见，二氧化钛式氧传感器的电阻将在混合气的过量空气系数 λ 约为 1（空燃比 A/F 约为 14.7）时产生突变。当给氧传感器施加稳定的电压时，在其输出端便可得到一个交替变化的信号。该稳定电压一般由 ECU 内部的稳压电源提供。

新型二氧化钛式氧传感器由发动机 ECU 提供 1V 基准电压，外形和原理与二氧化锆式氧传感器相似，但为了使二氧化钛式氧传感器有着与二氧化锆式氧传感器相同的变化，即和二氧化锆式氧传感器输出的 0 ~ 1V 的电压值相一致，应将参考电压由原来的 5V 变为 1V。同时，为了减小传感器的质量并降低更换时的成本，应将其中的精密电阻转移到 ECU 内部。因此，在传感器的接线上减少了一条引出线。

3. 二氧化锆式氧传感器的检测

2011 款捷达轿车使用的二氧化锆式氧传感器，其接线图和端子布置如图 5-8 所示，安装位置如图 5-9 所示。T4c/1、T4c/2 端为加热元件插头，T4c/1 端供电来自经 S5 熔丝的供电电源线提供的蓄电池电压，T4c/2 端为搭铁端，接 ECU，由 ECU 控制加热时间；T4c/3、T4c/4 端为氧传感器信号端，其中，T4c/3 为信号电压正极，T4c/4 为信号电压负极（即搭铁端）。

（1）故障现象判断　氧传感器对汽车电子控制燃油喷射发动机正常运转和尾气排放起着至关重要的作用，一旦氧传感器或其连接线路出现故障，不但会使排放超标，还会出现回火、放炮、怠速熄火、发动机运转失准、油耗增大等各种故障，使发动机工况恶化。

（2）解码器检测　氧传感器的异常工作，都会在 ECU 中储存故障码。因此，通过专用解码器或通用解码器，可以查出氧传感器的故障码 00525——氧传感器 G39、G130 无信号，或氧传感器 G39、G130 对正极短路，或者通过读取数据流来判断氧传感器是否有故障。如果氧传感器示数长时间停滞在一个数值不变或变化缓慢，则说明氧传感器有故障。

（3）检测加热元件的电阻　在室温下，可用万用表进行检测。检测时，拔下氧传感器线束插头，检测插头上端子 T4c/1 与 T4c/2 之间的电阻，在常温下该阻值应为 1 ~ 5Ω。如果常温下该阻值为无穷大，则说明加热元件断路，应更换氧传感器。

（4）检测氧传感器加热元件的电源电压　氧传感器加热元件的电压为蓄电池电压，当点火开关接通使燃油泵继电器触点接通时，加热元件的电源即被接通。检测加热元件的电压，拔下氧传感器插头，起动发动机，检测插接器插座上的端子 T4c/1 与 T4c/2 之间的电压，电压值应不低于 11V。如果该电压值为 0V，则说明熔丝 S5（10A）断路或燃油泵继电器时压触点接触不良，分别检修即可。

（5）检测氧传感器的信号电压　由于当氧传感器工作温度低于 300℃时，氧传感器没有达到正常工作温度，无信号输出，因此应在二氧化锆式氧传感器处于 300℃以上的工作状态时测量其输出电压。用汽车万用表测压法检查二氧化锆式氧传感器的具体方法是：使发动机转速在 2500r/min 运行约 90s 左右，插头与插座连接，将数字式万用表连接到氧传感器端子 T4c/3 与 T4c/4 连接的导线上，当供给发动机浓混合气（加速踏板突然踩到底）时，信号电压应为 0.7 ~ 1.0V；当供给发动机稀混合气（拔下空气流量传感器至发动机之间的真空管）时，信号电压应为 0.1 ~ 0.3V；否则说明氧传感器失效，应予以更换。

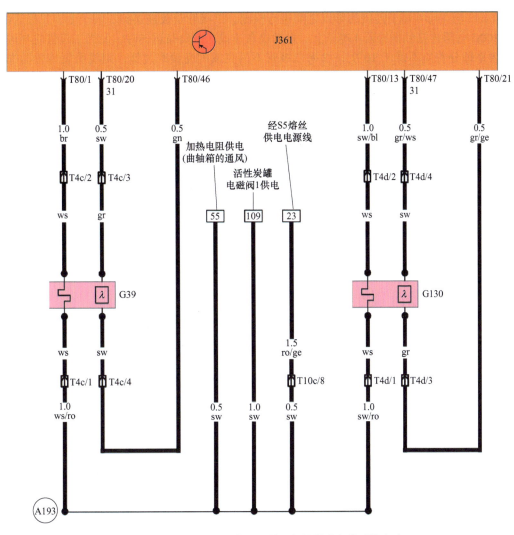

图 5-8　2011 款捷达轿车使用的二氧化锆式氧传感器电路

G39—氧传感器　G130—尾气催化净化器后的氧传感器　J361—发动机电子控制单元　T4c—4 芯棕色插头连接
T4d—4 芯黑色插头连接　T10c—10 芯黑色插头连接　T80—80 芯黑色插头连接　A193—仪表板线束中的连接（87a）

图 5-9　2011 款捷达轿车使用的二氧化锆式氧传感器的安装位置

（6）检测氧传感器的信号变化频率　可将一个发光二极管和一个 300Ω 的电阻串联接在传

感器 T4c/3 与 T4c/4 端子连接的导线之间进行检测。二极管正极连接到 3 端子上，二极管的负极经 300Ω 电阻连接到插接器 4 端子上。发动机怠速或部分负荷运转时，发光二极管应当闪亮。闪亮频率每分钟应不低于 10 次，如果二极管不闪亮或闪亮频率过低，则说明氧传感器失效，应更换传感器。还可以用万用表进行检测，检查指针在 10s 内摆动的次数应不少于 8 次。

（7）示波器检测 用示波器检测氧传感器输出的信号波形，可以很直观地确定氧传感器是否良好。测试方法是：起动发动机，使传感器预热到 300℃ 以上，发动机处于闭环工作状态时，用探针连接到传感器插接器信号端子 T4c/2 和 T4c/3 上，发动机从怠速开始增大转速，观察氧传感器输出信号波形，并与标准波形比较，判断传感器的好坏。图 5-10 所示为氧传感器在怠速和转速为 2500r/min 时的标准波形。

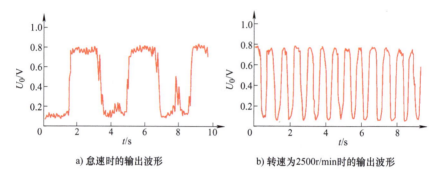

a) 怠速时的输出波形　　　　　　　　b) 转速为 2500r/min 时的输出波形

图 5-10　氧传感器怠速和转速为 2500r/min 时的标准波形

4. 二氧化钛式氧传感器的检测方法

二氧化钛式氧传感器加热电阻的检查与二氧化锆式氧传感器的基本相同。下面主要介绍其不同于二氧化锆式氧传感器的检测方法。

（1）万用表测电阻法 万用表测电阻法是利用二氧化钛式氧传感器的电阻特性来判断其在暖机状态和非暖机状态下的电阻值，以此来判断其是否损坏。正常氧传感器在充分暖机状态下的电阻值在 300kΩ 左右（不同厂家此值不同）；拆下氧传感器并暴露在空气中，冷却后测量其电阻值，若电阻值很大，则说明氧传感器良好；反之，则说明氧传感器已损坏，应予以更换。

（2）二氧化钛式氧传感器波形检测法 对于采用 1V 参考电压的二氧化钛式氧传感器，其测试方法、波形图等和二氧化锆式氧传感器相同。对于采用 5V 参考电压的二氧化钛式氧传感器，需要注意的是：良好的二氧化钛式氧传感器的输出端电压应以 2.5V 为中心上、下波动。

二、宽域氧传感器

在发动机电子控制系统中，氧传感器的作用是监测尾气中氧的浓度，并将信息反馈给 ECU 以修正喷油量，以实现发动机的闭环控制，从而确保废气空燃比始终处于三元催化转化器的最佳工作点。越来越严格的排放法规以及方兴未艾的稀薄燃烧技术，都要求发动机实现更稀薄的燃烧，尾气得到更理想的控制，这就对氧传感器提出了更高的要求。二氧化锆（ZrO_2）及二氧化钛（TiO_2）型氧传感器其工作范围都是在 $\lambda=1$ 附近，一旦超出此范围，其反应性能便会降低。当 ECU 要进行稀混合控制时，甚至超稀薄燃烧时，这两种类型的氧传感器便无法胜任了。为了克服普通氧传感器的缺陷，人们开发出了新一代氧传感器——宽域氧传感器。宽域氧传感器为五、六线制，属于线性、电流型氧传感器，在全空燃比范围内

（$\lambda=0.7\sim4.0$）起作用。

一般来讲，宽域氧传感器只用于催化转化器之前，催化转化器之后应使用普通氧传感器。后氧传感器只负责校验，当前氧传感器出现故障时，发动机进入开环紧急运行状态。查看发动机盖下的标识，如果标识为"HOS"，则为普通氧传感器；如果标识为"A/F S"，则为宽域氧传感器。

1. 宽域氧传感器的结构

传统的二氧化锆式氧传感器为四线制，属于主动、平面型氧传感器，仅适用于标准空燃比附近范围。在350℃或更高的温度下能传导氧离子，传感器两侧氧气的浓度差使两个表面之间产生电位差，且工作曲线非常陡峭。混合气在接近标准空燃比时，输出0.45V电压；当混合气偏浓时，输出$0.6\sim0.9$V电压；当混合气偏稀时，输出$0.1\sim0.3$V电压。由于该氧传感器只能在比较狭窄的范围内（$0.1\sim0.9$V）工作，当尾气过浓或过稀时都无法进行检测，因此该氧传感器的应用有一定的局限性。

宽域氧传感器的基本控制原理是以二氧化锆式氧传感器为基础而加以扩充的。二氧化锆式氧传感器具有一个特性，即当氧离子移动时会产生电动势。若采用反向程序，将电压施加于二氧化锆组件上，也会造成氧离子的移动。根据此一特性即可由ECU控制所期望的比例值。

如图5-11所示，构成宽域氧传感器的组件有两个部分：一部分为感应室，另一部分是泵氧元。感应室的一面与大气接触，另一面是测试腔，通过扩散孔与排气接触，与普通二氧化锆式氧传感器一样，由于感应室两侧的氧含量不同而产生一个电动势。一般的二氧化锆式氧传感器将此电压作为ECU的输入信号来控制混合比，而宽域氧传感器不同的是：ECU要把感应室两侧的氧含量保持一致，让电压维持在0.45V（这个电压只是ECU的参考标准值），这就需要传感器的另一部分来完成。

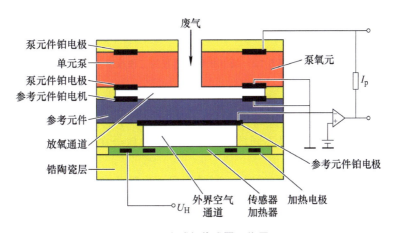

图 5-11　宽域氧传感器工作原理

宽域氧传感器的另一部分是传感器的关键部件——泵氧元，泵氧元一边是排气，另一边与测试腔相连。泵氧元就是利用二氧化锆式氧传感器的反作用原理，将电压施加于二氧化锆组件（泵氧元）上，这样会造成氧离子的移动。把排气中的氧泵入测试腔当中，使感应室两侧的电压维持在0.45V。这个施加在泵氧元上变化的电压，才是所需要的氧含量信号。如果混合气太浓，那么排气中含氧量下降，此时从扩散孔溢出的氧较多，感应室的电压升高。为平衡 ECU，增加控制电流使泵氧元增加泵氧效率，使测试腔的氧含量增加，这样可以调节感应室的电压使其恢复到 0.45V；相反，如果混合气太稀，则排气中的含氧量增加，这时氧要从扩散孔进入测试腔，感应室电压降低，此时泵氧元向外排出氧来平衡测试腔中的含氧量，使感应室的电压维持在 0.45V。总而言之，加在泵氧元上的电压可以保证当测试腔内的氧含量较多时，排出腔内的氧，这时 ECU 的控制电流是正电流；当腔内的氧含量较少时，进行供氧，此时 ECU 的控制电流是负电流。以上过程供给泵氧元的电流就反映了排气中的剩余空气含量系数。

当 $\lambda=1$ 即理论混合比时，$I_P=0$；当 $\lambda>1$ 即稀混合比时，I_P 逐渐升高；当 $\lambda<1$ 即浓混合比时，I_P 为负值。ECU 利用 I_P 控制即可得到连续的含氧感应值。

2. 宽域氧传感器的工作原理

图 5-12 所示为传统的杆形传感器（LSH- 加热式氧传感器）或者扁平形氧传感器（LSF），因为其电压曲线是跳跃的，所以也叫阶跃式氧传感器。在三元催化转化器后（下游）使用的是阶跃式氧传感器。阶跃式氧传感器的测量范围在 $\lambda=1$ 附近跳动，它用于监控三元催化转化器后废气中的氧含量是否足够。

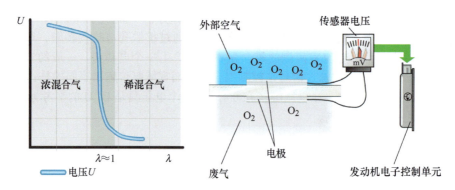

图 5-12　阶跃式氧传感器的工作原理

阶跃式氧传感器的核心元件是一个陶瓷体，该陶瓷体的两面有镀层（能斯脱单元），镀层起到电极的作用，其中一个电极层与外部空气接触，另一个电极层与废气接触。由于外部空气的氧含量和废气中的氧含量是不同的，这个氧含量差就会在两个电极之间产生一个电压，ECU 则根据这个电压来计算出 λ 值。

图 5-13 所示为宽域氧传感器的结构，其外形尺寸比阶跃式氧传感器仅大几毫米。宽域氧传感器由一个普通窄范围浓差电压型氧传感器（能斯脱单元）、带有电极的泵氧元、传感器加热器、传感器控制器及扩散小孔、扩散室等构成。图 5-14 所示为 2012 款迈腾轿车上的宽域氧传感器的电路图。

宽域氧传感器是新一代氧传感器，这种传感器被用在三元催化转化器前（上游）。λ 值的输出不再是一个跳跃式上升电压曲线，而是一个电流接近于线性的上升曲线，如图 5-15 所示。因此，可以在一个较宽的范围内来测量 λ 值。宽域氧传感器的 λ 值接收和分析与阶跃式氧传感器是不一样的，宽域氧传感器的 λ 值不是从电压变化中分析出来的，而是从电流变化中分析出来的。但是，其物理过程还是一样的。

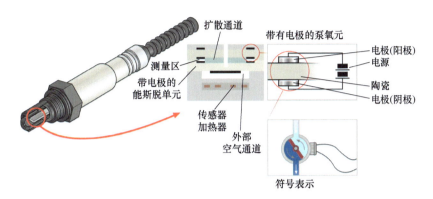

图 5-13　宽域氧传感器的结构

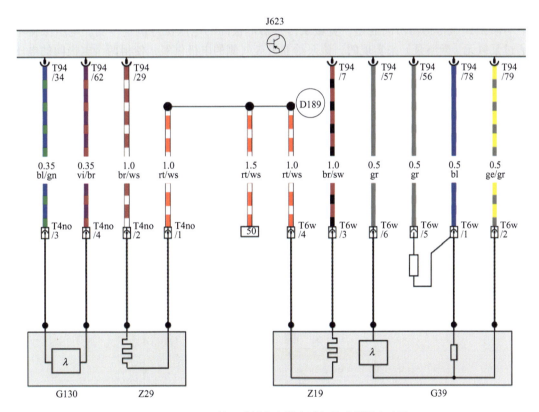

图 5-14　2012 款迈腾轿车上的宽域氧传感器的电路图

G39—氧传感器　G130—尾气催化净化器下游的氧传感器　J623—发动机电子控制单元（在排水槽内中部）
T4no—4 芯插头连接　T6w—6 芯插头连接　T94—94 芯插头连接　Z19—氧传感器加热
Z29—尾气催化净化器后的氧传感器 1 加热装置　D189—连接 87a（在发动机预接线导线束中）

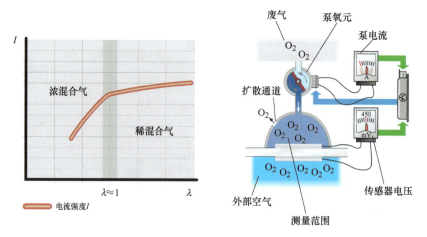

图 5-15　宽域氧传感器的工作原理

　　宽域氧传感器也是通过两个电极产生一个电压，这个电压也是因为氧含量的不同而产生的。与阶跃式氧传感器不同的是，宽域氧传感器电极间的电压保持恒定不变。电压保持不变是通过泵氧元（微型泵）来实现的，该泵给靠近废气侧的电极供氧，使得两个电极间的电压保持为 450mV 的恒定值。泵氧元所消耗的电流被 ECU 换算成 λ 值。

　　图 5-16 所示为 2012 款迈腾轿车上宽域氧传感器的调节原理，它与传统氧传感器基本相同。安装在三元催化转化器前（上游端）的宽域氧传感器称为控制氧传感器，其作用是监测尾气中氧的含量，并将信息反馈给 ECU，用于调节喷油量，从而实现发动机的闭环控制，改善发动机的燃烧性能并减少有害气体的排放。为了对三元催化转化器效率进行持续监控，因此配有诊断氧传感器，其安装在三元催化转化器的下游端。通过比较三元催化转化器上游和下游的氧传感器信号，可以确定三元催化转化器的效率。

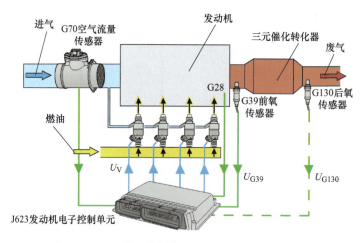

图 5-16　2012 款迈腾轿车上宽域氧传感器的调节原理

3. 宽域氧传感器的控制过程

　　（1）燃油、空气混合气变稀　如图 5-17a 所示，当废气中的氧含量升高，且在泵功率不变的情况下向测量区送入的氧气量多于通过扩散通道漏掉的氧气量。因而相对于外部空气来说，氧气比例就发生了变化，所以两个电极之间的电压就下降了。如图 5-17b 所示，为了使得两电极间的电压再回到 450mV，必须减少废气侧的氧含量。因此泵氧元必须减少送入测量区的氧气量。于是就会降低泵功率，直至电压回到 450mV。ECU 将泵氧元的电流消耗换算成一个 λ 值，从而改变混合气的成分。

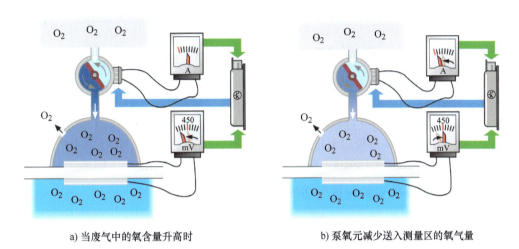

a) 当废气中的氧含量升高时　　　　　　　b) 泵氧元减少送入测量区的氧气量

图 5-17　混合气变稀的控制过程

（2）燃油、空气混合气变浓　如图 5-18a 所示，当废气中的氧含量降低，且在泵功率不变的情况下向测量区送入的氧气量减少，于是两电极间电压升高。这时通过扩散通道漏掉的氧气量多于泵氧元所送入的氧气量。如图 5-18b 所示，提高泵氧元的功率，就会提高测量区的氧含量。于是电极间电压又回到 450mV，泵氧元的电流消耗量被 ECU 换算成 λ 值。

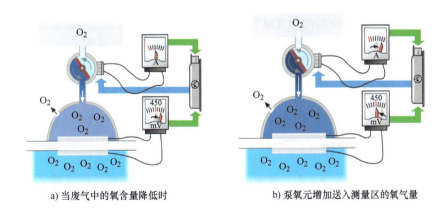

a) 当废气中的氧含量降低时　　　　　　　b) 泵氧元增加送入测量区的氧气量

图 5-18　混合气变浓的控制过程

注意：宽域氧传感器与 ECU 是一个系统，因此必须与 ECU 进行匹配。

4. 宽域氧传感器的 λ 值

1）加速和巡航。从中等车速到急加速和巡航状态时，λ 值将保持在较稳定的状态，此时 λ

接近1，这是因为宽域氧传感器和ECU是在闭环状态下工作的，λ值将按照ECU进行燃油平衡调节，仅在1的上或下"漂移"。

2）加浓。当加浓工况出现时，λ值将降低，并向下移动。

3）减速。在减速工况时，λ值将变到1.989。这是由于ECU执行减速断油状态，从而导致排气气流非常稀。

应值得注意的是，ECU将调节节气门的关闭，在λ值最终达到1.989之前，节气门开度必须小于5%。在特殊车辆上，λ=1.989是宽域氧传感器软件、硬件的极限值。

第二节　氮氧化物（NO$_x$）传感器

NO$_x$为可燃混合气在高温、高压下燃烧后的产物，是NO和NO$_2$的总称。NO$_x$是在高温富氧的条件下生成的，当空气过量时，N$_2$与O$_2$在电火花的作用下，产生了NO，而NO被空气中的O$_2$氧化为NO$_2$。从燃烧过程排放的NO$_x$中的95%以上可能是NO，其余的是NO$_2$。尾气中NO$_x$的排放量取决于燃烧温度、时间和空燃比等因素。

一、NO$_x$传感器的安装位置与功能

1. 安装位置

如图5-19所示，NO$_x$传感器控制单元常安装于汽车外部底板的下部，在NO$_x$传感器附近对传感器信号进行预加工，然后将该信息经CAN总线传至发动机电子控制单元，发动机电子控制单元通过这个信息来识别所储存的NO$_x$的饱和程度，然后执行还原过程。

2. 功能

NO$_x$传感器被直接拧紧在NO$_x$存储式催化转化器的后面，用来确定废气中NO$_x$和O$_2$的残留量，并把此信号传送给NO$_x$控制单元。其功能如下：

1）识别和检查催化转化器的功能是否正常。

2）识别和检查催化转化器前端宽域氧传感器调节点是否正常或是否需要修正。

3）检测NO$_x$传感器产生的信号是否被传送至NO$_x$传感器控制单元。

4）当NO$_x$传感器检测到NO$_x$存储式催化转化器的存储空间达到饱和时，就会启动一个NO$_x$再生周期，即提供给ECU信号，使发动机在短时间内生成更浓的混合气体，使排气温度升高，转化器钡涂层便开始释放NO$_x$。NO$_x$随之会被转化为无害氮气。

5）如果NO$_x$传感器的信号发生故障，则发动机仅能在均质充气模式中运行。

二、NO$_x$传感器的结构

NO$_x$传感器包含2个腔室、2个泵室、4个电极和1个加热器。传感器元件是用二氧化锆制成的。此材料的典型特点是，如果对它施加电压，它就能使负的氧离子从负电极迁移到正电极，相当于气泵将氧气从一侧泵入另一侧，因此，NO$_x$传感器也被称为氧气泵，如图5-20所示。

NO$_x$传感器的检测原理也是以氧气测量为基础，并且可以从一个宽带λ探针上检测到氧气含量。

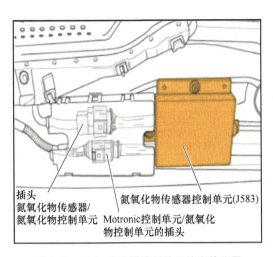

图 5-19　NO$_x$ 传感器控制单元的安装位置

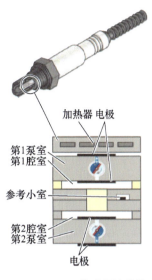

图 5-20　NO$_x$ 传感器的结构

三、NO$_x$ 传感器的工作原理

如图 5-21 所示，NO$_x$ 传感器安装在存储式 NO$_x$ 催化转化器的后部，以监测其 NO$_x$ 的存储量。NO$_x$ 传感器采用电池电动势原理进行检测 NO$_x$ 的浓度，其构造原理如图 5-22 所示。

在泵室内，氧气含量保持恒定（14.7kg 空气：1kg 燃油），通过调整泵工作电流，空燃比会发生变化。废气流经扩散网到 O$_2$ 测量单元，该单元通过还原电极将 NO$_x$ 分解成氧气和氮气，通过氧 – 泵电流就可以确定 NO$_x$ 的浓度。

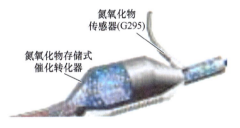

图 5-21　NO$_x$ 传感器的安装位置

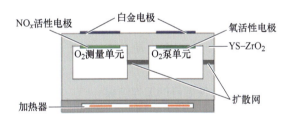

图 5-22　NO$_x$ 传感器的构造原理图

1. NO$_x$ 的储存过程

当发动机在 $\lambda>1$ 稀薄燃烧工作时，废气中的 NO$_x$ 与存储式催化转化器表面上的白色涂层发生氧化反应，产生 NO$_x$。NO$_2$ 再与氧化钡（BaO）发生化学反应，生成硝酸盐 [Ba（NO$_3$）$_2$]，并储存在催化转化器中，如图 5-23 所示。当催化转化器不能再储存 NO$_x$ 了，则启动再生模式，储存过程一般耗时 60 ～ 90s。此时发动机将从稀薄的分层充气燃烧模式转为均匀模式。在均匀模式下，尾气中碳氢化合物和一氧化碳的含量将会升高。在存储催化转化器内，NO$_x$ 中的氧与碳氢化合物和一氧化碳反应生成氮气和氧气。

2. NO$_x$ 的还原过程

当存储式催化转化器中的 NO$_x$ 负载量达到极限时，发动机电子控制单元使发动机短时间处于均质且 $\lambda<1$ 模式工作。混合气变浓，排放的废气温度升高，存储式催化转化器的温度也就升高，此时所形成的硝酸盐变得不稳定，利用废气中的 CO 与 Ba（NO$_3$）$_2$ 发生还原反应，使硝酸盐分解，生成 BaO（氧化钡），并释放出 CO$_2$ 和 NO$_x$。在存储式催化转化器中的铂金和铑，将 NO$_x$ 转化成 N$_2$，CO 转化为 CO$_2$，还原过程一般耗时 2s，如图 5-24 所示。

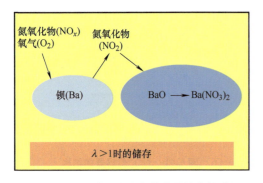

图 5-23　NO$_x$ 存储式催化转化器的存储过程

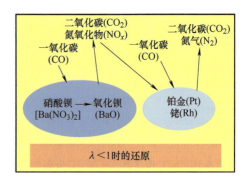

图 5-24　NO$_x$ 存储式催化转化器的还原过程

当 NO$_x$ 传感器检测到 NO$_x$ 的负载量达到微小量时，则发动机又进行 $\lambda>1$ 稀薄燃烧模式。

3. 硫的还原过程

硫比 NO$_x$ 具有更高的温度稳定性，在很短的时间间隔内频繁发生 NO$_x$ 还原后，就会发生硫还原。发动机电子控制单元由此即可判断出，催化净化气的储存空间已被硫占满，无法再储存 NO$_x$ 了。除硫的过程要持续约 2min。从分层充气模式切换到均质模式，即两个气缸以较浓混合气工作，两个气缸以较稀混合气工作，不同的气体会聚到 Y 形管内再次燃烧，可将 NO$_x$ 存储式催化净化器的温度升高到超过 650℃，于是将硫转化成 SO$_2$。如果燃油中含硫较少，那么除去硫的时间间隔也长，若燃油含硫多，就会经常进行这种还原反应。在大负载、高转速行车时会自动去硫。对于涡轮增压式缸内直喷发动机，一般取消了 NO$_x$ 存储催化转化器。

4. NO$_x$ 传感器的工作过程

NO$_x$ 传感器的工作过程可以分为两个阶段，如图 5-25、图 5-26 所示。

（1）确定第一腔室中的 λ 数值　一部分废气流入第一腔室中，由于废气中的氧气残留量与参考小室中的氧气残留量不同，就能在电极上测量出一个电压，NO$_x$ 传感器控制单元将此电压设定为恒定的 450mV，这相当于空气 / 燃油比 $\lambda=1$。如果偏离此数值，则氧气会被泵出或者泵入，使 450mV 的电压保持恒定。

（2）确定第二腔室中的 NO$_x$ 残留量　不含氧气的废气从第一腔室进入第二腔室，废气中的 NO$_x$ 分子被一个特殊的电极分裂成氮气和氧气。因为第二腔室内部电极和外部电极上电压被调整至恒定的 450mV，所以氧气泵必须通入电流，使氧离子从内部电极迁移到外部电极。在此过程中，氧气泵流动的电流表征的是第二腔室中的氧气残留量。因为氧气泵的电流大小与废气中的 NO$_x$ 成正比，为此就能够确定 NO$_x$ 的残留量。

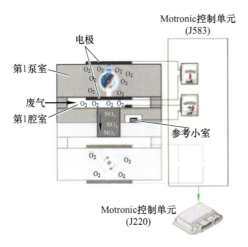

图 5-25 确定第一腔室中的 λ 数值

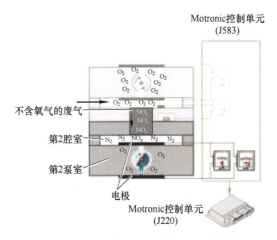

图 5-26 确定第二腔室中的 NO_x 残留量

第三节 空气质量传感器

空气质量传感器也称为多功能传感器，是众多汽车全自动分区空调系统的组成部分，主要用于测量空气中的水分、环境温度、外界空气污染程度（外部空气中可氧化或可还原的有害气体）。若外部空气质量较差，如堵车或穿过隧道时，前方或邻近车辆的尾气有可能进入本车辆，如果空气质量传感器检测到外部空气中的污染物含量超标时，全自动空调系统的控制单元会自动停止进气外循环而转为内循环，从而阻止外部污染物进入。而当车外空气清新时又自动转为外循环。此外，当挂入倒车档或者清洗前挡风玻璃而喷射清洗液时，自动空调也会自动地将循环模式转为内循环，防止倒车时的有害尾气和喷射清洗液时的异味进入车内。

一、空气质量传感器的安装位置及作用

空气质量传感器连同新鲜空气进气道温度传感器 G89 一起安装在通风室的新鲜空气进气区域，如图 5-27 所示。

空气质量传感器具有能够通过感应化学物质（如 NO、NO_2 和 CO）检测空气污染的能力，如图 5-28 所示。根据进气空气的质量，它会自动打开车内空气循环模式（如果处于 AUTO 模式）。出于安全考虑，如果外界温度降到 2℃以下或空调压缩机关闭，则可能是风窗玻璃结冰，此时自动循环模式将中断。

空气中的污染物是以可氧化或可还原气体形式存在的，基于这一认识，该传感器得以开发和应用。Climatronic 控制单元需要该传感器信号来执行自动空气再循环功能。若此功能开启，在该传感器检测到新鲜空气中有污染物时，则进气风门被自动关闭并且空气再循环风门打开。

在自动空气内循环运行模式接通的情况下，空气质量传感器会测量吸入空气中的有害物质浓度。如果空气质量传感器识别到有害物质浓度明显升高，则暂时接通空气内循环运行模式。当有害物质浓度下降到正常水平时，自动关闭空气内循环运行模式，以便重新向车内输送新鲜空气。接通自动空气内循环运行模式，反复按压按钮，直到按钮上右侧的指示灯亮起。

暂时关闭自动空气内循环运行模式，如果空气质量传感器在有难闻的气味时未自动接通空气
内循环运行模式，可以通过按压按钮手动接通空气内循环运行式。按钮上左侧的指示灯亮起。
重新接通自动空气内循环运行模式，按下按钮超过 2s，按钮上右侧的指示灯亮起。关闭自动
空气内循环运行模式，再次按压按钮，直至按钮上的指示灯熄灭。

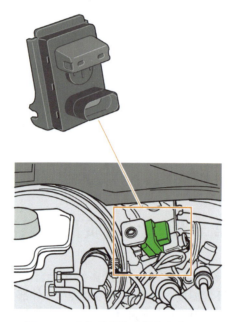

图 5-27　空气质量传感器的安装位置

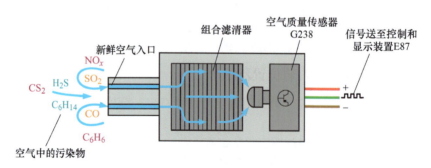

图 5-28　检测空气污染

二、空气质量传感器的工作原理

该传感器的核心由混有钨的氧化物或混有锡的氧化物组成。当两种化合物接触到可氧化
或可还原气体时，它们将改变各自的电特性。简而言之，当一种元素吸收氧时就发生氧化，
当一种化合物释放氧时就发生还原，如图 5-29 所示。

一方面，可氧化气体试图吸收氧并形成化学键。另一方面，可还原气体试图让氧与其他
元素或化合物结合。可氧化气体包括一氧化碳（CO）、苯蒸气、汽油蒸气、碳氢化合物与未燃
烧的或者燃烧不充分的燃油成分。可还原气体主要是 NO_x。

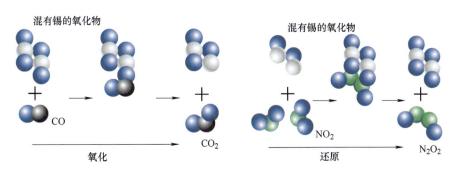

图 5-29　氧化、还原的气体

三、空气质量传感器的功能

若传感器的混合氧化物接触到可氧化气体，则该气体从混合氧化物上吸收氧，从而改变了该混合氧化物的电特性，使其阻抗下降。另外，若该传感器接触到可还原气体，则该混合氧化物从气体中吸收氧，从而改变了该传感器的电特性，使其阻抗上升。

由于混合氧化物的化学与物理特性，因此它可以在可氧化与可还原气体同时出现时检测其中的污染物，如图 5-30 所示。对于污染物的检测，若传感器阻抗上升，一定含有可氧化气体；若传感器阻抗下降，一定含有可还原气体。

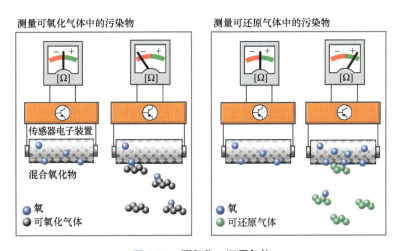

图 5-30　可氧化、还原气体

四、空气质量传感器的检测

奥迪 A4L 的空气质量传感器电路如图 5-31 所示。

1）搭铁端检查。拆下空气质量传感器插头，用数字式万用表测量 2 号引脚与搭铁间的电阻，应为 0。

2）电压测试。拆下空气质量传感器插头，打开点火开关置于"ON"位置，用数字式万用表测量 13 号引脚与 2 号引脚的电压，应为蓄电池电压。

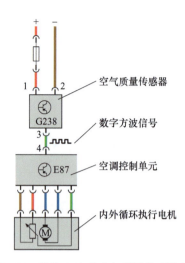

空气质量传感器

数字方波信号

空调控制单元

内外循环执行电机

图 5-31 奥迪 A4L 的空气质量传感器电路

3）信号检测。接上空气质量传感器插头，用示波器测量 3 号引脚与 2 号引脚之间的波形，应有方波波形输出。

4）解码器检测。使用大众故障诊断仪 VAG1551，查询空调故障代码功能，如果空气质量传感器有故障，则会出现故障码：01592——空气质量传感器 –G238 故障。

速度传感器

：：：： **第一节　轮速传感器** ：：：：

　　轮速传感器又称为车轮速度传感器，其功用是将车轮转速转换为电信号输入防抱死控制和防滑转控制 ECU，用以计算车轮的圆周速度，以便实现防抱死和防滑转控制。

　　汽车常用的轮速传感器有磁阻式、磁感应式和差动霍尔（效应）式三种，目前普遍采用磁感应式。

一、磁感应式轮速传感器

1. 基本结构

　　磁感应式轮速传感器由传感元件和信号转子组成，如图 6-1 所示。传感元件为静止部件，由永久磁铁、信号线圈（感应线圈）和线束插头等组成，安装在车轮附近的静止部件（如万向节、半轴套管、悬架构件等）上，不随车轮转动。信号转子由铁磁材料制成带齿的圆环，又称为齿圈转子，安装在与车轮一同转动的部件（如轮毂、半轴等）上。齿圈上齿数的多少与车型、ABS ECU有关，博世公司的ABS齿圈有100个齿，传感器磁极与齿圈的端面有一空气隙，一般在 1mm 左右，通常可移动传感器的位置来调整间隙（具体间隙的大小应参考维修手册）。

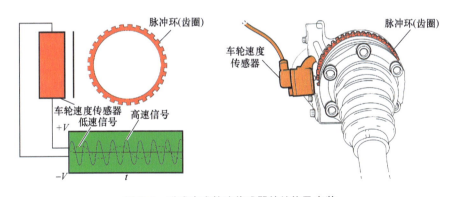

图 6-1　磁感应式轮速传感器的结构及安装

2. 信号产生原理

　　磁感应式轮速传感器的工作原理与普通的交流发电机相同。永久磁铁会产生一定强度的磁场，当齿圈随车轮在磁场中旋转时，齿圈上的齿峰与齿谷通过时会引起磁场强弱变化。在永久磁铁上的电磁感应线圈就会产生一定的交流信号，如图 6-2 所示。交流信号的频率与车轮速度成正比，交流信号的振幅随轮速的变化而变化。例如，德尔科 ABS-Ⅵ 在最低转速时电压为 0.1V，最高转速时为 9V。

ABS ECU 通过识别传感器发来交流信号的频率来确定车轮的转速，如果 ECU 发现车轮的减速度急剧增加，滑移率达到 20% 时，它立刻给执行器发出指令，减小或停止车轮的制动力，以免车轮抱死。

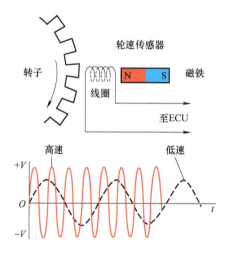

图 6-2　磁感应式轮速传感器的工作原理

3. 缺点

磁感应式轮速传感器的缺点主要有以下 3 个方面：

1）磁感应式轮速传感器向 ABS ECU 输送的电压信号的强弱是随转速的变化而变化的，信号幅值一般在 1～15V 的范围内变化。当车速很低时，若传感器输出的电压信号低于 1V，则 ECU 无法检测到如此弱的信号，ABS 也就无法正常工作。

2）磁感应式轮速传感器的频率响应较低。当车速转速过高时，传感器的高频频率响应差，在高速时容易产生错误信号。

3）磁感应式轮速传感器的抗电磁波干扰能力较差，尤其在输出信号幅值较小时。

4. 检测

新款捷达轿车的 MK70 制动系统共有 4 个轮速传感器，前轮的齿圈为 43 齿，安装在半轴上，轮速传感器安装在万向节上，如图 6-3a 所示。后轮的齿圈也为 43 齿，安装在后轮毂上，轮速传感器则安装在固定支架上，如图 6-3b 所示。

（1）故障征兆检测　如果磁感应式轮速传感器发生故障，将无法准确感知车轮轮速信号，从而使防抱死制动系统不能正确地控制车轮防抱死机构工作，只能依靠基本制动进行制动操作，此时 ABS 警告灯会被点亮。在紧急制动时，还可能出现制动距离长、车轮抱死、两侧制动力不均匀、制动力不足、制动踏板剧烈振动、制动踏板行程过长、需用很大的力踩制动踏板、轻踩制动踏板时 ABS 工作、路面有拖印等故障现象。

磁感应式轮速传感器的常见故障主要是传感器本身的感应电路（感应线圈）断路或短路、传感器头和齿圈沾染油污或其他脏物，因振动或敲击使传感器出现消磁现象等。除此之外，如果轮速传感器松动或者脉冲齿圈距离、车轮轴承、制动轮缸、制动蹄片等出现问题，也会导致轮速传感器发生没有信号输出的故障。

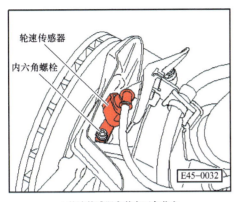

a) 轮速传感器安装在万向节上

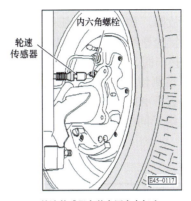

b) 轮速传感器安装在固定支架上

图 6-3　轮速传感器的安装位置

（2）电阻检查　轮速传感器与 ABS ECU 的连接线路如图 6-4 所示。将点火开关挡位置于"OFF"，断开 ABS ECU 插头，用万用表电阻挡测量各引脚的电阻值，其电阻值均应在 1.0 ～ 1.3kΩ 之间。

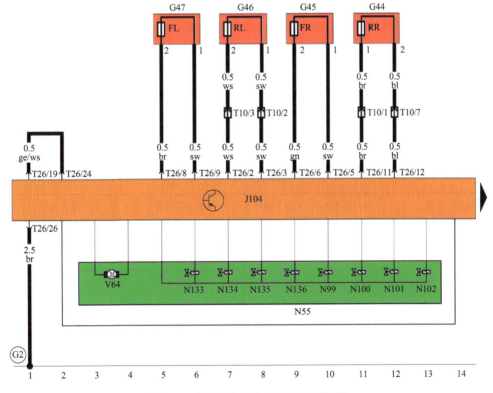

图 6-4　新款捷达轿车的 ABS 控制电路

G44—右后轮速传感器　G45—右前轮速传感器　G46—左后轮速传感器　G47—左前轮速传感器
J104—ABS 控制单元　N55—ABS 油压控制单元

如果电阻值不符合要求，可直接从所对应的轮速传感器处拔下导线，用万用表电阻挡直接测量，如果达到上述标准电阻值，则说明线路有问题；如果仍达不到上述标准值，则说明传感器有故障。如果检测的任何一个轮速传感器的电阻值不在规定范围内，首先应检查与该传感器连接的导线是否发生断路及其插头是否松动。如果经过检查未发现导线中有断路现象，且插头连接牢固，则应更换该轮速传感器。

（3）检测传感器线束的电阻值　关闭点火开关，分别拔下4个轮速传感器的2芯连接插头，然后拔下 ABS ECU 的连接端子。用万用表的电阻挡分别测量轮速传感器与 ABS ECU 插头相应端子间的阻值，应符合表6-1的阻值范围。若相差很大或为无穷大，则说明线束断路。

表 6-1　轮速传感器的阻值范围

传感器	端子	正常阻值 /Ω
左前轮速传感器	1 号端子与 ABS ECU 插头的 T26/9 端子之间的阻值	<0.5Ω
	2 号端子与 ABS ECU 插头的 T26/8 端子之间的阻值	<0.5Ω
右前轮速传感器	1 号端子与 ABS ECU 插头的 T26/5 端子之间的阻值	<0.5Ω
	2 号端子与 ABS ECU 插头的 T26/6 端子之间的阻值	<0.5Ω
左后轮速传感器	1 号端子与 ABS ECU 插头的 T26/3 端子之间的电阻值	<0.5Ω
	2 号端子与 ABS ECU 插头的 T26/2 端子之间的阻值	<0.5Ω
右后轮速传感器	1 号端子与 ABS ECU 插头的 T26/12 端子之间的电阻值	<0.5Ω
	2 号端子与 ABS ECU 插头的 T26/11 端子之间的阻值	<0.5Ω

（4）检测传感器信号电压　升降车轮，使4个车轮离地悬空，以1r/s的速度分别转动各个车轮，用万用表或示波器分别测量各个轮速传感器的信号输出电压值。各轮速传感器的信号电压应满足表6-2所示的要求。

表 6-2　各轮速传感器标准电压值

轮速传感器	信号输出电压（转速 1r/s）	轮速传感器	信号输出电压（转速 1r/s）
左前轮	190～1140mV 的交流电压	左后轮	>650mV 的交流电压
右前轮	190～1140mV 的交流电压	右后轮	>650mV 的交流电压

（5）检测传感器与齿圈的间隙　升起汽车，使4个车轮离地，在齿圈上取4点，用非磁性厚薄规，测量齿圈与传感器之间的间隙。各轮速传感器与齿圈的间隙应符合表6-3给出的值。

表 6-3　各轮速传感器与齿圈的间隙

检查项目	标准值 /mm
前轮速传感器与齿圈之间的间隙值	1.10～1.97
后轮速传感器与齿圈之间的间隙值	0.42～0.80

二、磁阻式轮速传感器

1. 结构与安装位置

新款皇冠轿车的轮速传感器采用磁阻式轮速传感器，简称 MRE 传感器。磁性转子是由内置带磁性粒子的橡胶制成，南北共 48 极，磁极按圆周方向均匀分布的环状垫片，镶嵌在后轮轴承内圈上，与车轮同速度旋转。MRE 传感器则安装在轮毂上固定不动，与磁性转子间存在 0.5 ～ 0.8mm 的空气间隙，如图 6-5 所示。

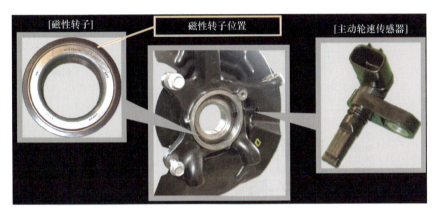

图 6-5　磁阻式轮速传感器的安装位置

2. 工作原理

当磁性转子随车轮旋转，产生磁场变化，传感器内的磁阻值相应变化，经电路处理以脉冲信号输出给 ABS ECU。MRE 传感器与其他轮速传感器相比，能检测到从 0km/h 开始的车速，此外，还能够检测到转子的旋转方向，因此系统可以区分车辆的运动方向是向前还是向后，为坡道起步辅助控制系统提供制动控制信号，如图 6-6 所示。

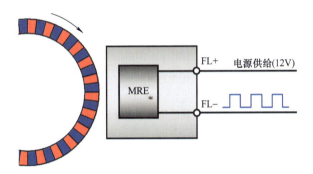

图 6-6　新款皇冠轿车磁阻式轮速传感器的工作原理图

新款皇冠轿车使用的磁阻式轮速传感器除具备主动型轮速传感器的功能外，还能够检测出车轮的旋转方向。如图 6-7 所示，磁阻式轮速传感器内部有两个磁阻，在车轮转动时产生两个信号，把这两个信号叠加在一起后，再发送到 ECU。由于车辆向前或者向后行驶时，两个磁阻发出的信号是不同的，所以 ECU 可以根据传感器信号来判断车轮的旋转方向和车辆的实际行驶方向，如图 6-8 所示。其输出的正常波形如图 6-9 所示。

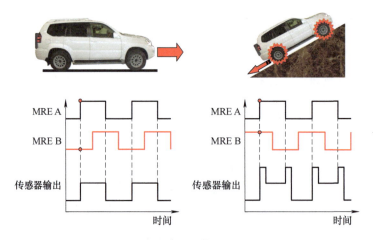

图 6-7　检测车轮旋转方向的方法

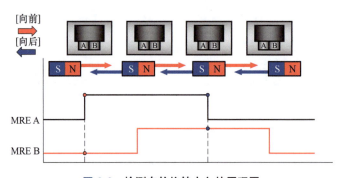

图 6-8　检测车轮旋转方向的原理图

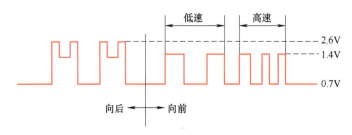

图 6-9　轮速传感器的输出波形

3. 检测

　　新款皇冠轿车的磁阻式轮速传感器与制动防滑控制 ECU 的连接电路如图 6-10 所示。

　　（1）线路导通性检测　关闭点火开关，断开轮速传感器连接器和制动防滑控制 ECU 连接器，用万用表测量左前速度传感器 S4 的 2 号端子与防滑 ECU 的 18 号端子、左前速度传感器 S4 的 1 号端子与防滑 ECU 的 4 号端子之间的电阻值，其阻值应小于 1Ω。

　　（2）绝缘性检测　关闭点火开关，断开制动防滑控制 ECU 连接器，用万用表测量防滑 ECU 的 4 号端子 FL– 与搭铁之间、防滑 ECU 的 18 号端子 FL+ 与搭铁之间电阻，其值应大于 10kΩ。

（3）输入电压检测 关闭点火开关，断开轮速传感器连接器，打开点火开关，用万用表检测左前速度传感器 S4 的 2 号端子与车身搭铁的电压，其值应在 7.0～12V 之间。

（4）示波器检测 使用示波器，利用背插法，在不脱开端子的条件下测量，应该输出图 6-9 所示波形，否则检查线路或更换传感器。

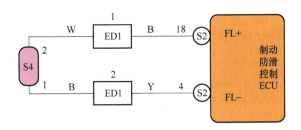

图 6-10 磁阻式轮速传感器与制动防滑控制 ECU 的连接电路

三、霍尔式轮速传感器

1. 结构

霍尔式轮速传感器上负责测量轮速的元件是霍尔式传感器，它包括 3 个霍尔元件。传统的传感器环（脉冲感知环）被车轮轴承上的电磁密封圈所取代，这个电磁密封圈上布置有 48 对南 / 北磁极（多极）。霍尔式轮速传感器的结构如图 6-11 所示。

2. 工作原理

霍尔式传感器可以感知磁通量的变化，其上 3 个霍尔元件是错开布置的，如图 6-12 所示。霍尔元件之间的距离是这样选择的：当元件 C 测出的磁通量最小时，元件 A 测出的磁通量最大，传感器内会产生一个差动信号（A—C）。

图 6-11 霍尔式轮速传感器的结构

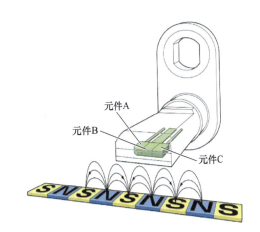

图 6-12 3 个霍尔元件错开布置

霍尔元件 B 布置在 A 和 C 之间。当信号 A 和 C 以及差动信号为零时，元件 B 测出的磁通量最大。信号 B 何时达到最大值（正或负）就作为判定旋转方向的依据。例如，如果差动信号（A—C）的过零点是由信号的下降沿得到的，且信号 B 的最大值为负，那么就认为车轮在逆时针方向转动，输出波形如图6-13所示。

3. 电气线路

轮速传感器通过一个电流接口与ESP控制单元相连，ESP控制单元内装有一个低电阻值的测量电阻R。轮速传感器有两个电插头，它与测量电阻一起构成一个分压器。插头1和2之间的电压就是蓄电池电压U_B。传感器信号在测量电阻上会产生一个电压降U_S，如图6-14所示。这个信号电压由控制单元来进行分析。

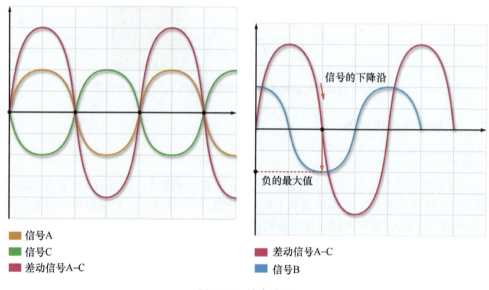

图 6-13 输出波形

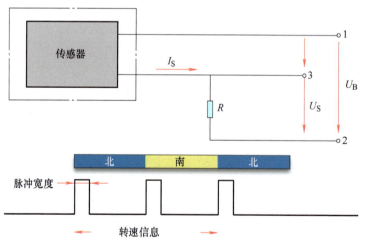

图 6-14 电气线路

轮速传感器信号是PWM信号。某时间单位内的脉冲个数中包含着轮速信息。轮速传感器输出的是一个脉冲宽度调制（PWM）信号，在规定时间内的脉冲数提供了速度信息。由脉宽信号提供旋转方向、空气间隙的大小、安装位置、停车识别正确的空气间隙大小等信息，这些对于系统操作和系统自诊断是很重要的。

4. 检测方法

针对霍尔式轮速传感器，可用检测其输出电压信号的方法来判断其工作好坏。关闭点火开关，将车支起，使每个轮胎离地 10cm 左右，然后拔下轮速传感器的导线连接器插头，并用导线将线束插头与轮速传感器插头的电源端子相连，用万用表（打开交流电压挡）的两表笔分别搭在轮速传感器的信号输出端子之间，测量传感器的输出电压。接通点火开关，用手转动车轮，万用表应显示 7 ～ 12V 范围内波动的交流电压，若电压不在此范围内，应检查传感器与齿圈之间的间隙，标准值应在 0.2 ～ 0.5mm 范围内，否则应进行调整。

四、新型霍尔式轮速传感器

1. 结构原理

霍尔式轮速传感器输出方波脉冲信号。由于霍尔式轮速传感器能克服电磁式轮速传感器输出信号电压幅值随车轮转速变化而变化、响应频率不高以及抗电磁波干扰能力差等缺点，因而其被广泛应用于汽车防抱死制动系统（ABS）的轮速检测。轮速传感器是汽车 ABS 的重要组成部分，它将轮速信号传给 ABS 电控单元，然后 ABS 电控单元通过计算决定是否开始并准确地进行防抱死制动，因此轮速传感器性能的好坏直接关系到驾驶人的生命及财产安全。

为降低汽车生产成本，近年来，许多汽车（如奥迪 A8、奇瑞风云、雪铁龙新爱丽舍等车型）的 ABS 采用一种新型霍尔式轮速传感器，其结构如图 6-15 所示，普通霍尔式轮速传感器有 3 根引线，分别为电源线、信号线和搭铁线；而新型霍尔式轮速传感器只有 2 根引线，如图 6-16 所示，分别为电源线和信号线。新型霍尔式轮速传感器与普通霍尔式轮速传感器的输出信号均为方波脉冲信号，占空比范围一般为 50%，但输出信号的高、低电压存在差异，如图 6-17 所示。新型霍尔式轮速传感器输出信号的高、低电压不受轮速影响，主要由 ABS 电控单元内部的电阻 R 决定，如图 6-18 所示，电阻 R 一定，高、低电压便一定，即使轮速很低，ABS 电控单元仍能检测到输出信号电压，这就克服了电磁轮速传感器输出信号电压随转速变化而变化的缺点。

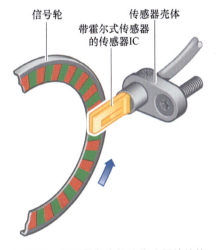

图 6-15　新型霍尔式轮速传感器的结构

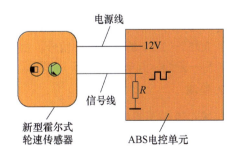

图 6-16　新型霍尔式轮速传感器的电路

145

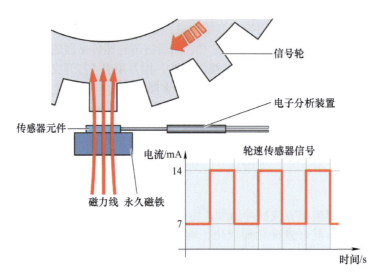

图 6-17　新型霍尔式轮速传感器的结构及输出信号波形

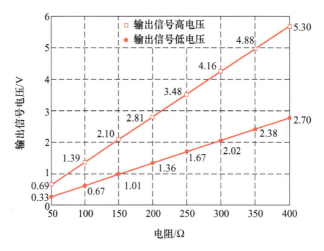

图 6-18　新型霍尔式轮速传感器输出高、低电压与电阻关系

新型霍尔式轮速传感器有两条线，其中一条是 ABS ECU 提供的 8V 或 12V 的工作电源，通过传感器另一条信号线再回到 ABS ECU 控制搭铁。当转子旋转时，新型霍尔式轮速传感器会产生 0.75 ～ 2.5V 的方波脉冲信号。由于霍尔式传感器的独特性能，使传感器的搭铁线和信号线共用一条线，其电路如图 6-19 所示。

2. 检测

长城 C50 轿车的电子稳定控制系统（Electronic Stability Control，ESC）的电路如图 6-20 所示。

1）电源电压的检测。关闭点火开关，断开传感器插头，用万用表电压挡连接传感器线束侧两个引脚，打开点火开关，其电压值应为 12V。

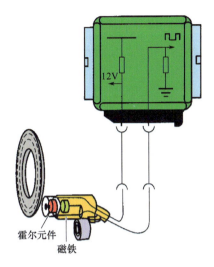

图 6-19 新型霍尔式轮速传感器的电路

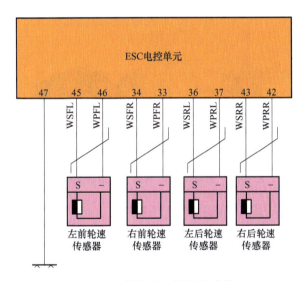

图 6-20 长城 C50 的 ESC 电路

2）输出信号的万用表检测。因为两线制霍尔式轮速传感器是电流传感器，检测时不可用万用表的电阻挡直接测量，可以使用万用表的电流挡来检测。

3）输出信号的示波器检测。用示波器检测的输出电流信号如图 6-21 所示。其电流值高电位为 14mA，低电位为 7mA，且交替出现，图 6-21 中所示的车轮旋转频率是 100Hz。

五、主动型 ABS 轮速传感器

当 ABS 轮速传感器的功能需要一个外接电源时，其被称为主动型 ABS 轮速传感器，其安装位置如图 6-22 所示。主动型 ABS 轮速传感器带有一个磁电阻式元件。其电阻通过读取前束的传感器环切割磁力线进行变化。轮毂上的传感器环由一个带有根据南北极不同的磁力线的读取前束构成，如图 6-23 所示。传感器环旋转通过固定的传感器元件。

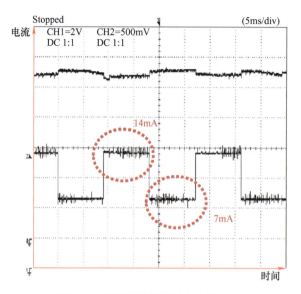

图 6-21　示波器检测的输出电流信号

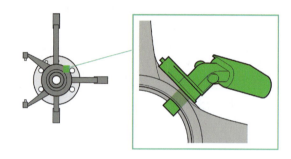

图 6-22　主动型 ABS 轮速传感器的安装位置

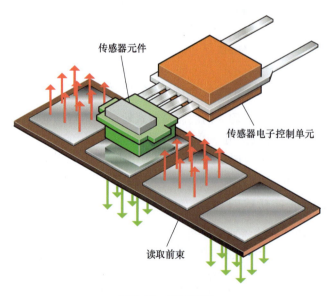

图 6-23　读取前束

主动型 ABS 轮速传感器的工作原理是在磁性区域旁，磁力线垂直于读取前束。根据极性的不同，磁力线可能远离、可能趋近于前束。由于读取前束和传感器之间的距离非常小，因此磁力线穿过传感器元件并改变其电阻。安装于传感器中的电子放大器/触发器开关装置将电阻变化转换成两个不同的电流电平，如图 6-24 所示。这也就意味着，如果传感器元件的电阻因为穿过的磁力线方向而变大，电流便会降低。如果电阻变小，则电流会因为磁力线方向的颠倒而升高。

因为旋转读取前束上的南北极交替变换，因此便产生一个矩形信号序列，其频率是转速的标准。

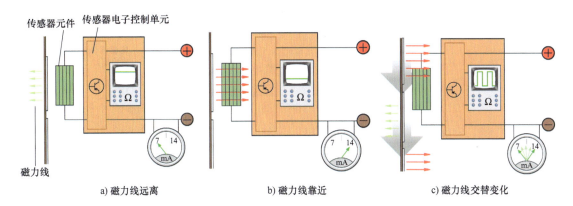

a) 磁力线远离   b) 磁力线靠近   c) 磁力线交替变化

图 6-24 主动型 ABS 轮速传感器的工作原理简图

第二节 组合式加速度传感器

一、组合式加速度传感器的介绍

1. 外形及工作机理

组合式加速度传感器包括横向加速度传感器 G200 和偏转率传感器 G202，这两个传感器装在一个壳体内，如图 6-25 所示。该传感器具有安装尺寸小、结构牢靠的优点，同时两个传感器之间可精确调整，调整后就无法改变。传感器部件都装在一个印制电路板上，按微机械原理工作，通过一个 6 脚插头连接。按电容原理对横向加速度进行测量。

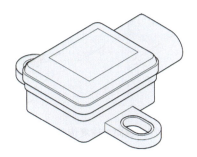

图 6-25 组合式加速度传感器的外形

偏转率是通过测量科氏（Coriolis）加速度而获得的。例如，当站在北半球水平开炮时，对于正在与地球一同旋转的观察者来说，炮弹看起来是偏离直线的。原因就在于观察者受到了一个力，该力逆着地球旋转方向使炮弹加速并偏离直线方向，这个力就叫科氏力，如图 6-26 所示。

2. 横向加速度传感器

横向加速度传感器是组合传感器印制电路板上的一个极小的部件，其结构如图 6-27 所示。放好质量可动的电容器片，使它能来回摆动，两个固定安装的电容器片围住了可动的电容器片，这样就形成了两个串联电容器 K_1 和 K_2，借助电极就可以测量出这两个电容器容纳的电荷量，这个电荷量就叫作电容 C。

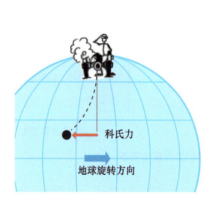

图 6-26 科氏加速度示意

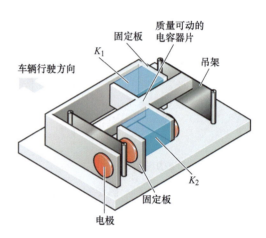

图 6-27 横向加速度传感器的结构

如图 6-28a 所示，如果没有加速度作用在这个系统上，那么测出来的两个电容器的电荷量 C_1 和 C_2 是相等的。如图 6-28b 所示，若作用有横向加速度，那么可移动质量就会因惯性而作用到中间板上，即它顶着固定板并逆着加速度方向移动。于是两板之间距离就改变了，相应的分电容器的电荷量也增加了。

对于电容器 K_1，若其两板间距离变大，那么其电容 C_1 就变小。对于电容器 K_2，若其两板间距离变小，那么其电容 C_2 就变大。

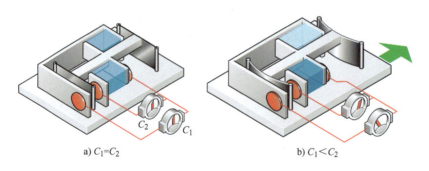

a) $C_1 = C_2$ b) $C_1 < C_2$

图 6-28 横向加速度传感器的功能

3. 偏转率传感器

（1）构造 偏转率传感器与横向加速度传感器在空间上是分开的，其结构如图 6-29 所示。

在恒定磁场的南极和北极之间的托架内放一个可摆动的质量块，在这个质量块上装一个导电轨道，这个轨道用以代替真正的传感器。在真正的传感器上有两个这种结构。

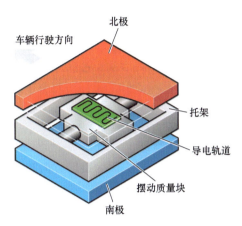

图 6-29　偏转率传感器的结构

（2）功能　如果接上交流电压 U，则支撑导电轨道的托架会在磁场内摆动。如果此时有旋转加速度作用在此结构上，那么由于惯性作用，摆动质量块的状态与前述的炮弹是一样的。也就是说，由于出现了科氏加速度，质量块偏离了来回的直线摆动。又由于这一切都是发生在磁场内，因此导电轨道的电气性能就会发生改变。测量出这个变化则可以知道科氏加速度的大小和方向，电子装置根据这个值即可计算出偏转率的大小，其信号产生机理如图 6-30 所示。

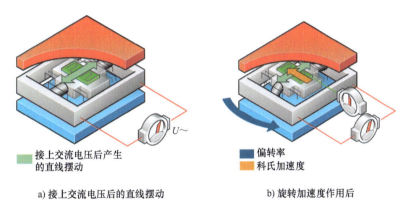

a) 接上交流电压后的直线摆动　　　　　b) 旋转加速度作用后

图 6-30　偏转率传感器的信号产生机理

二、组合式加速度传感器的检测

在检测组合式加速度传感器时，应注意不能让传感器跌落，如果传感器受到强烈冲击，应更换。

（1）电源检测　将点火开关旋转到接通的位置（发动机关闭），测量组合式加速度传感器的端子 T6m/5 和搭铁之间的电压，电压应在 4.5 ～ 5.0V 之间。

（2）搭铁电路检测　将点火开关旋转到断开的位置，断开组合式加速度传感器，测量组合式加速度传感器线束侧的端子 T6m/2 与蓄电池负极之间的导通性，正常应导通。

（3）横向加速度传感器的检测　连接插头，接通点火开关，根据下列内容检查 T6m/4 端子和 T6m/2 搭铁之间的电压。如果结果不满足技术规范，则更换横向加速度传感器。

① 水平，T6m/4 端子和 T6m/2 搭铁之间的电压应为 2.4 ～ 2.5V。

② 顶面向上（与水平面上倾 90°），T6m/4 端子和 T6m/2 搭铁之间的电压应为 3.3 ～ 3.7V。

③ 顶面向下（与水平面下倾 90°），T6m/4 端子和 T6m/2 搭铁之间的电压应为 1.3 ～ 1.7V。

（4）偏转率传感器的检测　在静态条件下测定偏转率传感器的电压。当偏转率传感器左右旋转时，测量 T6m/3 端子和 T6m/2 搭铁之间的电压应符合下述规定。如果结果不满足技术规范，则更换偏转率传感器。

① 向右旋转，在 2.5 ～ 4.62V 之间波动。

② 向左旋转，在 2.5 ～ 0.33V 之间波动。

应注意旋转偏转率传感器时的旋转位置，因为旋转方向和电压方向相反，所以旋转位置处于相反状态。奥迪 A4 ESP 系统的组合式加速度传感器的连接电路如图 6-31 所示。

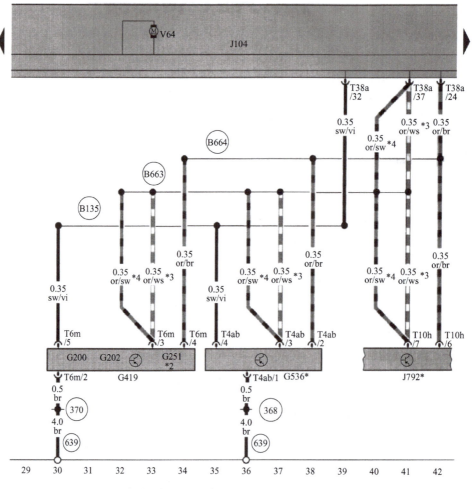

图 6-31　奥迪 A4 ESP 系统的组合式加速度传感器的连接电路

G200—横向加速度传感器　G202—偏转率传感器　G251—纵向加速度传感器　G419—ESP 传感器单元
G536—ESP 传感器单元 2　J104—ABS 控制单元　J792—主动转向系统控制单元　V64—ABS 液压泵

第三节　加速度与减速度传感器

一、纵向加速度传感器

纵向加速度传感器 G249 的外形如图 6-32 所示。纵向加速度传感器 G249 位于汽车右侧 A 柱上，只用于四轮驱动车上。在单轴驱动的车上，系统根据制动压力传感器的值、轮速传感器的信号以及发动机管理系统的信息来计算车辆的纵向加速度。

在装有 Haldex 耦合器的四轮驱动车上，前轮与后轮是刚性连接的。根据各个车轮转速计算出的真实车速在某些条件下（如果摩擦系数低且 Haldex 耦合器锁止时）是不准确的。测出的纵向加速度可用于保证理论车速的正确性的。

对于四轮驱动车，如果没有纵向加速度信号，则在某些不利条件下就无法得知真实的车速，因此 ESP 及 ASR 功能就会失效，但 EBV 功能仍保持正常。如图 6-33 所示，传感器通过 3 根导线与控制单元 J104 相连。在诊断中将确定导线是否断路及对地／正极短路。系统还将进一步确定传感器信号是否可靠。

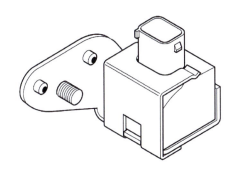

图 6-32　纵向加速度传感器 G249 的外形

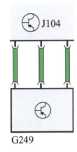

图 6-33　纵向加速度传感器 G249 的电路

二、横向加速度传感器

1. 作用及电路

横向加速度传感器 G200 的外形及电路如图 6-34 所示。横向加速度传感器 G200 用于接收是否有侧向力及该侧向力的大小等信息，这个侧向力总是试图使车辆脱离原定行驶路线。由于物理方面的原因，该传感器的安装位置应尽量与汽车重心离的近一些，一般安装在转向柱右侧的驾驶人座椅下，与偏转率传感器固定在同一支架上。

横向加速度传感器用于判断有哪个方向的侧向力，该信息用于评估在当前道路上行驶时应保证哪些车辆运动处于稳定状态。

如果缺少横向加速度信息，控制单元就无法计算出车辆的实际状态，ESP 系统也就失效了。在诊断过程中会确定导线是否断路及是否对正极／地短路，系统会进一步确定传感器是否损坏。

横向加速度传感器通过 3 根导线与控制单元 J104 相连，电路如图 6-34b 所示。

153

图解汽车传感器结构原理与检修　第2版

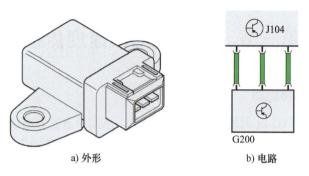

a) 外形　　　　　　　　b) 电路

图 6-34　横向加速度传感器 G200 的外形及电路

2. 结构及功能

（1）霍尔式横向加速度传感器　如图 6-35 所示，霍尔式横向加速度传感器由一块永久磁铁、一个弹簧、一个阻尼盘及一个霍尔式传感器组成。永久磁铁、弹簧及阻尼器构成了一个磁力系统。该磁铁与弹簧牢固地捆在一起，并可由阻尼盘来回摇动。

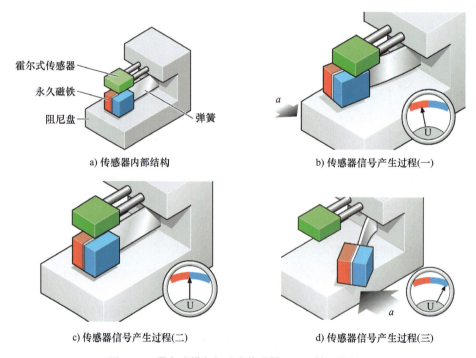

a) 传感器内部结构　　　　　　　　b) 传感器信号产生过程(一)

c) 传感器信号产生过程(二)　　　　　　　　d) 传感器信号产生过程(三)

图 6-35　霍尔式横向加速度传感器 G200 的工作原理

当横向加速度 a 作用到车上时，永久磁铁也会有相应运动，但因惯性原因，这个运动要稍迟发生。也就是说，阻尼盘与传感器壳体及整车一同偏离永久磁铁（该磁铁之前处于静止状态）。这个运动会在阻尼盘内产生电涡流，而电涡流又会产生一个与永久磁铁磁场极性相反的磁场。因此，总磁场的强度会被削弱，这会导致霍尔式传感器的电压发生改变，电压的变化与横向加速度的大小成比例。

换言之，阻尼器与磁铁之间的运动幅度越大，则磁场强度削弱得越厉害，霍尔式传感器电压变化得也就越明显。如果没有横向加速度，则霍尔式传感器电压将保持恒定。

154

（2）电容式横向加速度传感器　电容式横向加速度传感器是按照电容的工作原理来工作的。如图 6-36 所示，假设有两个串联的电容器，中间那块公用的电容器片可以通过力的作用发生移动。每个电容器都有一定的电容，可以容纳一定量的电荷。

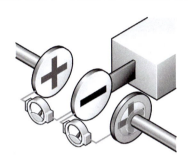

图 6-36　电容式横向加速度传感器的结构

如图 6-37a 所示，如果没有横向加速度作用，中间的电容器片与两侧的电容器片是等距的，那么这两个电容器的电容是相等的。

如图 6-37b 所示，当有横向加速度作用时，中间片就会移动，它与一边的距离变大，与另一边的距离变小。于是每个电容器的电容也会发生改变。电子装置根据电容的变化就可以判断出横向加速度的方向和大小。

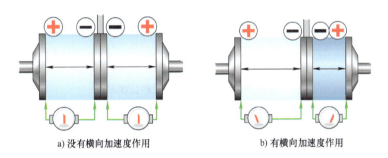

a) 没有横向加速度作用　　　　　　　　　　b) 有横向加速度作用

图 6-37　电容式横向加速度传感器的工作原理

三、奥迪 A8 轿车上的加速度传感器

如图 6-38 所示，奥迪 A8 轿车上的加速度传感器用于测量车辆在 X、Y 和 Z 轴上的旋转。奥迪 A8 轿车上的加速度传感器的电子控制单元替代了 ESP 传感器控制单元和自适应空气悬架系统中的车身加速度传感器控制单元。在 2011 款奥迪 A8 轿车上有两个版本的控制单元：基本版本负责控制 6 个传感器，以记录车辆在 X、Y 和 Z 轴上的运动以及绕这些轴的旋转运动；另外一个版本，具有扩展的传感器系统，被用在具备动态转向和运动差速器的车辆上。

1. 用于测量车辆在 X、Y 和 Z 方向运动的加速度传感器的工作原理

用于测量车辆在 X、Y 和 Z 方向运动的加速度传感器，采用"振动质量"原理来工作。在作为电容器片用的两个电极之间，有一个弹性支承着的质量块（振动质量），这个质量块本身也有两个电极，这两个电极与"壳体"的电极构成了两个电容器。在受到加速影响时，这个质量块相对于壳体的位置会发生变化，从而会引起电容器电容的变化，同时电子逻辑电路会对这个变化进行分析。

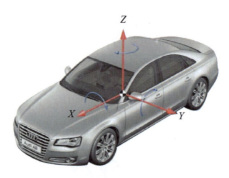

图 6-38　奥迪 A8 轿车上的加速度传感器用于测量车辆在 X、Y 和 Z 轴上的旋转

（1）静止状态　如图 6-39 所示，此时质量块位于外侧电容器片的正中间位置。两个电容器 C_1 和 C_2 的电容是同样大的。

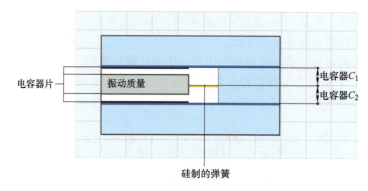

图 6-39　加速度传感器的静止状态

（2）加速状态　如图 6-40 所示，在受到加速作用时，这个振动质量因惯性作用就会偏离中间位置。因此，电极之间的距离会发生改变。若这个距离减小的话，则电容增大。与静止状态相比，电容器 C_2 的电容增大了，电容器 C_1 的电容减小了。

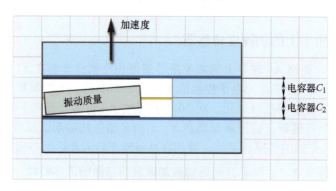

图 6-40　加速度传感器的加速状态

2. 用于测量车辆在 X、Y 和 Z 轴方向转动的加速度传感器的工作原理

用于测量车辆在 X、Y 和 Z 轴方向转动的加速度传感器，采用的是科氏力的物理效应。在旋转坐标系中，运动的物体上都作用有科氏力。

这个力的作用情况如图 6-41 所示，示例说明：一个小孩坐在旋转木马上并将一个球滚到木马平台的中心。如果旋转木马是静止的，那么这个球会沿直线滚到中心点。如果在滚动过程中这个木马是在旋转着，那么这个球就会偏离其运动方向。偏离程度的大小，取决于木马的旋转速度。

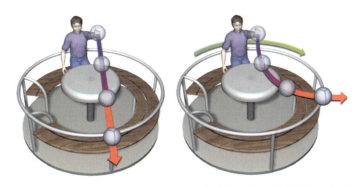

图 6-41　测量车辆在 X、Y 和 Z 轴方向转动的加速度传感器的工作原理

简单来说，传感器中有一个微型机械装置，该装置始终处于受激振动状态。如果车辆转动了，那么振动体的运动方向就会发生改变。电子逻辑电路会对这个运动变化进行分析。为了侦测 3 个轴上的旋转运动，使用了 3 个相同的传感器，它们在控制单元内彼此成 90° 布置。

四、横摆率传感器和线性加速度传感器

横摆率传感器和线性加速度传感器集成在一个单元中，如图 6-42 所示，其结构更加紧凑，安装在中央控制台下方。当车辆加速时，线性加速度传感器内的可变电极发生移动，根据固定电极间的距离变化计算电极间的静电容量，并转换为电子信号。相对于车辆的前后方向，两个线性加速度传感器分别与车辆轴向成 45° 角安装，因此两个线性加速度传感器的组合能检测车辆水平方向所有的减速率以及线性输出特性，并能在各种路况条件下进行精确的控制。

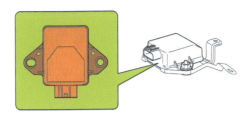

图 6-42　横摆率传感器和线性加速度传感器

根据压电陶瓷元件的横摆率大小和方向，横摆率传感器能检测车辆轴向的旋转角速度（横摆率和轴向速度）。将专用的集成电路用于传感器控制单元的摆动和信号处理，可以使结构更加紧凑，并确保性能更加可靠。

五、发动机转速传感器

如图 6-43 所示，发动机转速传感器 G28 在变速器一侧被集成到密封法兰中，密封法兰再固定在气缸体上。G28 可以探测曲轴密封法兰中 60–2 传感轮的信号，发动机电子控制单元则根据这个信号识别发动机转速，并与霍尔式传感器 G40 一起识别曲轴到凸轮轴的位置。

G28 60-2传感轮

图6-43 发动机转速传感器 G28 的安装位置

1. 信号的应用

通过这个信号确定计算的喷射时间、喷射持续时间和点火时间。另外，凸轮轴的调节也要用到这个信号。

2. 失真时的影响

发动机转速传感器失灵时，使用霍尔式传感器 G40 的信号作为替代信号。同时将最大发动机转速限定为一个固定值，并在故障存储器中出现一条记录。如图 6-44 所示，有的车型使用两种不同的转速传感器：在使用 BlueMotion 技术和起动 - 停止功能的车上，采用了具有转动方向识别功能的转速传感器。在没有使用 BlueMotion 的车上采用了无转动方向识别功能的转速传感器。从外观不能明显分辨出它们的区别，只能看出固定的锁止凸耳有所不同。两者明显的区别在于传感器中霍尔盘的数量不同。传统的转速传感器具有 2 个霍尔盘，而具有转动方向识别功能的转速传感器则有 3 个霍尔盘。

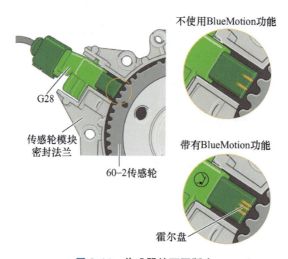

不使用BlueMotion功能

G28

传感轮模块
密封法兰

60-2传感轮

带有BlueMotion功能

霍尔盘

图6-44 传感器的不同版本

在具有起动 - 停止功能的车上，为了节省燃油需要频繁关闭发动机。为了尽快起动发动机，发动机电子控制单元必须要识别到曲轴的准确位置。但是关闭发动机时，发动机不会立即停止工作，而是还要运行一段时间。如果一个活塞在停止前处在压缩阶段并停在上止点之前，则压缩压力会将其压回，此时发动机向左转动，传统的发动机转速传感器不能识别到这种情况。

3. 工作原理

（1）无转动方向识别功能的发动机转速传感器 如图 6-45 所示，通过 2 个霍尔盘同时识别传感轮上一个上升的和一个下降的齿面。但是它识别不出发动机是向左转动还是向右转动。对于发动机电子控制单元来说，这些信号是相同的，并且认为发动机已经向右转动至停止状态，因此所储存的位置可能是错误的。

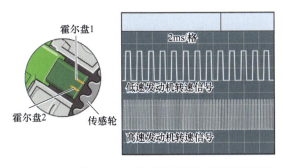

图 6-45　无转动方向识别功能的发动机转速传感器

（2）具有转动方向识别功能的发动机转速传感器 如图 6-46 所示，具有转动方向识别功能的传感器安装了 3 个霍尔盘。其中第 3 个霍尔盘被安装在 2 个外部霍尔盘之间的偏心位置。它对于转动方向的识别具有决定性作用。在发动机运转过程中，它的功能与没有转动方向识别功能的传感器一样。它也是同时识别传感轮上一个上升的和一个下降的齿面，只不过信号的类型不同。

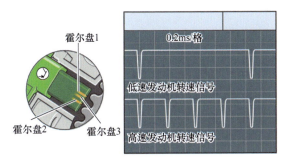

图 6-46　具有转动方向识别功能的发动机转速传感器

注意：为了正确显示两个发动机转速传感器的信号，在数字存储示波器上必须设置不同的时间设定。

4. 转动方向的识别

为了识别发动机是否处于向左或向右转动的状态，3 个霍尔盘的时间信号顺序在识别上升的齿面时起到决定性的作用。当发动机向右转动时，传感轮向左转动。

（1）发动机向右转动 如图 6-47 所示，当发动机向右转动时，霍尔盘 1 首先识别到上升齿面。在很短的时间之后，霍尔盘 3 也识别到上升的齿面，最后是霍尔盘 2 识别到上升的齿面。当识别到霍尔盘 1 和霍尔盘 3 之间的时间差小于霍尔盘 3 和霍尔盘 2 之间的时间差时，意味着发动机向右转动。发动机转速传感器中的电子装置会编辑这个信号，并通过特定的低宽度发送给发动机电子控制单元。

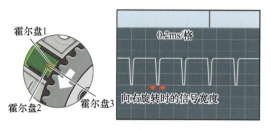

图 6-47　发动机向右转动

（2）发动机向左转动　如图 6-48 所示，当发动机向左转动时，霍尔盘 2 首先识别到上升齿面。在很短的时间之后，霍尔盘 3 也识别到上升的齿面，最后是霍尔盘 1 识别到上升的齿面。因为现在的时间信号顺序正好相反，所以识别到发动机向左转动。传感器中的电子装置会编辑这个信号，并通过双倍的低宽度发送给发动机电子控制单元。

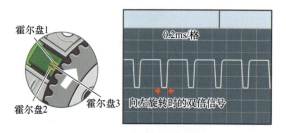

图 6-48　发动机向左转动

温度传感器

温度传感器的种类有很多，常用的有热敏电阻式、金属热电阻式、线绕电阻式、半导体晶体管式等。常用的热敏电阻有负温度系数（Negative Temperature Coefficient，NTC）型和正温度系数（Positive Temperature Coefficient，PTC）型。汽车普遍采用 NTC 型热敏电阻式温度传感器，如冷却液温度传感器、进气温度传感器、排气温度传感器、燃油温度传感器等。

第一节　发动机用温度传感器

一、发动机用温度传感器的功用

在发动机上的许多地方都装有温度传感器，其作用是将被测对象的温度信号转变为电信号输入 ECU，以便 ECU 修正控制参数或判断检测对象的热负荷状态。发动机上常见的温度传感器主要有以下 3 种。

（1）冷却液温度传感器　冷却液温度传感器（Coolant Temperature Sensor，CTS）通常安装在发动机冷却液出水管道上，如图 7-1 所示，与发动机冷却液接触，用于将发动机冷却液温度信号变换为电信号输入发动机 ECU 中，以便 ECU 修正喷油时间和点火时间，使发动机处于最佳工作状态。

图 7-1　冷却液温度传感器的安装位置

（2）进气温度传感器　进气温度传感器（Intake Air Temperature Sensor，IATS）通常安装在进气管路中，有的安装在空气流量传感器上，有的和进气歧管压力传感器安装在一起，如图 7-2 所示。其功用是将发动机进气温度信号变换为电信号输入发动机 ECU 中，以使 ECU 修正喷油量。

a) 安装在进气道上　　b) 和进气压力传感器安装在一起　　c) 安装在空气流量传感器上　　d) 进气温度传感器的外形

图 7-2　进气温度传感器的外形及安装位置

众所周知，空气质量大小与进气温度和大气（进气）压力高低有关。当进气温度较低时，空气密度较大，相同体积气体的质量增大；反之，当进气温度升高时，相同体积气体的质量将减小。在采用歧管压力式、叶片式、卡尔曼涡流式空气流量传感器的燃油喷射系统中，由于空气流量传感器测定的空气流量为体积流量，因此，需要配装进气温度传感器和大气压力传感器来修正喷油量，使发动机自动适应外部环境温度（寒冷、高温）和压力（高原、平原）的变化。当进气温度较低（空气密度大）时，ECU 将控制喷油器增加喷油量；反之，当进气温度较高（空气密度小）时，ECU 将控制喷油器减少喷油量。进气温度信号是各种控制功能的修正信号。如果进气温度传感器信号中断，则会导致热起动困难、废气排放量增大等问题。

（3）排气温度传感器　排气温度传感器安装在排气再循环管道上，位于 EGR 阀之后，用于监测 EGR 系统的工作。

二、热敏电阻式温度传感器的结构

热敏电阻式温度传感器的结构如图 7-3 所示，主要由热敏电阻、金属引线、接线插座和壳体等组成。

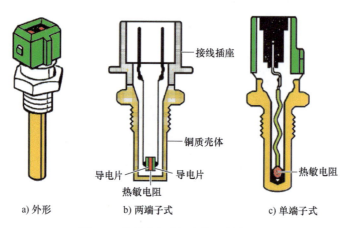

图 7-3　热敏电阻式温度传感器的结构

热敏电阻是温度传感器的主要部件，汽车用热敏电阻是在陶瓷半导体材料中掺入适量金属氧化物，并在 1000℃以上的高温条件下烧结而成。控制掺入氧化物的比例和烧结温度，即可得到不同特性的热敏电阻，从而满足使用要求。例如，如果测量发动机的冷却液温度，则热敏电阻的工作温度为 $-30 \sim 130℃$；如果测量发动机的排气温度，则热敏电阻的工作温度为 $600 \sim 1000℃$。

热敏电阻式温度传感器的壳体上制作有螺纹，以便安装与拆卸。接线插座分为单端子式和两端子式两种，中高档轿车燃油喷射系统一般采用两端子式温度传感器，低档轿车燃油喷射系统以及汽车仪表一般采用单端子式温度传感器。如果传感器插座上只有一个接线端子，则壳体为传感器的一个电极。目前电控系统使用的温度传感器插座大多数都有两个接线端子，分别与 ECU 插座上的相应端子连接，以便可靠传递信号。

三、进气温度传感器

1. 结构及电路

进气温度传感器的内部是一个具有负温度系数（NTC）的热敏电阻，其结构如图 7-4a 所示，外部用环氧树脂密封。电阻值与温度的高低成反比，温度越低则电阻越大，温度越高则电阻越小，如图 7-4b 所示。进气温度传感器的两根导线都和 ECU 相连接，其中一根为地线，另一根的对地电压随热敏电阻阻值的变化而变化，是信号输出线。

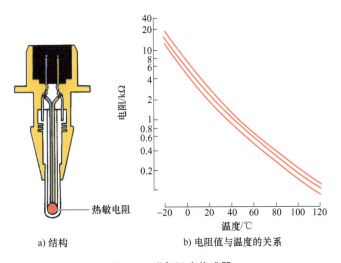

a) 结构　　　　　b) 电阻值与温度的关系

图 7-4　进气温度传感器

桑塔纳 2000GLi 型轿车上的 AFE 型发动机的进气温度传感器 G72 与进气压力传感器一体，安装于节气门之后的进气管上。桑塔纳 2000GSi 的 AJR 发动机也在进气总管上装有进气温度传感器 G72，用于修正喷油量和点火提前角。图 7-5 所示为桑塔纳 2000GSi AJR 发动机进气温度传感器的安装位置及与 ECU 的连接电路。进气温度传感器 G72 的接线端子 2 通过 0.5mm² 导线与 J220 的端 T80/67 相连，是搭铁端；G72 的端子 1 与控制单元 J220 的端子 T80/54 相连，为参考电压输出端，同时也是信号输入端。

2. 检测

（1）单体检测　关闭点火开关，断开进气温度传感器线束插接器，从发动机上拆下该传感器；用制冷剂或压缩空气对进气温度传感器进行降温，也可采用放入热水中加温的方法对此传感器进行加温，如图 7-6 所示；用万用表电阻挡测量传感器两端子间的电阻（该阻值应为 0.2～20kΩ），其电阻值随温度变化而变化的规律应与图 7-4b 所示特性曲线的变化规律一致，如果电阻值不在此图所示范围内，则应更换该进气温度传感器。

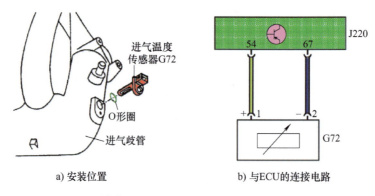

a) 安装位置   b) 与ECU的连接电路

图 7-5 桑塔纳 2000GSi AJR 发动机进气温度传感器

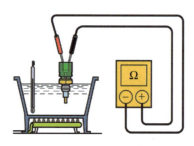

图 7-6 进气温度传感器的检测

（2）就车检测法 皇冠轿车进气温度传感器与 ECU 的连接电路如图 7-7 所示。拔下进气温度传感器插头，接通点火开关，测量插头上 THA 端子与 E_2 端子之间的电压值，该电压应为 5V；若无电压，则应检查 ECU 插接器上 THA 端子与 E_2 端子之间的电压值。若此电压为 5V，则表明 ECU 与传感器之间的连接线路有故障；若无 5V 电压，则说明 ECU 有故障。然后插回插头，起动发动机，测量传感器 THA 端子与 E_2 端子之间在不同温度下的电压值，该电压值应在 0.1 ～ 4.5V 之间变化（车型不同略有差异，但变化规律基本上是相同的）。如果测量值与规定值不符，则说明进气温度传感器有故障或者损坏，应予以更换。

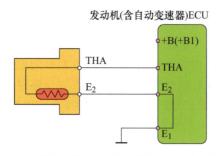

图 7-7 皇冠轿车进气温度传感器与 ECU 的连接电路

（3）检测进气温度传感器与 ECU 之间连接线束的电阻值 用高阻抗万用表的电阻挡测量传感器信号端子与 ECU 信号端子之间的连接线束及传感器搭铁端子与 ECU 搭铁端子之间的电阻值，此时线束应导通，且电阻值应小于 1.5Ω，否则说明该线束短路或接线端子的接触不好，应继续检查或更换线束。

四、冷却液温度传感器

1. 结构及电路

如图 7-8 所示，冷却液温度传感器的内部也是一个负温度系数的半导体热敏电阻，其结构原理与进气温度传感器基本相同。图 7-9 所示分别为桑塔纳 2000GSi 型轿车 AJR 型发动机的冷却液温度传感器 G62 的安装位置、与 ECU 的连接电路及其端子，通常将冷却液温度传感器 G62 与至冷却液温度表的冷却液温度传感器 G2 安装在一起。冷却液温度传感器 G62 的接线端子 1 通过 0.5mm² 导线与 J220 的 T80/67 端子相连，是搭铁端；G62 的端子 3 与控制单元 J220 的 T80/53 端子相连为参考电压输出端，同时也是信号输入端。

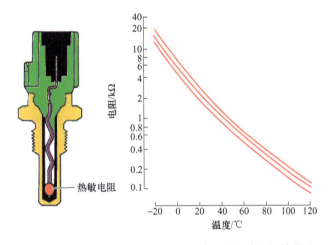

图 7-8　冷却液温度传感器的结构及电阻和温度之间的关系

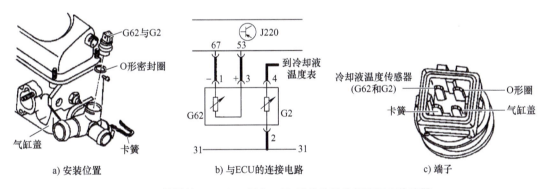

a) 安装位置　　　　　b) 与ECU的连接电路　　　　　c) 端子

图 7-9　桑塔纳 2000GSi 轿车 AJR 型发动机冷却液温度传感器

2. 2011 款大众 CC 轿车冷却液温度传感器的检测

大众 CC、速腾、迈腾、高尔夫等车型都使用同一型号的冷却液温度传感器 G62，G62 使用的是负温度系数的热敏电阻，其安装在发动机冷却液出液管（即冷却液套）中，用于检测发动机冷却液的温度，并把所检测到的温度信号以电信号的形式输入 ECU，为修正喷油量及点火时刻提供依据。G62 的插头端子为端子 1 和端子 2，与 J623 的插头端子 T60/57 和 T60/14 相连，传感器与发动机 ECU 的连接电路如图 7-10 所示。

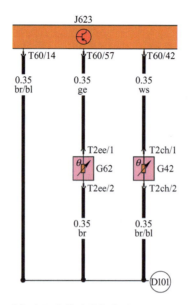

图 7-10　冷却液温度传感器与发动机 ECU 的连接电路

G42—进气温度传感器　G62—冷却液温度传感器　J623—发动机 ECU（在排水槽内中部）
D101—连接 1（在发动机舱导线束中）

冷却液温度传感器 G62 不断地向 ECU 输入冷却液温度信号，如果此时该传感器发生故障或损坏，则信号也将中断，ECU 也不能再确定冷却液温度，这会导致发动机冷机或暖机状态下起动困难、油耗增加、怠速不稳、废气排放增加等故障。冷却液温度传感器的检测方法如下：

（1）检测电源电压　拔下冷却液温度传感器插接器插头，打开点火开关，测量传感器相应端子与 J623 端子 T60/14 和 T60/57 之间的电压，电压值应为 5V 左右。

（2）检测信号电压　插上冷却液温度传感器插头，接通点火开关，检测端子 2 和端子 1 之间的信号电压。该电压应为 0.5 ～ 4.5V，若该电压不在此范围内，则表明冷却液温度传感器已失效或损坏，应予以更换。冷却液温度传感器的信号电压与冷却液温度之间的关系见表 7-1。

表 7-1　冷却液温度传感器的信号电压与冷却液温度之间的关系

冷却液温度 /℃	信号电压值 /V	冷却液温度 /℃	信号电压值 /V
−20	4.78	60	2.25
−10	4.62	80	1.99
0	4.45	100	1.56
20	3.78	120	0.70
40	3.09	—	—

（3）检测电阻　断开点火开关，拆下冷却液温度传感器，并将其放入装满冷却液的容器中加热，用万用表测量不同温度下该传感器两端子间的电阻值。该阻值应满足表 7-2 所示的要求；否则，应更换传感器。

表 7-2　冷却液温度传感器的电阻值与温度之间的关系

端子	温度 /℃	电阻值 /Ω	端子	温度 /℃	电阻值 /Ω
1-2	0	5000～6000	1-2	60	540～675
1-2	10	3350～4400	1-2	70	400～500
1-2	20	2250～3000	1-2	80	275～375
1-2	30	1500～2100	1-2	90	200～290
1-2	40	950～1400	1-2	100	150～225
1-2	50	700～950	—	—	—

3. 捷达轿车冷却液温度传感器的检测

捷达轿车冷却液温度传感器 G62 与冷却液温度表传感器 G2 安装在一个壳体里。冷却液温度传感器使用的是一个 NTC 热敏电阻，当冷却液温度升高时，其电阻值降低。冷却液温度表传感器则将冷却液温度信号输入 ECU，为发动机修正喷油量和点火正时提供依据。2011 款捷达轿车冷却液温度传感器与 ECU 的连接电路如图 7-11 所示。

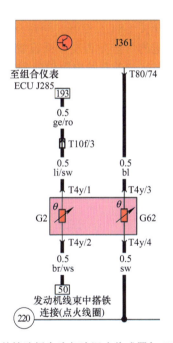

图 7-11　2011 款捷达轿车冷却液温度传感器与 ECU 的连接电路

G2—冷却液温度表传感器　G62—冷却液温度传感器　J361—发动机电子控制单元
㉒⓪—发动机线束内的搭铁连接（传感器搭铁）

冷却液温度传感器不断地向 ECU 输入冷却液温度信号，如果信号中断，则 ECU 不能再确定冷却液温度，这将会导致发动机在冷机或热机状态下起动困难、油耗升高、怠速不稳、废气排放增加。冷却液温度传感器插头端子 T4y3 和 T4y/4 分别与 ECU 的负信号线端子和 T80/74 线端子相接。传感器的检测方法如下：

（1）检测电源电压　拔下冷却液温度传感器插头，接通点火开关，测量 ECU 的 T80/74

与车身搭铁之间的电压，该电压应为5V左右。

（2）检测传感器电阻值 关闭点火开关，拔下冷却液温度传感器，将冷却液温度传感器放入盛满冷却液的容器中加热，在不同的温度下测量传感器两端子 T4y3 和 T4y/4 之间的电阻值。该电阻值应符合表7-3中的规定值；如果测量结果不符合规定值，则表明传感器已损坏，应予以更换。

表7-3 2011款捷达轿车冷却液温度传感器的电阻值与温度之间的关系

温度/℃	电阻/Ω	温度/℃	电阻/Ω
10	3500	60	575
20	2500	70	425
40	1250	80	325
50	970	100	200

五、排气温度传感器

1. 工作原理

当发动机起动时，起动信号开关（ST）打开，同时点火开关打开，此时警告灯亮，这是制造厂为检查排气温度警告灯灯泡的灯丝是否良好而设置的功能。在车辆行驶过程中，当排气温度过高超过90℃时，则排气温度传感器的电阻值降到0.43kΩ以下，此时排气温度警告灯点亮；当车厢底板温度超过125℃时，底板温度传感器的电阻超过2kΩ，此时在排气温度警告灯点亮的同时蜂鸣器也发出响声；当排气温度在900℃以下，底板温度也低于125℃时，排气温度传感器的电阻大于0.43kΩ，底板温度传感器的电阻值低于2kΩ，此时排气温度警告灯不亮，蜂鸣器也无声响，排气温度传感器警告系统电路如图7-12所示。

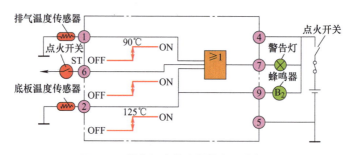

图 7-12 排气温度传感器警告系统电路

2. 结构

排气温度传感器安装在汽车排气装置三元催化转化器上，用以检测转化器内排放气体的温度。排气温度传感器的外形及结构如图7-13所示，其安装位置如图7-14所示。这种传感器用于排气装置上三元催化转化器内温度异常高时的警告系统，以防止因过热而使催化剂性能下降，从而对车辆造成损失。在正常工作情况下，该系统不工作，而发生失火等故障，或工作条件极为苛刻时，该系统启动，并以排气温度警告灯点亮的方式，向驾驶人发出警告。

另外，排气温度传感器还用于对初级催化净化器进行热诊断、支持排气温度模式以及保护排气系统部件。

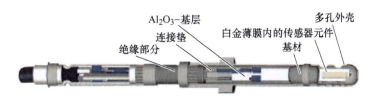

图 7-13 排气温度传感器 G235 的外形及结构

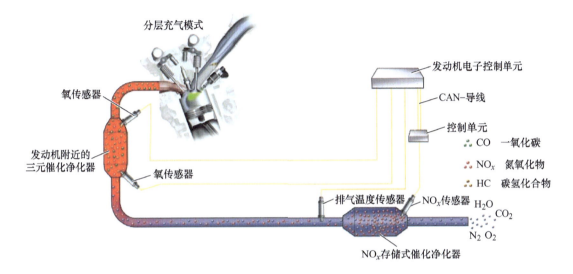

图 7-14 排气温度传感器的安装位置

3. 检测

（1）就车检测　在接通点火开关时，排气温度传感器指示灯亮，而在发动机起动时指示灯熄灭，表明传感器良好。

（2）检测电压　排气温度传感器的连接电路如图 7-15 所示，打开点火开关，用万用表分别检测 T94/75、T94/32、T94/9 与搭铁电压应为 5V，否则说明电路有故障。

（3）单体检测　排气温度传感器的单体检测是测量电阻值，如图 7-16 所示。用炉子加热传感器顶端 40mm 长的部分，直到靠近火焰呈暗红色，此时传感器连接器端子间的电阻值应在 0.4～20kΩ 之间。当排气温度传感器引线的橡胶管有损伤时，应当换用新的传感器。

六、EGR 监测温度传感器

1. 结构及工作原理

EGR 监测温度传感器用热敏电阻制成，它的结构如图 7-17 所示。EGR 监测温度传感器安装在 EGR 阀的下游，如图 7-18 所示。在 EGR 系统中排气歧管排放气体中的部分气体再循环到进气歧管中，这一部分就由 EGR 阀控制。要保证 EGR 阀系统工作正常，必须由 EGR 监测温度传感器时刻监测 EGR 阀下游再循环气体的温度变化情况，以便判断 EGR 阀是否处于正常工作状态。在排放法规中，已强制要求车辆安装 EGR 监测温度传感器，以监视 EGR 阀的工作状况，从而减少气体尾气中 NO_x 的含量。

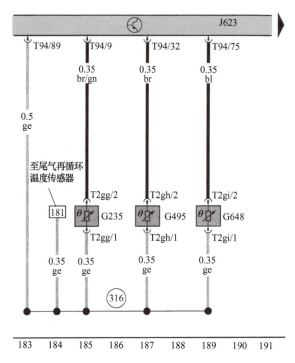

图 7-15　新款奥迪 TDI 2.0L 排气温度传感器的连接电路

G235—排气温度传感器1　G495—排气温度传感器3
G648—排气温度传感器4　J623—发动机电子控制单元

图 7-16　排气温度传感器的单体检测

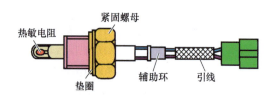

图 7-17　EGR 监测温度传感器的结构

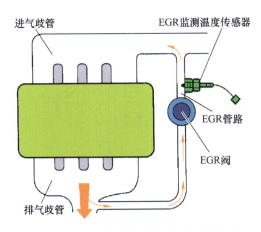

图 7-18　EGR 监测温度传感器的安装位置

在普通的行车条件下，EGR 阀附近的排气温度为 100 ～ 200℃；在高速、重负荷的条件下，EGR 阀附近的排气温度会升高到 300 ～ 400℃。当因某种故障没有排气循环时，EGR 阀附近的排气温度立刻下降，下降程度与当时的进气温度及发动机室内温度有关，但通常是降到 50℃以下。没有排气循环的原因可能是由于控制系统停止工作或者 EGR 管路中的沉淀物堵塞了通路。

2. 检测

当 EGR 系统停止工作时，可能的原因有：EGR 系统监测温度传感器的连接电路短路或断路；EGR 控制系统发生故障；管路中的沉淀物堵塞了管路等。此时应对 EGR 监测温度传感器进行检测，检测方法如下：断开点火开关，拆下 EGR 监测温度传感器，并将其加热，其电阻值应随温度的升高而降低，且应符合表 7-4 中列出的标准参考值，若相差很大，则应对其进行更换。

表 7-4　EGR 系统监测温度传感器的温度特性

温度 /℃	50	100	200	400
初始电阻值 /kΩ	635 ± 77	85.3 ± 8.8	5.1 ± 0.61	0.16 ± 0.05

第二节　汽车空调用温度传感器

自动空调在汽车上的使用越来越普遍，所用传感器主要有车外温度传感器、新鲜空气（进气道）温度传感器、室内（仪表板）温度传感器、脚部出风口温度传感器、阳光照射强度光敏传感器、蒸发器温度传感器等。奥迪轿车自动空调控制系统的组成如图 7-19 所示，空调系统传感器在车上的布置位置如图 7-20 所示。

第七章

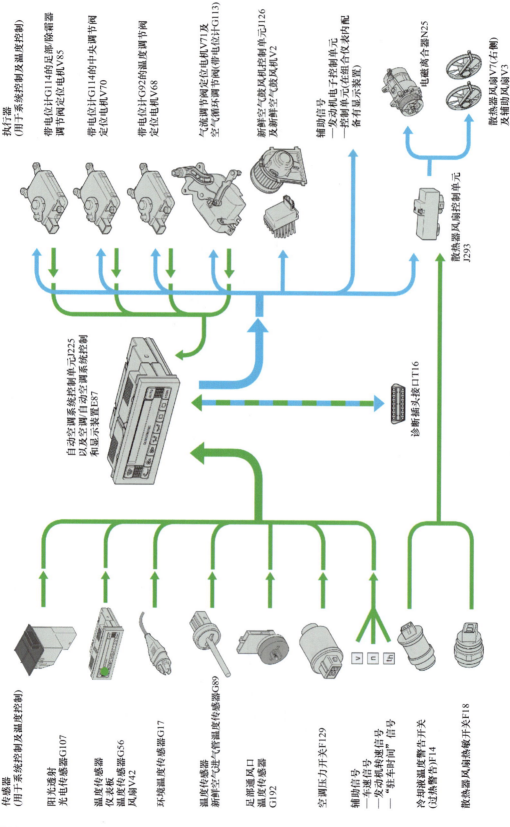

执行器
（用于系统控制及温度控制）

带电位计G114的足部除霜器
调节阀定位电机V85

带电位计G114的中央调节阀
定位电机V70

带电位计G92的温度调节阀
定位电机V68

气流调节阀定位电机V71及
空气循环调节阀（带位计G113）

新鲜空气鼓风机控制单元J126
及新鲜空气鼓风机V2

辅助信号
一发动机电子控制单元
一控制单元（在组合仪表内配
　备有显示装置）

电磁离合器N25

散热器风扇V7（右侧）
及辅助风扇V3

散热器风扇控制单元
J293

自动空调系统控制单元J225
以及空调（自动空调系统控制
和显示装置E87

诊断插头接口T16

传感器
（用于系统控制及温度控制）

阳光透射
光电传感器G107

温度传感器
仪表板
温度传感器G56
风阀V42

环境温度传感器G17

温度传感器
新鲜空气进气管温度传感器G89

足部通风口
温度传感器
G192

空调压力开关F129

辅助信号
一车速信号
一发动机转速信号
一"驻车时间"信号

冷却液温度警告开关
（过热警告）F14

散热器风扇热敏开关F18

图7-19　奥迪轿车自动空调控制系统的组成

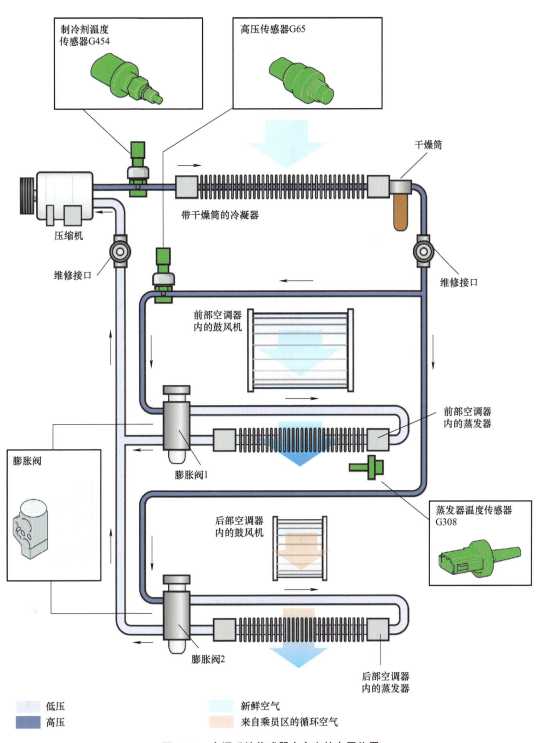

图 7-20　空调系统传感器在车上的布置位置

一、仪表板温度传感器

1. 原理结构

如图 7-21、图 7-22 所示，大众车的仪表板温度传感器 G56 一般安装在中央控制台两烟灰缸之间隔栅的后面或空调控制单元上，它用于检测车内中央区域的空气温度。

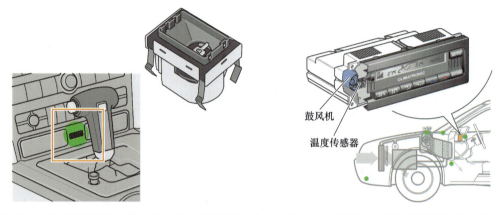

鼓风机

温度传感器

图 7-21　仪表板温度传感器 G56 的外形及安装位置　　**图 7-22　仪表板温度传感器 G56 的安装位置**

如图 7-23 所示，仪表板温度传感器壳体内有一个 NTC 温度传感器，它通过一个小鼓风机从车内吸取空气。NTC 温度传感器用于测量气流的温度，可以防止温度传感器处出现较高的温升，从而避免温升对测量结果造成负面影响。鼓风机与传感器元件安装在一个共用的壳体内。

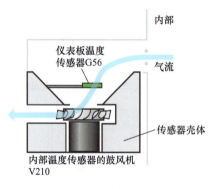

内部

仪表板温度
传感器 G56

气流

传感器壳体

内部温度传感器的鼓风机
V210

图 7-23　温度检测过程

2. 检测

仪表板温度传感器 G56 将热敏电阻装在塑料壳内，利用抽风装置将车内空气从吸气孔处吸入塑料壳内来检测车内温度。仪表板温度传感器的阻值也随环境温度的变化而变化，并把这种变化信号输入给空调系统的 ECU，使 ECU 起动空调压缩机运转，从而保持车内温度在恒定的范围内。仪表板温度传感器 G56 的相关连接电路如图 7-24 所示。

（1）电压测量　拆下空调控制器，但连接线不断开，将点火开关旋至"ON"位置，用万用表测量传感器 G56 两端子之间的电压，测量时电压会随温度的升高而下降。在 25℃时，电压应为 1.8 ～ 2.2V；在 40℃时，电压应为 1.2 ～ 1.6V。

（2）电阻测量　拆下仪表板温度传感器，测量连接器端子之间的电阻。电阻应随温度的升高而减小。在25℃时，阻值应为1.65～1.75kΩ；在40℃时，阻值应为0.55～0.65kΩ。

（3）故障的应对策略　若该仪表板温度传感器发生故障，则内部温度使用一个固定的替代温度值25℃。

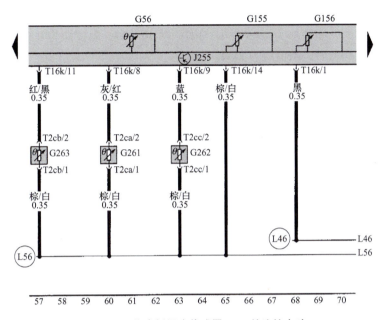

图7-24　仪表板温度传感器G56的连接电路

G56—仪表板温度传感器（在空调控制面板上）　G155—左侧出风口温度调节器　G156—右侧出风口温度调节器
G261—左侧脚部空间出风口温度传感器（在空调器左侧上部）　G262—右侧脚部空间出风口温度传感器（在空调器右侧上部）
G263—蒸发器出风口温度传感器　J255—控制单元（在仪表板中部）　J519—BCM车身控制单元（在仪表板左侧下方）

二、车外温度传感器

1. 结构原理

车外温度传感器也称为环境温度传感器、外界空气温度传感器或大气温度传感器。它能影响出风口空气的温度、鼓风机的转速、进气门的位置和模式门的位置以及压缩机的工作状态。车外温度传感器G17位于车身前部，如图7-25所示，它用于判断实际的外部温度。控制单元按照这个温度信号来操纵温度翻板和新鲜空气鼓风机工作。车外温度传感器的电路连接如图7-26所示。

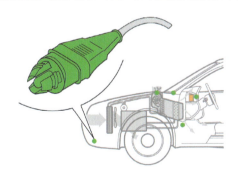

图7-25　车外温度传感器G17的外形及其在车上的位置

2. 检测

（1）电压测量　拆下汽车散热器护栅，但连接线不断开，将点火开关旋至"ON"位置，用万用表测量传感器 T32/20 和 T32/19 两端子之间的电压，如图 7-26 所示，测量时电压会随温度的升高而下降。在 25℃时，电压应为 1.4～1.8V；在 40℃时，电压应为 0.9～1.3V。

（2）电阻测量　拆下车外温度传感器，测量连接器端子之间的电阻。电阻应随温度的升高而减小。在 25℃时，阻值应为 1.65～1.75kΩ；在 40℃时，阻值应为 0.55～0.65kΩ。如果出现故障，替代值 10℃时，阻值应为 2kΩ。

（3）故障的应对策略　若一个传感器失效，则控制单元采用完好传感器的信号；若两个传感器都失效，则关闭制冷功能，并采用一个固定的值 10℃代替外界温度。

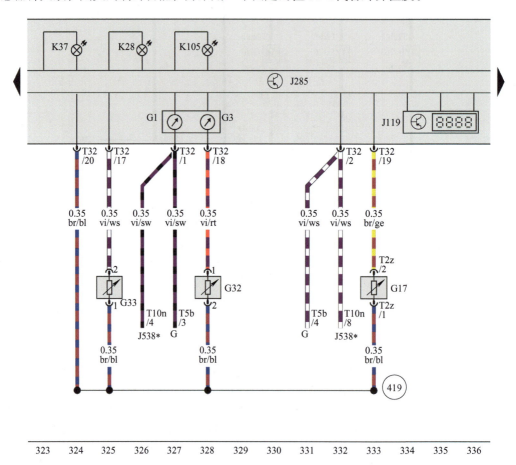

图 7-26　车外温度传感器的电路连接

G—燃油存量传感器　G1—燃油储备显示　G3—冷却液温度表　G17—车外温度传感器　G32—冷却液不足显示传感器
G33—车窗玻璃清洗液液位传感器　J119—多功能显示器　J285—仪表板中的控制单元　J538—燃油泵控制单元
K28—冷却液温度和冷却液不足显示指示灯　K37—玻璃清洗液液位指示灯　K105—燃油存量指示灯

三、蒸发器出口温度传感器

1. 工作原理

蒸发器出口温度传感器安装在汽车空调系统的蒸发器片上或出风口处（拆卸右侧的脚部

空间饰板，将蒸发器温度传感器 G308 沿箭头方向旋转 90°，并将其从外壳中取出），如图 7-27 所示，用以检测蒸发器表面的温度变化，并控制压缩机的工作状况。使用此信号，Climatronic 控制单元可以按照乘员的要求精确地调节压缩机的输出。工作时，蒸发器出口温度传感器检测蒸发器表面的温度信号，并把它转化为电信号输入给温度控制系统的 ECU，ECU 将输入的温度信号与设定的温度调节信号进行比较后，控制空调压缩机电磁离合器的通断，从而对压缩机的工作进行控制。同时还能利用此传感器检测到的温度信号，防止蒸发器出现结冰现象。空调系统的原理图如图 7-28 所示。

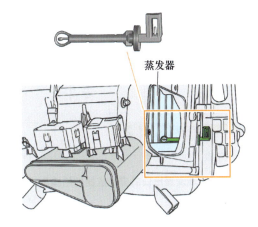

图 7-27　蒸发器出口温度传感器 G308 的安装位置

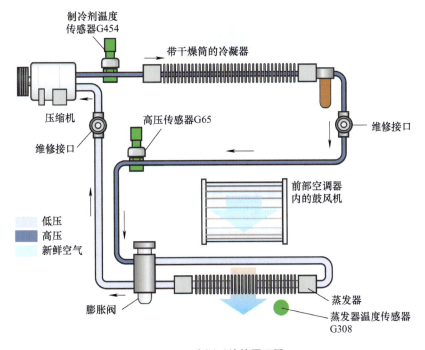

图 7-28　空调系统的原理图

2. 结构

蒸发器出口温度传感器是一个负温度系数（Negative Temperature Coefficent，NTC）传感器，其工作温度范围在 20～60℃，其结构与特性如图 7-29 所示。如图 7-30 所示，若加热 NTC 元件时，它的阻抗会显著下降。传感器电子装置将所测的阻抗转换成电压信号，电压信号是所测温度的一种量度。若没有该传感器的信号，则控制单元无法知道蒸发器后空气的温度，从而导致空调压缩机的自适应控制无法进行。在此情况下，压缩机的功率输出将降低到不允许蒸发器结冰的温度。蒸发器出口温度传感器与控制单元的连接电路图如图 7-31 所示。

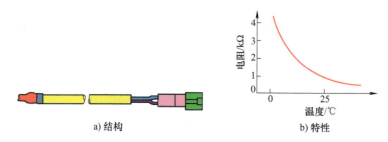

a) 结构　　　　　　　　　　b) 特性

图 7-29　蒸发器出口温度传感器的结构与特性

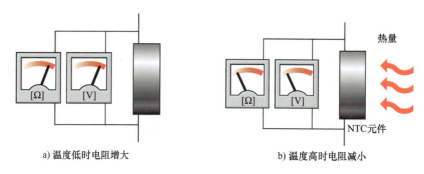

a) 温度低时电阻增大　　　　　　　　　　b) 温度高时电阻减小

图 7-30　蒸发器出口温度传感器的特性

3. 检测方法

若空调系统发生了故障，且在蒸发器的制冷剂出口处即高压管路上出现了结冰现象（即冰堵），同时压缩机不能正常工作，则蒸发器出口温度传感器的连接电路可能出现断路或短路故障，此时应对蒸发器出口温度传感器进行检测，检测方法如下：

1）检查蒸发器出口温度传感器和空调控制器总成之间的连接器及各导线的连接情况，检查空调控制器总成的状况。

2）电压测量。拆卸右侧的脚部空间饰板，但连接线不断开，将点火开关旋至"ON"位置，用万用表测量传感器 1 和 2 两端子之间的电压，测量时电压会随温度的升高而下降，在 0℃时电压应为 2.0～2.4V；在 15℃时，电压应为 1.4～1.8V。

3）电阻测量。拆下蒸发器出口温度传感器，测量连接器的端子 1 和 2 之间的电阻，正常电阻值为 4.5～5.2kΩ（当温度为 0℃时），2.0～2.7kΩ（当温度为 15℃时）。

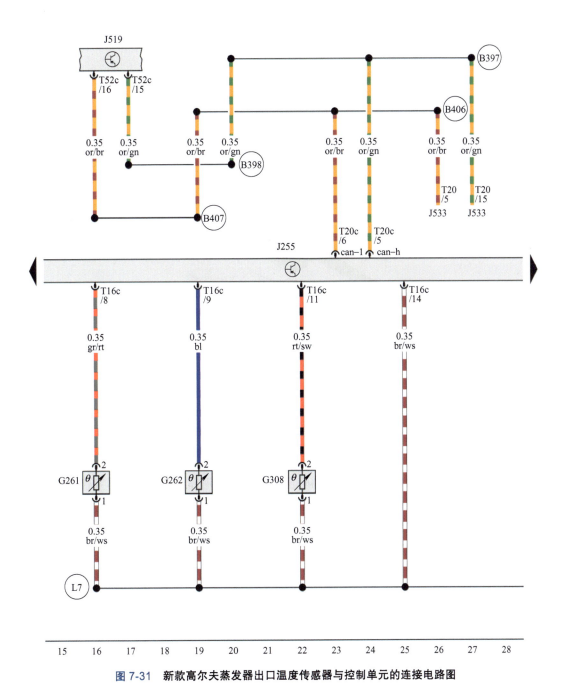

图 7-31 新款高尔夫蒸发器出口温度传感器与控制单元的连接电路图

G261—左侧脚部空间出风口温度传感器 G262—右侧脚部空间出风口温度传感器 G308—蒸发器温度传感器
J255—Climatronic 控制单元（中控台之后） J519—车载电网控制单元 J533—数据总线诊断接口

4）故障的应对策略。若没有蒸发器出口温度传感器的信号，则控制单元就无法知道蒸发器后空气的温度，从而导致空调压缩机的自适应控制无法进行。在此情况下，压缩机的功率输出将降低到不允许蒸发器结冰的温度。

四、新鲜空气进气道温度传感器

1. 位置及功用

新鲜空气进气道温度传感器 G89 位于新鲜空气进气道中，如图 7-32 所示。该传感器实际是外部实际温度的第二个测量点。控制单元按照这个温度信号来操纵温度翻板和新鲜空气鼓风机工作。如果这个温度信号失效的话，则会使用另一个温度传感器（车身前部的外部温度传感器）的信号。新鲜空气进气道温度传感器具有自诊断功能。控制单元总是使用车外温度传感器 G17 和新鲜空气进气道温度传感器 G89 这两个传感器获取的温度中最低的那个温度值。

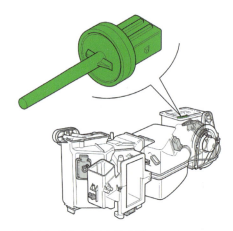

图 7-32　新鲜空气进气道温度传感器 G89 的外形及其安装位置

2. 检测

如果新鲜空气进气道温度传感器的信号出现故障，则用环境温度传感器替代。新鲜空气进气道温度传感器 G89 的电阻值应符合表 7-5 的规定。

表 7-5　新鲜空气进气道温度传感器 G89 的电阻值

温度 /℃	电阻值 /kΩ
10	2
20	1.3
30	0.82

五、脚坑出风口温度传感器

1. 结构及原理

脚坑出风口温度传感器一般安装在脚部出风口位置，如图 7-33 所示。脚坑出风口温度传感器 G192 测量的是从暖风 / 空调中出来的空气（进入车内的空气）温度。这个温度值是通过一个根据温度来变化的电阻获取的（其热敏电阻为正温度系数）。如果温度下降，则这个电阻值会升高。控制单元对这个信号进行处理后，将其用于控制除霜 / 脚坑的空气分配以及控制新鲜空气鼓风机的工作。

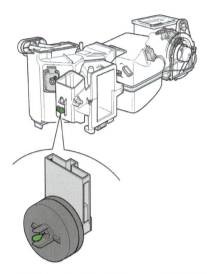

图 7-33　脚坑出风口温度传感器 G192 的外形及安装位置

2. 检测

如果脚坑出风口温度传感器的信号失效了，则控制单元会采用 80℃这个替代值，系统仍可继续工作。脚坑出风口温度传感器 G192 具有自诊断功能。检测方法同其他负温度系数的热敏电阻一样。在 0℃时，电阻值为 9.1kΩ；在 25℃时，电阻值为 2.8kΩ。

爆燃和碰撞传感器

汽油发动机利用火花塞产生的电火花将混合气点燃，从而使火焰在混合气中不断扩展传播燃烧。在火焰的传播过程中，如果压力和温度异常升高，则一些部位的混合气还未等火焰传播到，就会自行着火燃烧，从而在整个燃烧室内造成瞬时爆发燃烧，产生高温和强大的压力波，这种现象称为爆燃。在发动机工作时，如果持续产生爆燃，不但会引起气缸体、气缸盖和进气歧管等薄壁构件的高频振动，以及因运动机构的冲击载荷而产生很大的噪声，最终导致机件损坏，而且火花塞电极或活塞很可能产生过热、熔损等现象，造成发动机的严重故障，因此必须防止爆燃的产生。爆燃和点火时刻有密切的关系，在一定范围内，如果点火时刻提前，则燃烧的最大压力会高，也就越容易发生爆燃。

一、发动机爆燃的检测

1. 发动机爆燃的检测方法

检测发动机爆燃的方法有 3 种：检测发动机燃烧室压力的变化；检测发动机缸体振动频率；检测混合气燃烧噪声。直接检测燃烧室压力变化来检测发动机振动的测量精度较高，但传感器安装困难，且耐久性较差，一般用于测量仪器，实际应用的压力检测传感器均为间接检测式。通过检测发动机缸体振动频率来检测发动机爆燃的主要优点是测量精度高、传感器安装方便且输出电压较高，因此该方法在当前的汽车上广泛采用。检测混合气燃烧噪声为非接触式检测，其耐久性较好，但测量精度和灵敏度较低，实际应用较少。

2. 发动机爆燃传感器的功用及分类

爆燃传感器是发动机爆燃传感器（Engine Detonation Sensor，EDS 或 Knock Sensor，KS）的简称，其功用是将发动机爆燃信号转换为电信号输入发动机的 ECU 中，以便 ECU 修正点火提前角，防止发动机产生爆燃而降低输出功率。

爆燃传感器按检测方式不同，可分为共振型与非共振型两种；按结构不同，可分为压电式和磁致伸缩式两种。通用和日产汽车采用了磁致伸缩式爆燃传感器。桑塔纳 GLi、2000GLi、2000GSi、捷达 AT、GTX 型等国产轿车采用了压电式爆燃传感器。一般都将爆燃传感器安装在发动机缸体侧面，其外形及安装位置如图 8-1 所示。

当发动机发生爆燃时，爆燃传感器感应到此变化并产生较大的振幅电压信号。来自爆燃传感器的含有各种频率的电压信号输入 ECU 中爆燃信号的判别电路，如图 8-2 所示。首先须经滤波电路，将爆燃信号与其他振动信号分离，只允许特定范围频率的爆燃信号通过，然后将此信号的最大值与爆燃强度基准值进行比较，如大于基准值，则将爆燃信号电压输入 ECU，表示发生爆燃，由 ECU 进行处理。

图 8-1　爆燃传感器的外形及安装位置

由于发动机的振动频繁且剧烈，因此为了使传感器只检测到爆燃信号，防止 ECU 发生错误爆燃判别。判别爆燃信号并非在任何时刻都进行，而是有一个判别范围，如图 8-3 所示。限于判别发动机点火后爆燃可能发生的一段曲轴转角范围内的振动，只有在该范围内爆燃传感器的信号才能被输入比较电路。

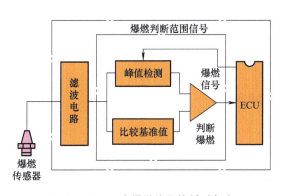

图 8-2　ECU 中爆燃信号的判别电路

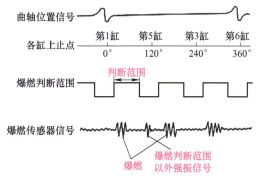

图 8-3　爆燃传感器的判别范围

爆燃强度则以超过基准值的次数计量，其次数越多，则爆燃强度越大；次数越少，则爆燃强度越小，如图 8-4 所示。试验表明，当发动机的负荷低于一定值时，一般不会出现爆燃，这时不宜采用控制爆燃的方法来调整点火提前角，可采用开环控制的方式控制点火提前角，即此时 ECU 不再检测和分析爆燃传感器输入的信号，只根据有关传感器及 ROM 中存储的数据控制点火提前角的大小。而要判断在某一时刻究竟要采用开环控制还是闭环控制，可通过 ECU 对负荷传感器传来的信号进行分析和判断。

当 ECU 进行闭环控制时，实际点火提前角的控制如图 8-5 所示。当任何一缸产生爆燃时，ECU 立即以某一固定值（1.5°～2.0° 曲轴转角）逐渐减少点火提前角，直至发动机不产生爆燃为止。然后，在一定的时间内，先维持调整过的点火提前角不变。在此期间内，如果又有爆燃发生，则继续以固定值减少点火提前角；若无爆燃发生，则此段缓冲时间过后，又开始逐渐以同样的固定值增大点火提前角，直至爆燃重新发生，又开始进行上述的反馈控制过程。

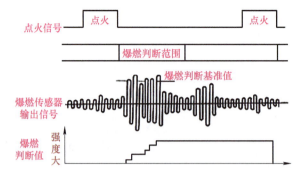

图 8-4 爆燃强度的判断

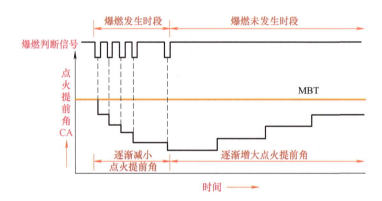

图 8-5 点火提前角的闭环控制

二、磁致伸缩式爆燃传感器

　　磁致伸缩式爆燃传感器为共振型爆燃传感器，其外形与结构组成如图 8-6、图 8-7 所示，主要由绕组、磁致伸缩杆、永久磁铁和壳体组成。其外形结构与润滑油压力传感器相似，不同的是其旋入发动机缸体部分为实心结构。磁致伸缩杆用高镍合金制成，在其一端设置有永久磁铁，另一端安放在弹性元件上。绕组绕制在磁致伸缩杆的周围，绕组两端引出电极与控制线路连接。

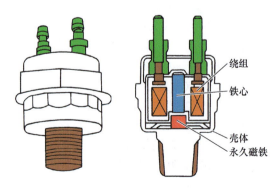

图 8-6 磁致伸缩式爆燃传感器的外形与结构

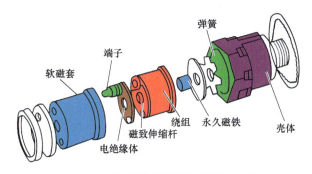

图 8-7 磁致伸缩式爆燃传感器的组成

当发动机缸体产生振动时，磁致伸缩式爆燃传感器的磁致伸缩杆会随之产生振动，绕组中的磁通量就会发生变化。由电磁感应原理可知，绕组中会感应产生交变电动势，即传感器有信号电压输出，输出电压高低取决于发动机的振动强度和振动频率。当发动机缸体振动频率达到 6 ~ 8kHz 时，磁致伸缩式爆燃传感器会产生共振，此时振动强度最大，绕组中产生的电压最高，并将这一电信号输入 ECU，如图 8-8 所示。

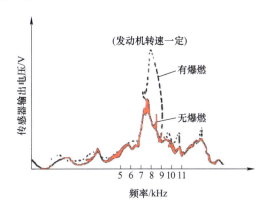

图 8-8 共振型磁致伸缩式爆燃传感器的信号波形

三、压电式爆燃传感器

压电效应是指当沿着一定方向向某些电介质施力而使其变形时，其内部会发生极化，同时在其表面产生电荷的现象。压电式爆燃传感器利用结晶或陶瓷多晶体的压电效应和硅压电效应，把爆燃传到缸体上的机械振动转变成电信号。压电式爆燃传感器从振动方式上可分为非共振型和共振型两种。共振型压电式爆燃传感器是由与爆燃几乎具有相同共振频率的振子和能够检测振动压力并将其转换成电信号的压电元件构成，非共振型压电式爆燃传感器是用压电元件直接检测爆燃信息。

1. 共振型压电式爆燃传感器

共振型压电式爆燃传感器如图 8-9 所示，主要由压电元件、振荡片、基座等组成。压电元件紧密地贴合在振荡片上，振荡片则固定在传感器的基座上。振荡片随发动机的振动而振荡，波及压电元件，使其变形而产生电压信号。当发动机爆燃时的振动频率与振荡片的固有频率相同时，振荡片产生共振，此时压电元件将产生最大的电压信号。共振型压电式爆燃传感器的输出特性如图 8-10 所示，根据此特性曲线可知该爆燃传感器在发动机爆燃时输出的电压比较高,因此即可判别发动机有无爆燃发生。

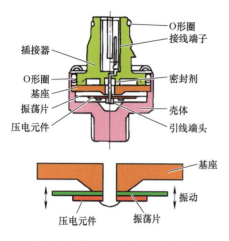

图 8-9 共振型压电式爆燃传感器

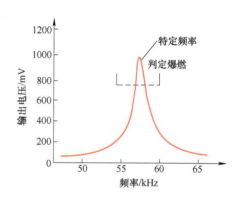

图 8-10 共振型压电式爆燃传感器的输出特性

2. 非共振型压电式爆燃传感器

非共振型压电式爆燃传感器由平衡块、压电元件、壳体、电气连接装置等组成。平衡块由螺钉固定在壳体上,两个压电元件同极性相向对接,输出电压由两个压电元件的中央取出。非共振型压电式爆燃传感器与共振型压电式爆燃传感器结构的不同之处在于它内部没有振荡片,而是设置了一个平衡块。平衡块以一定的预紧力压紧在压电片上。当发动机发生爆燃时,发动机缸体的振动传到爆燃传感器的壳体上,平衡块就产生了一个正比于加速度的交变力,壳体与平衡块之间就产生相对运动,使夹在中间的压电元件所承受的压紧力发生变化,压电元件承受推压作用力产生电压,并作为电信号输出。非共振型压电式爆燃传感器的结构简单,制造时不需要调整。

非共振型压电式爆燃传感器的结构及安装位置如图 8-11 所示。非共振型压电式爆燃传感器在爆燃时的输出电压较未爆燃时无明显增加,具有平缓的输出特性,不像共振型压电式爆燃传感器在爆燃时会输出较高的电压。爆燃是否发生是靠滤波器检出传感器输出信号中有无爆燃频率来判别的。因此,必须将反映发动机振动频率的输出电压信号输送给识别爆燃的滤波器中,判别发动机是否有爆燃产生。

四、爆燃传感器的检测

以 2011 款迈腾轿车为例,其发动机上设有两个爆燃传感器。爆燃传感器 1(G61,白色插头)安装在缸体进气管侧 1、2 缸之间,用于检测 1、2 缸的爆燃情况;爆燃传感器 2(G66,蓝色插头)安装在缸体进气管侧 3、4 缸之间,用于检测 3、4 缸的爆燃情况。爆燃传感器是根据压电原理制成的,传感器由压电陶瓷(压电元件)、平衡块、壳体、导线等组成,如图 8-12 所示。2011 款迈腾轿车发动机上爆燃传感器的电路图如图 8-13 所示。

爆燃传感器的检测方法如下:

1)爆燃传感器的随车检查。在进行爆燃传感器的检查时,可轻轻敲击该爆燃传感器附近的缸体,发动机的转速应随之下降。

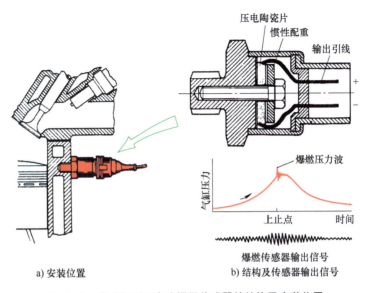

图 8-11　非共振型压电式爆燃传感器的结构及安装位置

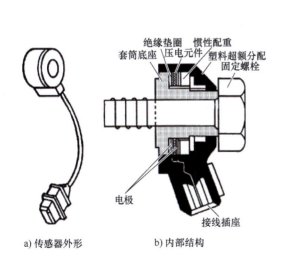

图 8-12　爆燃传感器的结构

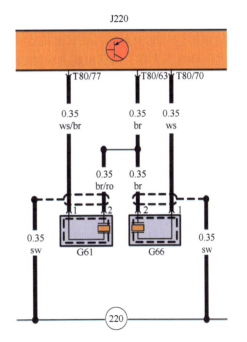

图 8-13　2011 款迈腾轿车发动机上
爆燃传感器的电路图

J220—Motronic 控制单元（在排水槽内中部）
J519—车载电网控制单元　G61—爆燃传感器 1
G66—爆燃传感器 2　T80—80 芯插头连接
⑳—连接（在发动机舱线束中，传感器搭铁）

2）用正时灯观察点火提前角的变化。轻轻敲击该爆燃传感器附近的缸体，此时点火提前角应该突然向后推迟，然后又向前提前，此现象即说明爆燃传感器在起作用，爆燃传感器及其线路基本没有问题；反之，则说明爆燃传感器或线路出现故障。

3）在发动机工作过程中，如果爆燃传感器发生故障，则监测爆燃信号中断，ECU 就会将点火提前角推迟一定角度，在汽车行驶过程中，驾驶人就会明显感觉到发动机动力不足，这时发动机电控系统会诊断出有故障，并使故障指示灯点亮。

4）电阻检查。关闭点火开关，分别拔下爆燃传感器的 3 芯插头，用万用表的电阻挡分别测量 3 芯插头各端子之间的电阻值，各端子间的电阻值应都大于 1MΩ。

5）检测爆燃传感器线束的导通性。关闭点火开关，分别拔下爆燃传感器 G61、G66 的 3 芯插头，然后拔下 ECU J220 插头。用万用表电阻挡分别测量爆燃传感器 G61 两芯插座 1、2、端子与 ECU J220 的 T80/77、T80/63 及 G66 两芯插座 1、2、端子与 ECU J220 的 T80/70、T80/63、T60/56 之间的电阻值，应均小于 0.5Ω。如果电阻值过大或为无穷大，则线束与端子可能接触不良或存在断路，应及时排除。

6）用专用诊断仪 VAS5052 通过诊断插座读取有关故障的信息：例如，00524——G61 搭铁开路或短路，或者 00540——G66 搭铁开路或短路。

7）敲击缸体（人工模拟）。正常情况下爆燃传感器端子间电压应大于 0.5V；当发动机正常怠速时，小于 0.6V；当发动机起动时，大于 0.5V；当发动机发生爆燃时，大于 1.2V。

8）爆燃传感器安装的注意事项。为了避免爆燃传感器误传输爆燃信号，必须保证爆燃传感器固定螺栓的拧紧力矩准确无误。在安装爆燃传感器时若紧固转矩过大，爆燃传感器会感知气缸爆燃信号电压太低，从而出现点火过早现象；若紧固转矩过小，爆燃传感器会感知气缸爆燃信号电压太高，从而出现点火过迟现象。

第二节　碰撞传感器

一、碰撞传感器的分类

碰撞传感器的种类繁多、形式各异，常用的碰撞传感器可按用途与结构进行分类。

1. 按碰撞传感器的用途分类

碰撞传感器相当于一只控制开关，其工作状态取决于汽车碰撞时减速度的大小。安全气囊传感器按功能的不同，可分为碰撞信号传感器和碰撞防护传感器两种类型。

碰撞信号传感器主要用来检测碰撞强度，又称为碰撞烈度（激烈程度）传感器，安装在汽车左前与右前翼子板内侧，两侧前照灯支架下面，发动机散热器（水箱）支架左、右两侧，左右仪表台下面等。

碰撞防护传感器又称为安全传感器或保险传感器，简称防护传感器，一般都安装在 SRS ECU 内部。碰撞防护传感器和碰撞信号传感器的结构原理完全相同，其唯一区别在于设定的减速度阈值有所不同。一只碰撞传感器既可用作碰撞信号传感器，也可用作碰撞防护传感器，但是必须重新设定其减速度阈值。设定减速度阈值的原则是碰撞防护传感器的减速度阈值比碰撞信号传感器的减速度阈值稍小。如果汽车以 40km/h 的速度与一辆停驶的同样大小的汽车相碰撞，或以不低于 22km/h 的车速迎面撞到一个不可变形的固定障碍物时，碰撞信号传感器便会动作，接通搭铁回路。

2.按碰撞传感器的结构分类

按照碰撞传感器结构的不同，碰撞传感器可分为机电结合式、水银开关式和电子式 3 种类型。

机电结合式是一种利用机械机构运动（滚动或转动）来控制电器触点动作，再由触点断开与闭合来控制气囊点火器电路接通与切断的传感元件，一般安装在发动机舱前纵梁上面，如图 8-14 所示。目前常用的有滚球式、滚轴式和偏心锤式 3 种碰撞传感器。

安装在发动机舱前纵梁上面的
碰撞传感器，以机电结合式居多

图 8-14　安装在发动机前纵梁上的碰撞传感器

水银开关式碰撞传感器是利用水银（汞）导电良好的特性来控制气囊点火器电路接通或切断，一般用作防护传感器。

电子式碰撞传感器没有电器触点，常用的有压电效应式和电容式两种，一般用作防护传感器。

二、机电结合式碰撞传感器

1.滚球式碰撞传感器

滚球式碰撞传感器又称为偏压磁铁式碰撞传感器，结构如图 8-15 所示，主要由铁质滚球、永久磁铁、导缸、固定触点和壳体组成。

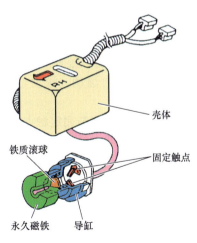

壳体

铁质滚球

固定触点

永久磁铁　导缸

图 8-15　滚球式碰撞传感器的结构

第八章

两个触点分别与传感器引线端子连接。滚球用来感测减速度大小，在导缸内可移动或滚动。壳体上印制有箭头标记，方向与传感器结构有关，有的规定指向汽车前方（如丰田雷克萨斯 LS400 型轿车），有的规定指向汽车后方，因此在安装传感器时，箭头方向必须符合使用说明书规定。

滚球式碰撞传感器的工作原理如图 8-16 所示。当传感器处于静止状态时，在永久磁铁磁力作用下，导缸内的滚球被吸向磁铁，两个触点与滚球分离，传感器电路处于断开状态，如图 8-16a 所示。

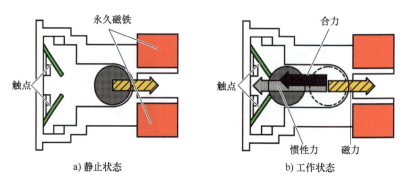

a) 静止状态　　　　　　　　　b) 工作状态

图 8-16　滚球式碰撞传感器的工作原理

当汽车遭受碰撞且减速度达到设定阈值时，滚球产生的惯性力将大于永久磁铁的电磁吸力。滚球在惯性力作用下就会克服磁力沿导缸向两个固定触点运动并将固定触点接通，如图 8-16b 所示。当传感器用作碰撞信号传感器时，固定触点接通则将碰撞信号输入安全气囊系统电控单元（SRS ECU）；当传感器用作碰撞传感器时，则将点火器电源电路接通。

2. 滚轴式碰撞传感器

滚轴式碰撞传感器的结构如图 8-17 所示，主要由止动销、滚轴、滚动触点、固定触点、底座和片状弹簧组成。

片状弹簧一端固定在底座上，并与传感器的一个引线端子连接，另一端绕在滚轴上，滚动触点固定在滚轴部分的片状弹簧上，并可随滚轴一起转动。固定触点与片状弹簧绝缘固定在底座上，并与传感器的另一个引线端子连接。

当传感器处于静止状态时，滚轴在片状弹簧的弹力作用下滚向止动销一侧，滚动触点与固定触点处于断开状态，如图 8-17a 所示，传感器电路断开。

当汽车遭受碰撞且减速度达到设定阈值时，滚轴产生的惯性力将大于片状弹簧的弹力。滚轴在惯性力作用下就会克服弹簧弹力向右滚动，滚动触点与固定触点接触，如图 8-17b 所示。

当传感器用作碰撞信号传感器时，滚动触点与固定触点接触则将碰撞信号输入 SRS ECU；当传感器用作碰撞防护传感器时，则将点火器电源电路接通。

3. 偏心锤式碰撞传感器

偏心锤式碰撞传感器又称为偏心转子式碰撞传感器。丰田、马自达汽车 SRS 采用了这种传感器，其结构如图 8-18 所示，主要由偏心锤、偏心锤臂、转动触点臂、转动触点、固定触点、回位弹簧、挡块、壳体等组成。

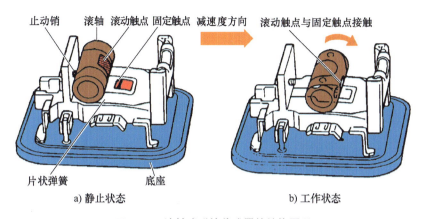

止动销　滚轴　滚动触点　固定触点　减速度方向　滚动触点与固定触点接触

片状弹簧　　　　底座

a) 静止状态　　　　　　　　　　　b) 工作状态

图 8-17　滚轴式碰撞传感器的结构原理

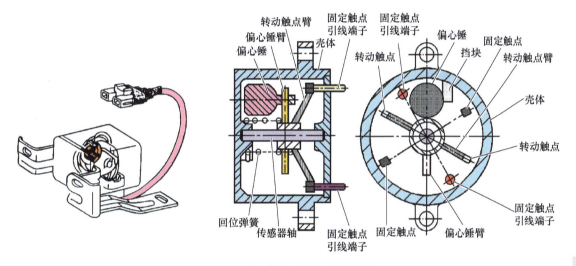

转动触点臂　固定触点　固定触点
偏心锤臂　引线端子　引线端子　　　偏心锤　固定触点
偏心锤　壳体　　　转动触点　　挡块　转动触点臂

壳体

转动触点

固定触点
引线端子

回位弹簧　　　　固定触点　　固定触点　偏心锤臂
传感器轴　　引线端子

图 8-18　偏心锤式碰撞传感器的结构

转子总成由偏心锤、转动触点臂及转动触点组成，安装在传感器轴上。偏心锤偏心安装在偏心锤臂上。转动触点臂两端固定有触点，触点随触点臂一起转动。两个固定触点绝缘固定在传感器壳体上，并用导线分别与传感器接线端子连接。

偏心锤式碰撞传感器的工作原理如图 8-19 所示。当传感器处于静止状态时，在回位弹簧弹力作用下，偏心锤与挡块保持接触，转子总成处于静止状态，转动触点与固定触点断开，如图 8-19a 所示，传感器电路处于断开状态。

当汽车遭受碰撞且减速度达到设定阈值时，偏心锤产生的惯性力矩将大于回位弹簧的弹力力矩，转子总成在惯性力矩作用下克服弹簧力矩沿逆时针方向转动一定角度，同时带动转动触点臂转动，并使转动触点与固定触点接触，如图 8-19b 所示。当传感器用作碰撞信号传感器时，转动触点与固定触点接触，则将碰撞信号输入 SRS ECU；当传感器用作碰撞防护传感器时，则将点火器电源电路接通。

第
八
章

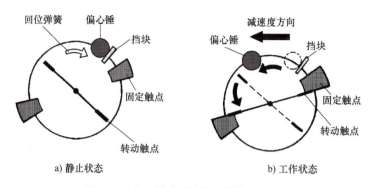

a) 静止状态　　　　　　　　　　　b) 工作状态

图 8-19　偏心锤式碰撞传感器的工作原理

三、水银开关式碰撞传感器

水银开关式碰撞传感器利用水银具有良好的导电特性而制成，结构如图 8-20a 所示，主要由水银、壳体、电极和密封螺塞组成。

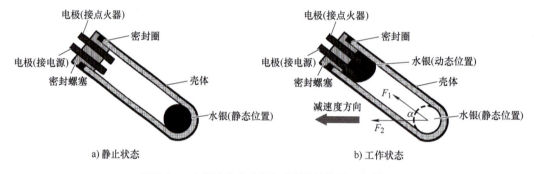

a) 静止状态　　　　　　　　　　　b) 工作状态

图 8-20　水银开关式碰撞传感器的结构及工作原理

F_1—水银运动方向分力　F_2—惯性力　α—水银运动方向与水平方向之间的夹角

水银开关式碰撞传感器的工作原理如图 8-20b 所示，当传感器处于静止状态时，水银在其重力作用下处于图 8-20a 所示位置，传感器的两个接线端子处于断开状态。当汽车发生碰撞且减速度达到设定阈值时，水银产生的惯性力在其运动方向的分力将克服其重力的分力而将水银抛向传感器电极，使两个电极接通。当传感器用作碰撞信号传感器时，两个电极接通，将碰撞信号输入安全气囊控制单元；当传感器用作碰撞防护传感器时，则将点火器电源电路接通。

四、电子式碰撞传感器

电子式碰撞传感器（压力传感器）在车辆发生侧面碰撞时，测量前车门内空气压力的突然变化情况。压力传感器都带有电子分析装置，传感器与电子分析装置装配在一个壳体内。安全气囊碰撞传感器位于前车门内面板与外面板之间，该传感器对车门内部空间的压力变化作出反应。安全气囊碰撞传感器的结构如图 8-21 所示。空气通过一个流入通道作用在印制电路板上，印制电路板上的部件对碰撞时产生的压力快速变化作出反应。压力传感器持续测量空气压力，如果压力传感器探测到空气压力提高到某一限值之上，则会向安全气囊控制单元发送一个信号。当压力传感器失灵时，组合仪表内的安全气囊警告灯亮起。

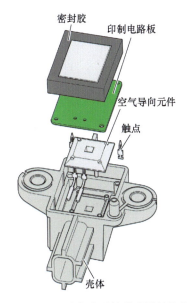

图 8-21 安全气囊碰撞传感器的结构

压力传感器按工作原理可分成两种，即电容式压力传感器和压电式压力传感器。

（1）压电式压力传感器 如图 8-22 所示，压电式压力传感器的传感器单元由一个密封空腔组成，在这个密封空腔中有一个带有压电晶体的张紧的薄膜。通过施加压力将薄膜压入，从而导致压电晶体中产生电荷位移。该电荷位移作为电压由电子分析装置进行处理，然后作为信号传递给安全气囊控制单元 J234。

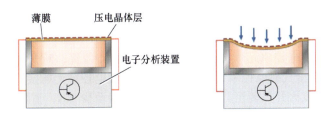

图 8-22 压电式压力传感器的工作原理

（2）电容式压力传感器 如图 8-23 所示，电容式压力传感器的结构如同一个电容器。电容板 1 安装在密封的空腔中，电容板 2 作为薄膜在空腔中被张紧。如果给薄膜施加压力，则电容板之间的距离 d 会发生变化。这种变化由电子分析装置进行处理，然后作为信号传递给安全气囊控制单元 J234。

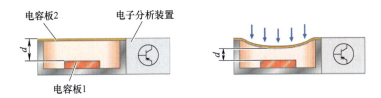

图 8-23 电容式压力传感器的工作原理

五、碰撞传感器的检测

下面以丰田卡罗拉前碰撞传感器为例，说明其检测过程，其安全气囊系统电路如图 8-24 所示。

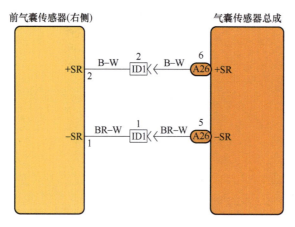

图 8-24 安全气囊系统电路

检测步骤如下：

（1）检测右前气囊传感器电路 断开蓄电池负极电缆并等待至少 90s，断开安全气囊电控单元与右前气囊传感器间的插接器，接回蓄电池负极电缆。将点火开关转至"ON"位置，检测右座椅安全带预张紧器与安全气囊电控单元间的插接器（在安全气囊电控单元侧）端子 A26-6（+SR）与车身间及端子 A26-5（-SR）与车身间的电压，正常应小于 1V。右前气囊传感器与安全气囊电控单元间的插接器（在安全气囊电控单元侧）端子 A26-6 与车身间及端子 A26-5 与车身间的电阻，正常应为 1MΩ 或更大。右前气囊传感器插接器端子 2（+SR）与 1（-SR）间的电阻，正常应为 85Ω。若正常，则进行下一步检测。

（2）检测安全气囊电控单元 将点火开关转至 LOCK 位置，断开蓄电池负极电缆并等待至少 90s，插回右前安全气囊电控单元插接器和安全气囊电控单元插接器，接回蓄电池负极电缆并等待至少 2s，将点火开关转至"ON"位置，并等待至少 90s，清除 SRS 故障码。将点火开关转至 LOCK 位置，并等待至少 20s，将点火开关转至"ON"位置，并等待至少 60s，读取 SRS 故障码，这时应没有故障码 B11156、B1157。若正常，则用模拟故障症状的方法进行检测；若不正常，则更换安全气囊电控单元。

（3）检测发动机室主配线 断开蓄电池负极电缆，并等待至少 90s，断开发动机室主配线与右前气囊传感器间的插接器，接回蓄电池负极电缆。将点火开关转至"ON"位置并等待至少 60s，如图 8-25 所示，检测安全气囊电控单元与发动机室主配线间的插接器（在右前门配线侧）端子 +SR 与 -SR 的电压，正常应小于 1V。若正常，则修理或更换仪表板配线。如图 8-26 所示，检测安全气囊电控单元与发动机室主配线间的插接器（在右前门配线侧）端子 +SR 与车身间及端子 -SR 与车身间的电阻，正常应为 1MΩ 或更大。若正常，则修理或更换仪表板配线。如图 8-26 所示，检测安全气囊电控单元与发动机室主配线间的插接器（在右前门配线侧）端子 +SR 与 -SR 的电阻，正常应小于 1Ω。若正常，则修理或更换仪表板配线；若不正常，则修理或更换发动机室主配线。

图 8-25　右前气囊传感器插接器

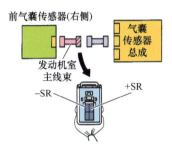

图 8-26　安全气囊电控单元与发动机室主配线间的插接器

第八章

新能源汽车相关传感器

第一节 大众新能源汽车上的传感器

一、奥迪 Q5 电驱动装置上的传感器

1. 电驱动装置电机的组成部件

电驱动装置的电机由铸造铝壳体、装备有永久磁铁 [由钕 – 铁 – 硼（NdFeB）制成] 的内置转子、带有电磁线圈的定子、用于连接到自动变速器变扭器上的一个轴承盖、分离离合器、三相动力接头等部件构成，其结构如图 9-1 所示。

图 9-1 电驱动装置电机的组成部件

2. 电驱动装置温度传感器

（1）结构　电驱动装置温度传感器 G712 用于测量电驱动装置电机线圈间的温度，通过一个温度模型来判定出该电机的最热点，其安装位置如图 9-2 所示。这个温度传感器的信号用于操控高温循环的冷却能力。这个冷却循环管路是创新温度管理的组件。通过一个电动冷却液辅助泵和接通发动机的冷却液泵，可实现让冷却液从静止（不流动）到最大冷却能力之间的调节。

（2）故障维修　若电驱动装置温度传感器出现故障，那么组合仪表上就会显示黄色的混合动力系统警告灯。这时驾驶人必须到就近的服务站寻求帮助。车辆这时也无法重新起动了，但是可以继续靠发动机工作来行驶，直至 12V 蓄电池没电为止。

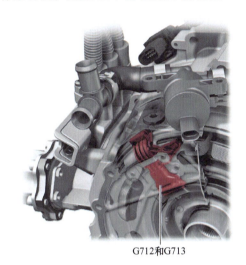

G712和G713

图 9-2　电驱动装置温度传感器 G712 和位置传感器 G713 的安装位置

3. 电驱动装置位置传感器

（1）结构　由于带有自己的转速传感器的发动机在以电动模式工作时，与电驱动装置的电机是断开的，因此电驱动装置的电机需要有自己的传感器，以便用于侦测转子位置和转子转速。为此，就在电驱动装置的电机内集成了一个位置传感器 G713，其安装位置如图 9-2 所示。

发动机管理系统和变速器管理系统根据这个传感器传来的信号，来判断电驱动装置的电机是否转动以及转速是多少。该信号可用于操控电机作为发电机或电动机使用，也可以操控电机作为发动机的起动机使用。

（2）故障维修　若电驱动装置位置传感器 G713 出现故障，那么组合仪表上就会显示红色的混合动力系统警告灯。此时，电机会停止工作，车辆滑行至停止，即无法使用电动方式来驱动车辆行驶，且发电机无法起动发动机，驾驶人应寻求服务站帮助。

二、途锐新能源汽车上的传感器

1. 电机转子位置传感器

（1）结构　车辆在电动模式下，发动机及其转速传感器与驱动电机在结构上已经分离，因此，驱动电机需要单独的传感器来确定转子的位置和转子的速度。如图 9-3 所示，在驱动电

197

第九章

机中集成了3个转子位置传感器。

（2）信号的使用　根据这3个单独的传感器提供的信号，发动机和变速器管理系统能够接收到驱动电机是否转动以及驱动电机的转速信息。该信号可控制的高压驱动零部件包括：电机作为发电机，电机作为驱动电机以及电机作为发动机起动机。

（3）发生故障时的后果　如果传感器发生故障，则会在组合仪表上显示混合动力系统警告灯。此时必须去最近的维修厂进行检查，不能再重新起动发动机，并且在组合仪表上会显示不要关闭发动机的提示，这是为了保证车辆能够行驶到维修车间。

2. 电机温度传感器

（1）信号的使用　如图9-4所示，驱动电机温度传感器G712浇铸在驱动电机壳体的合成树脂内。它的作用是探测驱动电机的温度。驱动电机温度传感器信号可用于控制高温回路的冷却能力。通过电动辅助冷却液泵以及发动机上的水泵，可在标准值和最大值之间调节冷却能力。

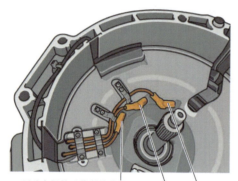

驱动电机转子位置传感器1 G713
驱动电机转子位置传感器2 G714
驱动电机转子位置传感器3 G715

图9-3　驱动电机转子位置传感器的安装位置

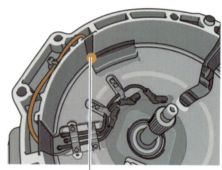

驱动电机温度传感器G712，浇铸在
驱动电机壳体的合成树脂内

图9-4　驱动电机温度传感器的安装位置

（2）发生故障时的后果　如果传感器发生故障，则会在组合仪表上显示混合动力系统警告灯。此时必须去最近的维修厂进行检查。虽然此时还可以继续驾驶车辆，但是混合动力驱动操作非常有限。

（3）警告　即使是25V的交流电和60V的直流电对于人体也是不安全的。因此，必须严格遵守维修和保养资料、引导型故障查询中的安全提示和车辆上的警示信息。只有了解高电压的危险性且具备资质的专业人员才能对配备高电压设备的车辆进行操作。

三、奥迪e-tron驱动电机上的传感器

1. 电机温度传感器

奥迪e-tron的前后电机上都有两个不同的温度传感器。在前桥电机上是前部交流驱动装置冷却液温度传感器G1110和前部驱动电机温度传感器G1093，如图9-5所示。

前部交流驱动装置冷却液温度传感器G1110用于监控流入的冷却液的温度。前部驱动电机温度传感器G1093用于监控定子温度，为了监控精确，G1093集成在定子绕组上且采用冗余设计，一旦第一个定子温度传感器损坏，那么另一个定子温度传感器仍可执行温度监控功

第九章

能。只有当两个传感器都失效时，则应该更换电机。如果这两个传感器中的一个损坏了，不会有故障记录。只有前部驱动电机温度传感器 G1093 会显示在测量值中。

后桥电机上温度传感器的结构与此相同。定子内有后部驱动电机温度传感器 G1096，冷却液温度由后部交流驱动装置冷却液温度传感器 G1111 来测量。

2. 电机转子位置传感器

电机转子位置传感器 G159 是根据坐标转换原理来工作的，可以检测到转子轴最小的位置变化。该传感器由两部分构成：坐标转换器盖上不动的传感器和安装在转子轴上的靶轮，如图 9-6 所示。功率电子装置根据转子位置信号，计算出控制异步电机所需的转速信号，异步电机上不需要监控转子位置。转子每转的传感器信号有 4 个脉冲，可对电机的工作进行精确操控。电机的转子位置传感器可更换。

图 9-5　前桥电机温度传感器的安装位置

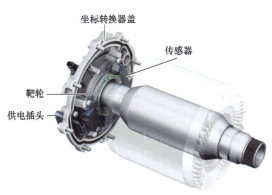

图 9-6　电机转子位置传感器的安装位置

第二节　宝马新能源汽车上的传感器

一、宝马 X6 混合动力燃油压力和温度传感器

如图 9-7 所示，压力燃油箱内的压力和温度通过一个组合式压力/温度传感器进行测量。该传感器的温度测量范围在 -40 ～ 85℃，压力测量范围在 -150 ～ 400mbar（1mbar=100Pa）。测量数值通过 LIN 总线发送至混合动力压力燃油箱电子系统控制单元。混合动力压力燃油箱电子系统对压力/温度传感器信号进行分析并在需要时控制燃油箱隔离阀。由于进行维修时可对燃油压力和温度传感器进行更换，因此必须使压力燃油箱稍微下降。

如图 9-8 所示，为了确认档位选择开关的位置，电子变速器控制（Electronic Gearbox System，EGS）装置配备一个档位传感器。该装置位于 EGS 内部，并且恒定连接在档位拉杆轴上。如果改变档位选择开关的档位（P、R、N、D），档位传感器的信号将发生变化。该装置将当前档位信息持续反馈至 EGS。

199

图 9-7　燃油压力和温度传感器外形

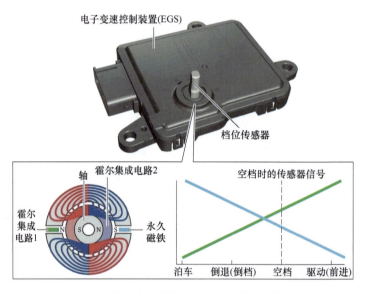

图 9-8　F49 中电子变速器控制（EGS）装置的档位传感器

传感器通过线性霍尔集成电路以一种非接触的方式进行操作。这些电路根据可用磁场改变它们的电压。永磁体位于内部，安装方式确保其可以通过轴进行旋转。转动档位拉杆时，磁场线以不同的角度与霍尔集成电路相交。然后改变它们的输出电压。

档位传感器可以通过"空档教学"维修功能再次重置。空档位置需要在更换电子变速器控制装置（EGS）时、更换选择器拉杆时以及每次拆装和安装电子变速器控制装置（EGS）后等情况下进行教学。

二、宝马 X6 PHEV 转子位置传感器

宝马 X6 PHEV 的电机是一款设计为内转子的永磁同步电机，即：旋转转子位于电机"内部"，永磁同步电机的基本结构如图 9-9 所示。该装置可以将高压蓄电池单元的电能转换为动能，动能通过电机变速器驱动汽车后轮。通过后轮纯电力驱动可以达到 120km 左右的最大时速，通过 eBOOST 功能还可以辅助发动机，例如，超车或负载较高时，电机在制动或滑行模式下将动能转换为电能，并输送至高压蓄电池单元（能量回收）。电机螺接在后桥上的电机变速器上，通过电力驱动后轮。

电机转子包括转子叠片组、永磁体及转子轴。永磁体的磁场连同定子绕组的磁场产生电机的部分机械转矩。转子轴将产生的转矩传送至传动装置。极对数为 4，在确保合理的设计复杂性的同时，还可以使转矩曲线在每次转动时尽量保持恒定。永磁体呈 V 形布置。

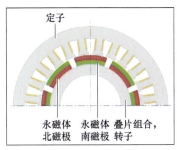

a) 常规同步电机

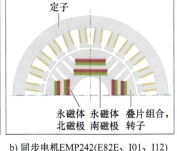

b) 同步电机EMP242(E82E、I01、I12)

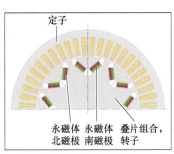

c) 同步电机EMP156.162(F49PHEV)

图 9-9　永磁同步电机的基本结构

1. 转子和定子结构

如图 9-10 所示，电机的主要组件包括转子和定子、连接件以及转子位置传感器。F49 PHEV 中的混动系统被称为平行混动系统。发动机及电机通过链轮进行机械耦合。驾驶车辆过程中，两种驱动系统可以单独使用或同时使用。

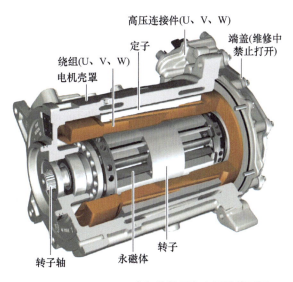

图 9-10　F49 PHEV 电机的转子和定子横截面图

2. 转子位置传感器的结构

如图 9-11 所示，宝马 F49 PHEV 中的电机结构属于内转子结构。"内转子"是表示转子通过永磁体呈环形布置在内侧。产生旋转磁场的绕组位于定子上。F49 PHEV 的电机在转子内有 4 对磁极。2 个带槽球轴承位于轴的两端，对转子起支承作用。

转子位置传感器的转子 ————

转子位置传感器的定子 ————

图 9-11 转子位置传感器的结构

为了对定子绕组电压进行正确计算，并确保电机控制器根据振幅和相位差产生电压，必须知道转子的精确位置。转子位置传感器就负责承担这一任务。转子位置传感器中的转子结构与同步电机的转子结构类似，并且它有一个特殊成形的转子与电机转子相连，并有一个与电机定子相连的定子。转子在定子绕组中旋转产生的电压通过电机控制器进行评估，然后根据评估结果计算转子位置的角度。

更换电机控制器时，必须借助诊断系统对转子位置传感器进行校准。电机组件在运行过程中不得超过特定的温度。配备一个温度模块和两个冗余温度传感器，以便监控电机的温度。它们设计为带有一个负温度系数（NTC）的可变电阻，并在定子线圈头的两个点进行温度测量。NTC 越热，电阻越低。

电机控制器对温度传感器的信号进行评估，通过计算温度模块进行对比，如果必要，当电机温度接近最大许可值时，可以降低电机的功率，以免损害组件。

3. 维修

安装新的电机或新的电机控制器后，或者控制器重新编程后，必须在控制器中检查转子位置传感器的偏移并进行编程。相关诊断工作即是出于这个目的。转子位置传感器偏移角铭刻在电机型号牌上，组件安装后也可以看见该型号牌，并且通过车辆举升机提起车辆后可以查看该型号牌。型号牌位于电机保护盖罩下方，从下方可以轻易看到。

更换电机或电机控制器后，必须通过诊断系统对转子位置传感器进行调整。

三、高压起动电动发电机的传感器

在宝马 F49 PHEV 中，位于常规交流发电机位置的高压起动电动发电机替换了起动电动机（F49 PHEV 中无附加的起动电动机）及交流发电机的功能。该装置主要用来起动 B38 发动机，在驾驶过程中，如果没有充足的充电电压通过电机的 DC/DC 变换器为 12V 汽车电气系统供电，该装置可以为高压蓄电池进行充电。高压起动电动发电机的传感器通过电机控制器进行读取和评估。

1. 温度传感器

为了避免温度过高损害组件，高压起动电动发电机内配备了一个温度传感器。温度传感器是一个负温度系数的热变电阻，位于定子绕组上。转子的温度未直接测量，但是可以通过定子内温度传感器的测量数值进行判定。信号同样由电机控制器读取和评估。

如果出现故障，影响高压起动电动发电机性能的情况如下：

1）如果温度传感器提供一项不真实的数值，高压起动电动发电机的功率被缩减至 8kW。这样做是防止温度进一步增加。此外还会出现一个带有功率缩减说明的检查控制信息。

2）如果温度进一步升高或传感器信号故障，高压起动电动发电机将被置于安全状态（主动短路），汽车则进入应急操作。此外，还会出现检查控制信息：无法起动发动机。

在维修中不得单独替换温度传感器。

2. 转子位置传感器

为了确保定子绕组中的电压可以被精确计算，并且电机控制器可以根据振幅和相位产生电压，必须知道转子的精确角度。因此，在高压起动电动发电机中配备了一个转子位置传感器。

转子位置传感器固定在高压起动电动发电机的定子上，根据倾斜传感器原理进行工作。转子位置传感器中有 3 个线圈。一个指定的交流电压供给至其中一个绕组。其他两个绕组各移动 90°。这些绕组中产生的电压可以提供转子角度设置相关的信息。转子位置传感器由高压起动电动发电机的制造商安装在相应线列中，确保其可以时刻进行精确调整。

如果传感器信号在发动机运行过程中出现故障，高压起动电动发电机会切换至应急操作。这样可以使汽车行驶至最近的宝马维修站。在这种紧急操作中，一旦发动机熄火将无法再次起动。如果传感器信号在发动机静止状态下出现故障，高压起动电动发电机将切换至安全状态（主动短路），无法起动发动机。如果出现这种状况，汽车只能通过后桥的电机进行驱动。相应的检查控制信息通过组合仪表显示。在维修中不得单独替换转子位置传感器。

四、车轮转速传感器

宝马 F49 PHEV 中车轮轴承单元的结构如图 9-12 所示，在车轮转速传感器启用后，可以采集多极传感器齿轮的转速及转向相关的信息。

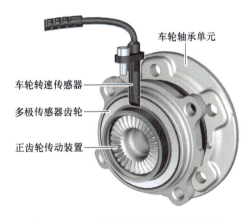

车轮轴承单元

车轮转速传感器

多极传感器齿轮

正齿轮传动装置

图 9-12　F49 PHEV 中的车轮轴承单元

图 9-13 所示为带有转向检测的车轮速度传感器发出的信号。为了正常发挥各自的功能，各类辅助系统均需提供车轮转速、车轮静止及转向相关的信息。这种信息从带有转向检测的车轮转速传感器通过数据记录（曼彻斯特编码）传送至 DSC 控制单元。车轮旋转信息通过 28mA 电流输出。转向相关的信息通过 14mA 电流输出。如果车轮静止，28mA 降至 14mA。

车轮转速通过"车轮转动"信号频率判定。动态稳定控制系统（DSC）根据车轮转速恒定计算当前的滑移曲线。滑移曲线是再生制动和液压制动的重要输入变量。

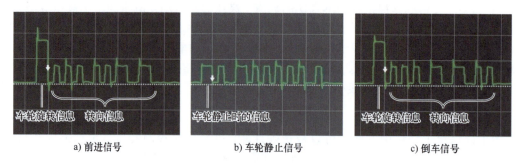

a) 前进信号　　　　　　　b) 车轮静止信号　　　　　　　c) 倒车信号

图 9-13　F49 PHEV 中带有转向检测的车轮速度信号

转速相关的车轮角度及车轮转速信号的频率会随着车轮尺寸而变化。如果前桥和后桥使用的车轮 / 轮胎组合的差别较大，禁止在极限条件下使用再生制动。为了避免汽车驾驶状况出现不稳定，存在已保存的滑移曲线的条件下不会执行再生制动。在这种情形中，完全由液压制动系统提供全部制动动力。

如果使用未经审批的车轮 / 轮胎组合，禁止使用再生制动系统。

五、F15 PHEV 温度传感器

宝马 F15 PHEV 的混合动力系统是并联式混合动力系统。发动机和电机均与驱动齿轮机械连接。驱动车辆时不仅可以单独而且也可以同时使用两种驱动系统。电机的主要组件包括转子、定子、接口、转子位置传感器以及冷却系统。

1. 电机的转子和定子

如图 9-14 所示，宝马 F15 PHEV 的电机采用内部转子结构。"内部转子"表示带有永久磁铁的转子以环形方式布置在内侧。可产生磁场的绕组布置在外侧，构成定子。F15 PHEV 的电机有 8 对磁极。转子通过一个法兰支撑在转子空心轴上，空心轴以形状连接的方式与变速器的输入轴连接。

2. 电机上的接口

如图 9-15 所示，在自动变速器的壳体上有温度传感器接口、冷却液接口、转子位置传感器电气接口以及高电压接口。

系统通过高电压接口为电机绕组提供电能，如图 9-16 所示。高电压接口通过一根三相屏蔽高电压导线将电机控制器与电机连接在一起。高电压插头拧在电机控制器和电机上。不允许对高电压导线进行修理，损坏时必须更换导线。

3. 电机上传感器的结构

（1）结构　为确保电机控制器正确计算和产生定子内绕组电压的振幅和相位，必须知道准确的转子位置。这项任务由转子位置传感器来执行。该传感器与同步电机结构类似，带有一个特殊形状的转子（与电机转子连接在一起）和一个定子（与电机定子连接在一起）。通过转子在定子绕组内转动产生的感应相电压由电机控制器进行分析，从而计算出转子位置及角度。

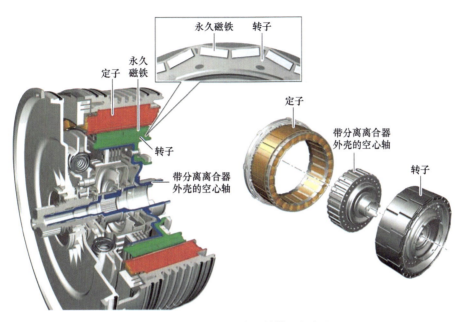

图 9-14 F15 PHEV 电机的转子和定子

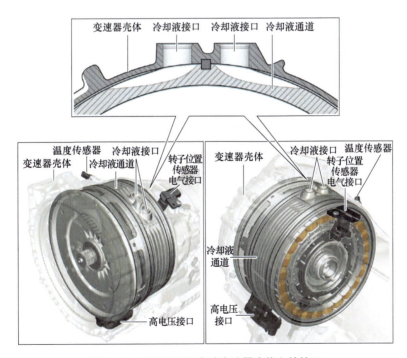

图 9-15 F15 PHEV 自动变速器壳体上的接口

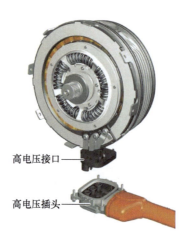

图 9-16　电机高电压接口

高电压接口

高电压插头

　　电机上的传感器如图 9-17 所示。电机在运行时电机组件不得超过特定温度。通过一个温度模型和一个温度传感器来监控电机温度。该传感器设计为采用负温度系数（NTC）的可变电阻，测量自动变速器壳体上的冷却液输出温度。NTC 越热，其电阻越小。

　　电机控制器分析温度传感器信号并将其与温度模型计算值进行比较，如果电机温度接近最大允许值，就会根据需要降低电机功率。在定子绕组上不再安装单独的温度传感器。

　　（2）维修　更换自动变速器或电机控制器时，需借助诊断系统校准转子位置传感器。

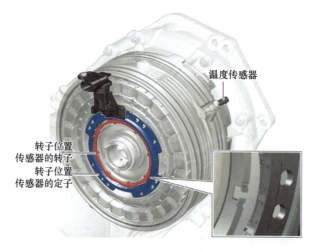

温度传感器

转子位置
传感器的转子
转子位置
传感器的定子

图 9-17　电机上的传感器

第十章

智能网联汽车传感器

::::: **第一节 智能驾驶感知传感器** :::::

一、环境感知传感器的类型

智能网联汽车通过传感器来感知信息，环境感知传感器主要有超声波传感器、毫米波雷达、激光雷达和视觉传感器等。

1. 超声波传感器

超声波传感器主要用于短距离探测物体，它不受光照影响，但测量精度受测量物体表面形状、材质的影响较大，在智能网联汽车上主要用于自动辅助泊车，其结构简单、体积小、成本低，如图10-1所示。

2. 毫米波雷达

毫米波雷达是智能网联汽车上应用最广泛、也是最重要的传感器之一，主要有用于短程的24GHz毫米波雷达和中远程的77GHz毫米波雷达，如图10-2所示。毫米波雷达可以准确检测前方障碍物的距离和速度信息，抗干扰能力强，具备较强的穿透雾、烟、灰尘的能力，并且其受天气情况和夜间的影响较小、体积较小。但由于行人的反射波较弱，因此毫米波雷达难以探测行人。

图10-1 超声波传感器

图10-2 车载毫米波雷达

3. 激光雷达

激光雷达是无人驾驶汽车必备的传感器，根据自动驾驶级别，可以配备不同线束的激光雷达。激光雷达点云图如图 10-3 所示。激光雷达分为单线束和多线束激光雷达，多线束激光雷达通过点云来建立周边环境的 3D 模型，可以检测出包括车辆、行人、树木和路沿等细节。激光雷达能够直接获取物体的 3D 距离信息，其测量精度高、对光照环境变化不敏感、抗干扰能力强，是智能网联汽车发展的最佳技术路线，但是成本较高。

图 10-3　激光雷达点云图

4. 视觉传感器

视觉传感器包括单目摄像头（图 10-4）、双目摄像头（图 10-5）、三目摄像头（图 10-6）和环视摄像头。单目摄像头、双目摄像头、三目摄像头主要应用于中远距离场景，能识别清晰的车道线、交通标识、障碍物和行人等，但对光照和天气等条件很敏感，而且需要复杂的算法支持，对处理器的要求也比较高。

图 10-4　单目摄像头

图 10-5　双目摄像头

图 10-6　特斯拉的三目摄像头

环视摄像头主要用于短距离场景，可识别障碍物，同样对光照和天气等外在条件很敏感。

前文提到的三款视觉传感器所用的镜头都是非鱼眼的，环视摄像头的镜头是鱼眼镜头，而且安装位置是朝向地面的，如图 10-7 所示。目前某些高档车型上已经具备"360°全景显示"功能，所用到的就是环视摄像头。

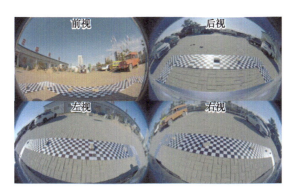

图 10-7　鱼眼镜头采集图像

不同环境感知传感器的感知范围不同，如图 10-8 所示，它们均有各自的优点和局限性。现在的发展趋势是通过传感器信息融合技术，弥补单个传感器的缺陷，提高整个智能驾驶系统的安全性和可靠性。

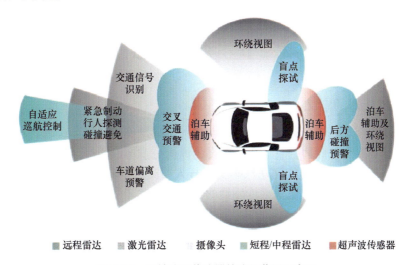

图 10-8　环境感知传感器的感知范围示意图

二、车载传感器的整合介绍

如图 10-9 所示，在实际生活中，由于复杂的交通环境、天气及驾驶人行为的不确定性，单一传感器难以应对全天候、全场景的驾驶环境，同时单一传感器失效有可能带来致命危险。基于以上原因，仅依赖某一种类型传感器获得数据往往是不可靠的，且探测范围有限，容易出现时空盲区。为了保证环境感知系统能实时获得可靠的数据，自动驾驶汽车一般采用多种传感器同时采集数据。

如图 10-10 所示，车载传感器是自动驾驶系统中感知外部世界的关键，它们就像车辆的"眼耳口鼻"帮助车辆感知外部世界，听觉、视觉等缺一不可，这几种感知的协作性能也直接决定了自动驾驶车辆的安全性。例如，蔚来 ET7 中搭载了 33 个传感器，使用同一个系统来采集并处理数据，对这些传感器统一坐标系和时钟信息，目的就是为了实现三同一不同：同一个目标在同一个时刻出现在不同类别传感器的同一个世界坐标处。

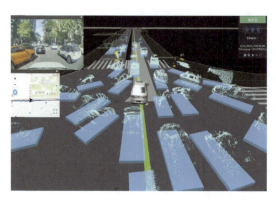

图 10-9　实际出行的复杂路况

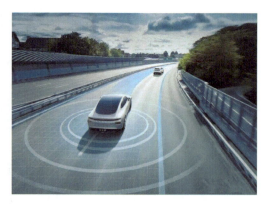

图 10-10　车载传感器的探测

数据融合的前提是各个传感器之间的标定，其目的是实现各个传感器坐标系之间的转换，将不同传感器映射到同一时空参考系中。不同传感器的数据频率是不同的，如激光雷达为 10Hz，摄像头为 25/30Hz，因此不同传感器之间的数据存在延迟。

第二节　视觉传感器

一、视觉传感器的定义

视觉传感器是利用光学元件和成像装置获取外部环境图像信息的仪器，与人类视觉最为接近。视觉传感器拥有较广的垂直场角、较高的纵向分辨率，同时可以提供物体颜色以及纹路等信息。这些信息有助于智能网联汽车实现行人检测、车辆识别、交通标志识别等任务。通常用图像分辨率与精度来描述视觉传感器的性能，以此来估算目标物体与车辆之间的相对距离和相对速度。

视觉传感器主要由光源、镜头、图像传感器、模数转换器、图像处理器和图像存储器等组成。它的主要功能是获取足够的机器视觉系统要处理的原始图像。通常把光、摄像机、图像处理器和标准的控制与通信接口等集成为一体的视觉传感器称为一个智能图像采集与处理单元。图 10-11 所示为视觉传感器的组成。

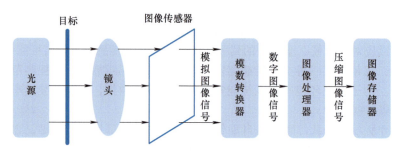

图 10-11　视觉传感器的组成

第十章

二、视觉传感器的特点

在智能网联汽车中，视觉传感器主要是为了测量车辆与障碍物之间的距离，并识别出障碍物。随着时代的发展与科技的需要，还衍生出了多摄像头视觉传感器。视觉传感器具有以下特点：

（1）信息量极为丰富　视觉图像的信息量极为丰富，尤其是彩色图像，不仅包含视野内物体的距离信息，而且还有该物体的颜色纹理、深度和形状等信息，如图10-12所示。

（2）实时获取场景信息　在视野范围内可同时实现道路检测、车辆检测、行人检测、交通标志检测、交通信号灯检测等，信息获取面积大。当多辆智能网联汽车同时工作时，不会出现互相干扰的现象。

（3）多任务检测　视觉信息获取的是实时的场景图像，提供的信息不依赖于先验知识（比如GPS导航依赖电子地图的信息），有较强的适应环境的能力。

（4）应用领域广泛　视觉传感器应用广泛，在智能网联汽车中可用于前视、后视、侧视、内视、环视等。以前视为例，夜视、车道偏离预警、碰撞预警、交通标志识别等要求视觉系统在各种天气路况条件下，能够清晰识别车道线、车辆、障碍物、交通标志等，如图10-13所示。

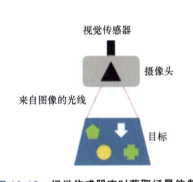

图10-12　视觉传感器实时获取场景信息

图10-13　视觉传感器获取路面信息

三、视觉传感器的类型

1. 单目视觉传感器

单目视觉传感器（单目摄像头）只包含一个摄像机和一个镜头。由于很多图像算法的研究都是基于单目视觉传感器开发的，因此相对于其他类别的车载视觉传感器，车载单目视觉传感器的算法成熟度更高。图10-14所示为车载单目视觉传感器。单目视觉传感器具有成本低、帧速率高、信息丰富、检测距离远等优点，但易受光照、气候等环境影响，缺乏目标距离等深度信息，对目标速度的测量也不够可靠。

2. 双目视觉传感器

由于单目测距存在缺陷，因此产生了双目视觉传感器，如图10-15所示。双目视觉传感器（双目摄像头）包含两个摄像机和两个镜头。相近的两个摄像机拍摄物体时，会得到同一物体在相机成像平面的像素偏移量。基于像素偏移量、相机焦距和两个车载视觉传感器的实际距离等信息，通过数学运算即可计算出到物体的距离。

图 10-14　车载单目视觉传感器

图 10-15　车载双目视觉传感器

双目摄像头兼具了图像和激光测量的特点，但也有自身安装、标定和算法方面的挑战。在实际应用中，双目摄像头可以获取的点云数量远多于激光雷达，但是需要强大的算法适配才能进一步进行分类、识别和目标跟踪，同时也需要具有较强计算力的嵌入式芯片，才能使其优势得到发挥。

3. 红外摄像头

由于夜间可见光成像的信噪比较低，因此视觉传感器夜间成像效果不佳，而红外夜视系统可以弥补光照不足条件下视觉传感器的缺点。在光谱中，波长为 0.76 ～ 400μm 的一段称为红外线，红外线是不可见光线。所有温度高于 0K 的物体都可以产生红外线，现代物理学称之为热辐射。传统红外摄像头如图 10-16 所示。红外夜视系统可分为主动夜视和被动夜视两种类型。

（1）主动夜视系统的工作原理　主动红外传感器的发射机发出一束经调制的红外光束，被红外接收机接收，从而形成一条红外光束组成的警戒线。当遇到树叶、雨、小动物、雪、沙尘、雾等遮挡不应发出警告，而人或相当体积的物品遮挡则应发出警告。主动红外探测器技术主要采用一发一收，属于线形防范，现在已经从最初的单光束发展到多光束，而且还可以双发双收最大限度地降低误报率，从而增强该系统的稳定性和可靠性。

由于红外线属于环境因素不相干性良好（对于环境中的声响、雷电、振动、各类人工光源及电磁干扰源，具有良好的不相干性）的探测介质，同时其目标因素相干性好（只有阻断红外射束的目标，才会触发警告），所以主动红外传感器将会得到进一步的推广和应用。图 10-17 所示为主动红外夜视技术工作流程。

图 10-16　红外摄像头

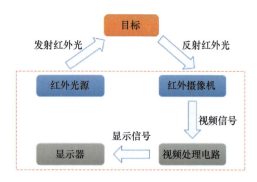

图 10-17　主动红外夜视技术的工作流程

（2）被动夜视系统的工作原理　被动红外传感器是靠探测物体发射的红外线工作的。传感器收集外界的红外辐射，进而聚集到红外传感器上。红外传感器通常采用热释电元件，这种元件在接收了红外辐射热量发生变化时就会向外释放电荷，经检测处理后发出警告。这种传感器是以探测人体辐射为目标的，所以辐射敏感元件对波长为 10μm 左右的红外辐射必须非常敏感。为了对人体的红外辐射敏感，在它的辐射照面通常覆盖有特殊的滤光片，以免受到环境的干扰。这类夜视仪也称为热像仪。图 10-18 所示为被动红外夜视技术的原理。

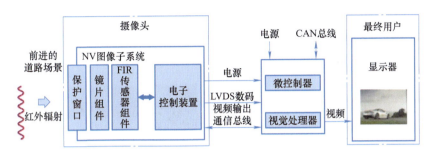

图 10-18　被动红外夜视技术的原理

（3）特点　红外夜视系统是视觉传感器的一个独特分支，图像处理算法在处理远红外夜视像过程中依然能够发挥作用，因此红外夜视系统能够像可见光摄像头一样，获取环境中的目标大小和距离等信息，在光照不足的条件下，对基于可见光的视觉传感器的应用是一种有效的补充。

4. 环视摄像头

前三款视觉传感器所采用的摄像头都是非鱼眼的，环视视觉传感器（环视摄像头）的摄像头则是鱼眼摄像头，如图 10-19 所示。环视摄像头安装于车辆前方、车辆左右后视镜下和车辆后方。鱼眼摄像头采集到的图像与图 10-20 类似。通过标定值，进行图像的投影变换，可将图像还原成俯视图的样子。然后对 4 个方向的图像进行拼接，再在 4 幅图像的中间放上一张车的俯视图，即可实现从车顶往下看的效果。

图 10-19　鱼眼摄像头

图 10-20　鱼眼摄像头采集到的图像

四、视觉传感器的功能

视觉传感器具有车道线识别、障碍物检测、交通标志和地面标志识别、交通信号灯识别、可行空间检测等功能。

1. 车道线识别

车道线识别是智能网联汽车和自动驾驶汽车的关键功能，车道线识别主要采用视觉传感器获得车道位置，如图 10-21 所示，使车辆行驶在正确的道路上，并避免驶入其他车道，防止驾驶人/车辆偏离车道。

2. 障碍物检测

障碍物检测在行车道路上也是十分重要的，常见的障碍物有汽车、行人、自行车、动物、建筑物等。视觉传感器检测障碍物如图 10-22 所示，有了障碍物信息，可为行车安全提供巨大保障。

图 10-21 视觉传感器检测车道线

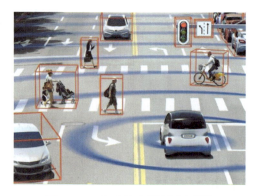

图 10-22 视觉传感器检测障碍物

3. 交通标志和地面标志识别

交通标志和地面标志作为道路特征为高精度地图进行辅助定位，基于感知结果可以更新地图。交通标志识别如图 10-23 所示。

4. 交通信号灯识别

交通信号灯的检测与识别是无人驾驶与辅助驾驶必不可少的功能，其识别精度直接关乎智能驾驶的安全性。

5. 可行空间检测

可行空间表示无人驾驶汽车可以正常行驶的区域，如图 10-24 所示。

图 10-23 交通标志识别

图 10-24 可行空间检测

五、视觉传感器的环境感知流程

视觉传感器的环境感知流程如图 10-25 所示，一般包括图像采集、图像预处理、图像特征提取、图像模式识别、结果传输等，根据具体识别对象和采用的识别方法不同，环境感知流程也会略有差异。视觉传感器环境感知流程的具体内容见表 10-1。

图 10-25　视觉传感器的环境感知流程

表 10-1　视觉传感器环境感知流程的具体内容

流程步骤	视觉传感器环境感知流程的具体内容
图像采集	图像采集主要是通过摄像头采集图像，如果是模拟信号，要把模拟信号转换为数字信号，并把数字图像以一定的格式表现出来
图像预处理	图像预处理包含图像压缩、图像增强与复原、图像分割等，要根据具体实际情况进行选择
图像特征提取	为了完成图像中目标的识别，要在图像分割的基础上，提取需要的特征，并将这些特征计算、测量、分类，以便于计算机根据特征值进行图像分类和识别
图像模式识别	图像模式识别的方法很多，从图像模式识别提取的特征对象来看，图像识别方法可分为基于形状特征的识别技术、基于色彩特征的识别技术以及基于纹理特征的识别技术等
结果传输	通过环境感知系统识别出的信息，传输到车辆其他控制系统或者传输到车辆周围的其他车辆，以完成相应的控制功能

六、视觉传感器在智能网联汽车上的应用场景

生物学研究表明，人类获取的外界信息中，75% 依靠视觉系统。而在驾驶环境中，这一比例甚至高达 90%。如果能够将视觉传感器系统应用到智能网联汽车领域，将会大幅度提高自动驾驶的准确性。视觉传感器应用在整个环境感知系统中占据了非常重要的地位，在智能网联汽车上的应用主要有两大类，分别是感知能力和定位能力。感知能力是实现对智能网联汽车各种环境信息的感知。定位能力主要采用视觉 SLAM 技术，根据提前建好的地图和实时的感知结果进行匹配，从而获取智能网联汽车的当前位置。

1. 视觉传感器的安装位置

由于具有成本相对较低、算法成熟度高、体积小、功能多样化等优势，智能网联汽车上的视觉传感器安装数量较多，图 10-26 所示为视觉传感器在智能网联汽车上的安装位置及对应功能示意图。图 10-26 所示的车中包含 1 个内置摄像头、1 个前视摄像头、1 个行车记录仪摄像头、1 个倒车后视摄像头、2 个侧试摄像头和 2 个环视摄像头。

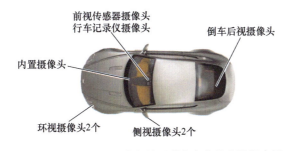

图 10-26　视觉传感器在智能网联汽车上的安装及应用

2. 视觉传感器的感知能力

视觉传感器可提供的感知能力主要有车道线识别、障碍物识别、交通标志识别道路标志识别、交通信号灯识别、可行驶区域识别、周围车辆感知、交通状况感知道路状况感知、车辆本身状态感知等。视觉传感器在智能网联汽车上的具体应用如图 10-27 及表 10-2 所示。

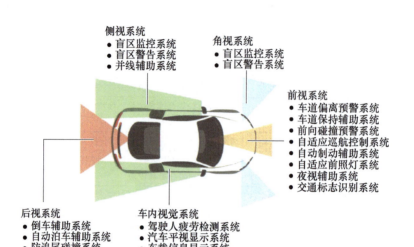

图 10-27 视觉传感器在智能网联汽车上的具体应用

表 10-2 视觉传感器在智能网联汽车上的具体应用

ADAS	摄像头位置	具体功能
车道偏离预警系统	前视	当前摄像头检测到车辆即将偏离车道线时发出警告
盲区监控系统	侧视	利用侧视摄像头将后视镜盲区的影像显示在后视镜或驾驶舱内
自动泊车辅助系统	后视	利用后视摄像头将车尾影像显示在驾驶舱内
全景泊车系统	前视、侧视、后视	利用图像拼接技术将摄像头采集的影像组成周边全景图像
驾驶人疲劳预警系统	内置	利用内置摄像头检测驾驶人是否疲劳、闭眼等
行人碰撞预警系统	前视	当前视摄像头检测到车辆与前方行人可能发生碰撞时发出警告
车道保持辅助系统	前视	当前视摄像头检测到车辆即将偏离车道线时，通知控制中心发出指示，纠正行驶方向
交通标志识别系统	前视、侧视	利用前视、侧视摄像头识别前方和两侧的交通标志
前向碰撞预警系统	前视	当前视摄像头检测到与前车距离小于安全距离时，发出警告

第三节　毫米波雷达

一、毫米波雷达的发展历程及定义

1. 发展历程

毫米波雷达的研制是从 20 世纪 40 年代开始的。到了 20 世纪 50 年代，美国出现了用于机场交通管制和船用导航的毫米波雷达，但由于功率效率低，传输损失大，因此毫米波雷达的发展受到了限制。

20 世纪 60 年代，美国 NHTSA 对毫米波雷达和制动系统组合系统进行了验证研究，毫米波雷达开始在车载领域中应用。到 20 世纪 70 年代后期，毫米波技术有了很大的进展，研制成功了一些较好的功率源，应用于许多重要的民用和军用系统中，如近程高分辨力防空系统、导弹制导系统、目标测量系统等。80 年代后期，欧洲在"欧洲高效安全交通系统规划（PROMETHEUS）"指导下重新开始了车载毫米波雷达的研制；1986 年，汽车毫米波防撞雷达研究开始活跃起来，单脉冲和连续波两种形式的雷达已在美、日、欧汽车中广泛应用；1999 年，奔驰率先开始在 S 级轿车上采用 77GHz 自主巡航控制系统；如今，随着汽车市场需求及技术进步，车载毫米波雷达进入了蓬勃发展时期。

2. 定义

毫米波雷达是工作在毫米波波段探测的雷达。毫米波的频域在 30 ~ 300GHz（波长为 1 ~ 10mm）。毫米波的波长介于微波和厘米波之间，因此毫米波雷达兼有微波雷达和光电雷达的一些优点。毫米波雷达的外观如图 10-28 所示。

毫米波雷达的组成如图 10-29 所示，包括发射模块、接收模块、信号处理模块以及天线。毫米波雷达在工作状态时，发射模块生成射频电信号，通过天线将电信号（电能）转化为电磁波发出，接收模块接收到射频信号后，将射频信号转换为低频信号，再由信号处理模块从信号中获取距离、速度和角度等信息。

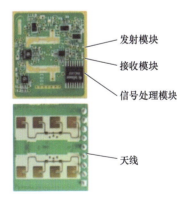

发射模块
接收模块
信号处理模块

天线

图 10-28　毫米波雷达的外观

图 10-29　毫米波雷达的组成

二、毫米波雷达的类型

毫米波雷达被认为是 ADAS 和自动驾驶不可缺少的传感器，尤其是在追求高级别自动驾驶的背景下，一辆智能汽车至少要搭载 5 颗毫米波雷达：1 颗正向雷达 +4 颗角雷达。毫米波雷达按安装位置可分为正向雷达和角雷达，按频率划分可细分为 24GHz、77GHz 和 79GHz，目前我国的毫米波雷达在往 76 ～ 79GHz 发展，此前主流的毫米波雷达是 24GHz。随着技术的发展，4D 毫米波雷达也开始登场。不同频段的毫米波雷达有着不同的性能。毫米波雷达的工作机制如图 10-30 所示。

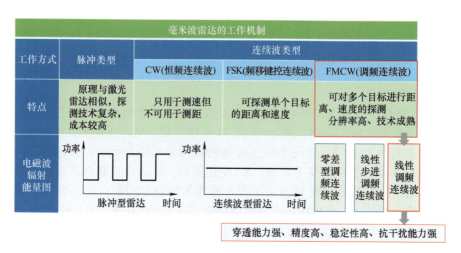

图 10-30　毫米波雷达的工作机制

1. 按辐射电磁波方式分类

根据辐射电磁波方式的不同，毫米波雷达主要有脉冲式和连续波式两种工作模式。其中连续波又可以分为频移键控、相移键控、恒频连续波、调频连续波等方式，不同频段的示意图如图 10-30 所示。

2. 按频率分类

（1）24GHz 频段　如图 10-31 所示，24GHz 频段上雷达的检测距离有限，因此常用于检测近处的障碍物（车辆），在自动驾驶系统中常用于感知车辆近处的障碍物，为换道决策提供感知信息，在 ADAS 中可用于盲点检测、变道辅助等。

（2）77GHz 频段　77GHz 的毫米波雷达相较于 24GHz 提高了距离精度及分辨率，同时减小传感器的尺寸提高了集成度。77GHz 雷达的最大检测距离可以达到 160m 以上，因此常被安装在前保险杠上，正对汽车的行驶方向。长距离雷达能够用于实现紧急制动、自适应巡航等 ADAS 功能，同时也能满足自动驾驶领域对障碍物距离、速度和角度的测量需求。

图 10-31　不同频段的示意图

（3）79GHz 频段 该频段的传感器能够实现的功能和 77GHz 一样，也是用于长距离的测量。根据公式：光速 = 波长 × 频率，频率更高的毫米波雷达，其波长更短。波长越短，意味着分辨率越高；而分辨率越高，意味着在距离、速度、角度上的测量精度更高。因此 79GHz 的毫米波雷达必然是未来的发展趋势。

4D 毫米波雷达可以获得目标障碍物的距离、速度、方位角及俯仰角等信息，相较于普通毫米波雷达增加了俯仰角的测量信息，如图 10-32 所示。另外，4D 毫米波雷达的角分辨率较高，可输出大量的测量点，相较于普通毫米波雷达测量范围也延长到了 300m，如图 10-33 所示，但同时这也是一项新技术，暂未应用到实车上。

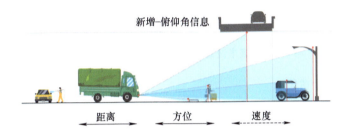

图 10-32 4D 毫米波雷达增加了俯仰角的测量信息

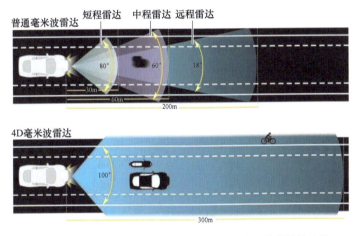

图 10-33 4D 毫米波雷达与普通毫米波雷达测量范围的比较

三、毫米波雷达的布置位置

毫米波雷达在智能网联汽车上的布置位置如图 10-34 所示，具体涉及正向毫米波雷达布置、侧向毫米波雷达布置、毫米波雷达布置的高度。

1. 正向毫米波雷达布置

正向毫米波雷达一般布置在车辆中轴线上，外露或隐藏在保险杠内部。雷达波束的中心平面要求与路面基本平行，考虑雷达系统误差、结构安装误差、车辆载荷变化后需保证与路面夹角的最大偏差不超过 5°。

另外，在某些特殊情况下，正向毫米波雷达布置在车辆中轴线上时，允许正 Y 向最大偏置距离为 300mm，偏置距离过大会影响毫米波雷达的有效探测范围。

第十章

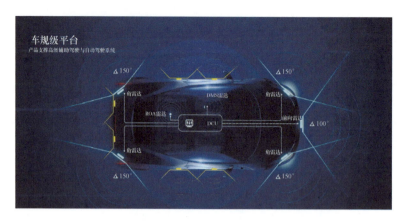

图 10-34　毫米波雷达在智能网联汽车上的布置位置

2. 侧向毫米波雷达布置

侧向毫米波雷达在车辆四角呈左右对称布置，前侧向毫米波雷达与车辆行驶方向成 45° 夹角，后侧向毫米波雷达与车辆行驶方向成 30° 角，雷达波束的中心平面与路面基本平行，角度最大偏差仍需控制在 5° 以内。

3. 毫米波雷达布置高度

毫米波雷达在 Z 方向探测角度一般只有 5°，雷达安装高度太高会导致盲区增大太低，也会导致雷达波束射向地面，地面反射会带来杂波干扰，从而影响雷达的判断。因此，毫米波雷达的布置高度（即地面到雷达模块中心点的距离）一般建议在 500mm（满载状态）至 800mm（空载状态）之间，如图 10-35 所示。

图 10-35　毫米波雷达的布置高度

毫米波雷达在布置时，还需要兼顾考虑其他因素，如雷达区域外造型的美观性对行人保护的影响、设计安装结构的可行性、雷达调试的便利性、售后维修成本等。

四、毫米波雷达的特点

毫米波雷达不受雨雾、扬尘、光照等条件影响，具有极强的穿透性，可实现全天候工作，且毫米波雷达探测距离相对较长、造价较低。以博世第五代雷达至尊版为例，如图 10-36 所示，此款毫米波雷达的核心特点如下。

1）精度高、抗干扰。同微波雷达相比，毫米波雷达具有体积小、质量小和空间分辨率高的特点。在天线口径相同的情况下，毫米波雷达有更窄的波束（一般为毫弧度量级）可提高雷达的角分辨能力和测角精度，并且有利于抗杂波干扰和多路径反射干扰等。

2）全天候、全天时。与红外、视频、激光等光学传感器相比，毫米波雷达穿透雾烟、灰尘的能力强，具有全天候、全天时的特点。

3）高分辨、多目标。由于工作频率高，能得到大的信号带宽和多普勒频移，有利于提高距离和速度的测量精度和分辨能力，并能分析目标细节特征。同时，毫米波雷达能识别很小的目标，并且能同时识别多个目标，因此具有很强的空间分辨和成像能力。

图 10-36　博世第五代雷达至尊版（4D 成像雷达）

4）敏感性高、误报率低。系统敏感性高，错误误报率低，不易受外界电磁噪声的干扰。

5）可测速、可测距。采用调频连续波，能同时测出多个目标的距离和速度，并可对目标连续跟踪，甚至是静止目标也可保持跟踪不丢失。

6）高频率、低功率。具有更高的发射频率，更低的发射功率。

7）距离远、实时性高。测量距离远，达到双向 12 车道 200m，同时 38Hz 26ms 的检测频率具有极强的实时性。

第四节　激光雷达

一、激光雷达的定义

激光雷达（Light Detection and Ranging，LiDAR）如图 10-37 所示，是一种光学遥感传感器，它通过向目标物体发射激光，然后根据接收 – 反射的时间间隔确定目标物体的实际距离，并且根据距离及激光发射的角度，通过几何变化推导出物体的位置信息。激光雷达是集激光、全球定位系统（Global Positioning System，GPS）和惯性测量装置（Inertial Measurement Unit，IMU）三大技术为一体的系统，能够确定物体的位置、大小、运动速度、外部形貌甚至材质。

图 10-37　多线激光雷达

激光雷达采集到的物体信息呈现出一系列分散的、具有准确角度和距离信息的点称为点云。图10-38所示为多线激光雷达扫描的不同类型障碍物的点云图，包括汽车人、墙、树木、公交车和小货车等。

图10-38　多线激光雷达的点云图

与传统雷达使用无线电波相比，LiDAR使用激光，其波长一般在600 ～ 1000nm，远低于传统雷达所使用的波长。因此，LiDAR在测量物体距离和表面形状时可达到更高的精准度，一般精准度可以达到厘米级。由于激光的传播受外界环境影响较小，LiDAR能够检测的距离一般可达100m以上。

二、激光雷达的基本组成

激光雷达由发射光学系统、接收光学系统、主控及处理电路板、探测器接收电路模块、激光器及驱动模块组成。图10-39所示为单线激光雷达零件分解图。图10-40所示为多线激光雷达零件分解图。

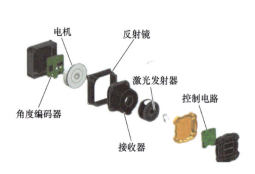

图10-39　单线激光雷达零件分解图

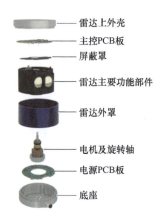

图10-40　多线激光雷达零件分解图

三、激光雷达的类型

当前，激光雷达可按线束和扫描方式划分，下面介绍常见的激光雷达类型。

1. 按线束划分

1）单线激光雷达。单线激光雷达只能完成平面扫描，其扫描速度快、分辨率和可靠性高，目前主要应用于服务机器人等对高度信息要求不高，以及需要测距、需要规避障碍物的场景，如图10-41所示。

2）多线激光雷达。多线激光雷达是指同时发射及接收多束激光的激光旋转测距雷达，它可识别物体的高度信息，但因造价昂贵，目前主要用于自动驾驶等领域，如图 10-42 所示。

图 10-41 单线激光雷达扫描

图 10-42 多线激光雷达扫描

2. 按扫描方式划分

激光雷达按扫描方式大体可以分为 3 种类型：机械式、固态式和混合固态式。目前机械式最为常用，固态式属于未来的发展方向，混合固态式是机械式和固态式的折中方案，现阶段量产车主要搭载混合固态式激光雷达。

（1）机械旋转式激光雷达 这种激光雷达发射系统和接收系统存在物理意义上的转动，不断地旋转发射器将激光点变成线，并在竖直方向上排布多束激光发射器形成面。实现 3D 扫描目标的机械旋转式激光雷达内部结构复杂，主要包括激光器、扫描器、光电探测器以及位置和导航器件，如图 10-43 所示。由于它是通过复杂的机械结构来实现高频准确的转动，其硬件成本高，且很难保持长时间稳定运行，使用寿命多为 2 万～3 万 h（正常使用 2～3 年），因此固态激光雷达成为很多公司的研究对象。

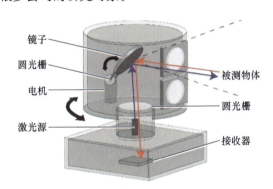

图 10-43 机械旋转式激光雷达的内部结构

（2）转镜激光雷达（混合固态） 转镜激光雷达类似于机械旋转式激光雷达，其收发模块不动，通过电动机带动转镜运动，将激光反射到不同的方向实现一定范围内激光的扫描，如图 10-44 所示。目前转镜激光雷达方案较成熟，易于通过车规，是目前自动驾驶汽车上应用较多的方案，相比于纯机械旋转式激光雷达，它的机械结构简单、体积相对较小、易于量产。

（3）微机电系统激光雷达（混合固态） 这种激光雷达通过微振镜代替机械式旋转装置，由微振镜反射激光形成较广的扫描角度和较大的扫描范围。相比机械式，微机电系统（Micro-Electro-Mechanical System，MEMS）激光雷达具有芯片化、无机械组件等优点，兼顾了车规量产与高性能的需求。例如，大疆的 Livox HAP 采用一边厚一边薄的双楔形棱镜方案，通过两个棱镜转速的调整改变激光扫描方向，无须多个模组拼接就能实现更大的 FOV，以较少的收发单元，就能达到较高的点云密度，如图 10-45 所示。

图 10-44 奥迪 A8 上转镜激光雷达的结构

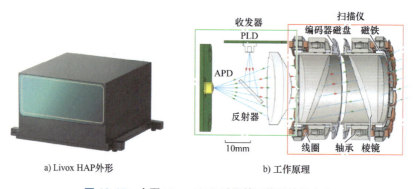

a) Livox HAP外形

b) 工作原理

图 10-45 大疆 Livox HAP 采用的双楔形棱镜方案

（4）泛光面阵式激光雷达（Flash，固态） 泛光面阵式是目前全固态激光雷达中较为成熟的技术（原理类似相机），它可以短时间直接发出一大片覆盖探测区域的激光，以高灵敏度的接收器完成周围环境的绘制，并能快速记录整个场景，避免了扫描过程中雷达或目标移动带来的影响，如图 10-46 所示。但是由于每次发射的光线会散布在整个视场内，因此只有小部分激光会投射到某些特定点，很难进行远距离探测。

图 10-46 泛光面阵式激光雷达

（5）光学相控阵式激光雷达（OPA，固态）　光学相控阵式激光雷达采用多个光源组成阵列，通过控制各光源发光时间差（相对相位），合成具有特定方向的主光束，加以控制便可实现不同方向的扫描，如图 10-47 所示。光学相控阵要求阵列单元尺寸不大于半个波长，目前激光雷达的工作波长均在 1000nm 左右，故阵列单元的尺寸不得大于 500nm，加工难度较大。

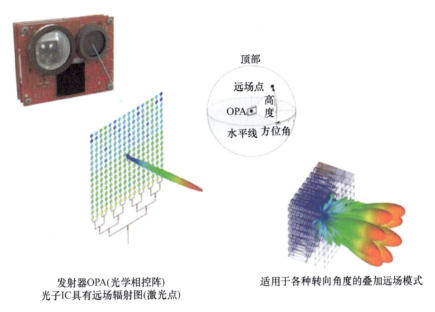

发射器OPA(光学相控阵)
光子IC具有远场辐射图(激光点)

适用于各种转向角度的叠加远场模式

图 10-47　OPA 固态激光雷达 S3 系列的工作原理

四、激光雷达的特点

相对于其他传感器来说，激光雷达主要有如下 4 个方面的优点。

1）具有极高的分辨率。激光雷达工作于光学波段，频率比微波高两三个数量级。因此，与微波雷达相比，激光雷达具有极高的距离分辨率、角分辨率和速度分辨率。

2）抗干扰能力强。激光波长短，可发射发散角非常小（μrad 量级）的激光束，多路径效应小（不会形成定向发射，与微波或者毫米波产生多路径效应），可探测低空超低空目标。

3）获取的信息量丰富。可直接获取目标的距离、角度、反射强度、速度等信息生成目标多维度图像。

4）可全天时工作。激光主动探测，不依赖于外界光照条件或目标本身的辐射特性。它只需发射自己的激光束，通过探测发射激光束的回波信号来获取目标信息。

不同种类的激光雷达也有不同的优缺点，见表 10-3。在固态激光雷达技术演进路线层面，基于 MEMS 式的固态激光雷达是最有希望快速落地的成熟方案，OPA 与 Flash 则是未来发展趋势。基于 OPA 的固态激光雷达尽管有着扫描速度快、精度高、可控性好的优点，但其生产难度较高；而 Flash 雷达虽然稳定性较好且成本较低，但其探测距离较近；相比之下，通过微振镜的方式改变单个发射器的发射角度进行扫描，由此形成面阵扫描视野的 MEMS 激光雷达，不仅技术上更容易实现，价格也更加可控，因此被主机厂一致看好。

表 10-3 各类激光雷达的优缺点

传感器种类	适合测距	体积	量产成本	技术成熟度
机械式	适合中远距离	大	机械结构复杂，成本很难下降	高
MEMS	适合中远距离	小	较低	中
Flash	适合近距离，远距离精度低	较小	低	中
OPA	适合中远距离	最小	目前成本很高，未来可能降低	低

五、激光雷达在智能网联汽车上的主要应用场景

智能网联汽车通过激光雷达对周边环境进行扫描识别，从而引导车辆行驶。激光雷达在智能网联汽车中起着类似于"眼睛"的功能，能够根据扫描到的点云数据快速绘制 3D 全景地图。

激光雷达的主要应用场景有障碍物分类、障碍物跟踪和高精度定位。

1. 障碍物分类

激光雷达对周围障碍物进行扫描，提取障碍物的形状特征，对比数据库原有的数据进行障碍物分类。如图 10-48 所示，激光雷达将小轿车、大货车和自行车等进行了分类。

2. 障碍物跟踪

激光雷达采用相关算法对比前后帧变化障碍物，利用同一障碍物的坐标变化，实现对障碍物的速度和航向的检测跟踪，可为后续避障提供可靠的数据信息，如图 10-49 所示。

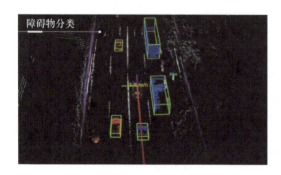

图 10-48 障碍物分类

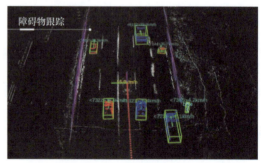

图 10-49 障碍物跟踪

3. 高精度定位

高精度定位的过程：首先，GPS 给定初始位置，通过惯性测量元件（IMU）和车辆的编码器（Encoder）可以得到车辆的初始位置，然后对激光雷达的局部点云信息，包括点线面的几何信息和语义信息进行特征提取，并结合车辆初始位置进行空间变换，获取基于全局坐标系下的矢量特征，接着将这些特征与高精度地图的特征信息进行匹配，获取一个准确的定位，如图 10-50 所示。

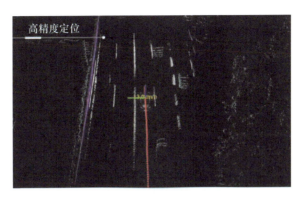

图 10-50　高精度定位

第五节　超声波传感器

一、超声波传感器的定义

超声波传感器是一种利用超声波测算距离的传感器装置。在车载传感器中，超声波传感器是目前最常见的传感器之一，在短距离测量中，超声波测距传感器具有非常大的优势，多用在倒车雷达上。在倒车入库，慢慢挪动车辆的过程中，在驾驶室内能听到"嘀嘀嘀"的声音，这些声音就是根据超声波传感器检测的距离反馈给驾驶人的信息。

车载超声波传感器一般安装在汽车的保险杠上方，隐藏在保险杠的某个位置，如图 10-51 中黄色箭头处的圆点所示。超声波传感器实物如图 10-52 所示。

图 10-51　超声波传感器的安装位置

图 10-52　超声波传感器的实物图

超声波传感器内部有一个发射头和一个接收头。在有效的检测距离内，发射头发射特定频率的超声波，遇到检测面反射部分超声波；接收头接收返回的超声波，由芯片记录声波的往返时间，并计算出距离值；超声波传感器可以通过模拟接口和 I2C 接口两种方式将数据传输给控制单元。一种小型超声波传感器如图 10-53 所示。

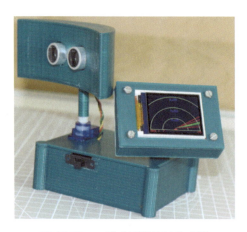

图 10-53 一种小型超声波传感器

二、超声波传感器的类别

常见的超声波传感器有两种：第一种是安装在汽车前后保险杠上，也就是用于测量汽车前后障碍物的倒车雷达，其被称为短程超声波传感器（Ultrasonic Parking Assistant，UPA）；第二种是安装在汽车侧面，用于测量侧方障碍物距离的超声波传感器，其被称为长程超声波传感器（Automatic Parking Assistant，APA）。

1. UPA 超声波传感器

UPA 超声波传感器的探测距离一般在 15 ～ 250cm 之间，主要用于测量汽车前后的障碍物，如图 10-54 所示。UPA 超声波传感器感测的距离较短，但是频率较高，通常为 58kHz，因此精度较高。

2. APA 超声波传感器

APA 超声波传感器也被称为自动泊车辅助（Automatic Parking Assistant，APA）传感器，探测距离一般在 30 ～ 500cm 之间，感测距离较长，但是频率较低，通常为 40kHz，因此精度一般，如图 10-55 所示。APA 超声波传感器探测距离的优势让它不仅能够检测左右侧的障碍物，而且还能根据超声波传感器返回的数据判断停车库位是否合适。

图 10-54 前后 UPA 超声波传感器

图 10-55 左右 APA 超声波传感器

一套倒车雷达系统需要在汽车后保险杠内配备 4 个 UPA 超声波传感器，自动泊车系统需要在倒车雷达系统基础上，增加 4 个 UPA 和 4 个 APA 超声波传感器，构成前 4（UPA）、侧 4

（APA）、后4（UPA）的布置格局。

三、超声波传感器的工作原理

超声波传感器通过发射并接收40kHz的超声波，根据发射和接收的时间差算出障碍物距离，它的测距精度是1～3cm。

采用超声波传感器测距时，超声波发射器先向外界某一个方向发射出超声波信号，在发射超声波的同时开始计时，超声波通过空气进行传播，传播途中遇到障碍物就会立刻反射回来，超声波接收器在收到反射波时立即停止计时。计时器通过记录时间可以测算出从发射点到障碍物之间的距离。在空气中超声波的传播速度一般为340m/s，计时器通过记录时间 t，就可以测算出从发射点到障碍物之间的距离 s，即 $s=340t/2$。倒车雷达的工作原理如图10-56所示。

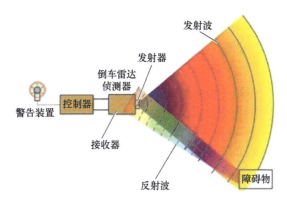

图 10-56 倒车雷达的工作原理

超声波传感器的数学模型如图10-57所示，其中 α 为超声波传感器的探测角，一般UPA的探测角为120°左右，APA的探测角为80°左右。β 为超声波传感器检测宽度范围的影响因素之一，该角度一般较小，一般UPA的 β 为20°左右，APA的 β 较为特殊为0°。R 也是超声波传感器检测宽度范围的影响因素之一，UPA和APA的 R 值差别不大，都在0.6m左右。D 是超声波传感器的最大量程，UPA的最大量程为2.5m，APA的最大量程至少是5m，目前已有超过7m量程的APA投入应用。

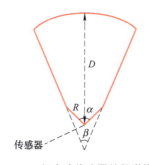

图 10-57 超声波传感器的数学模型

四、超声波传感器的基本特性

在实际使用中，超声波能量消耗较为缓慢。超声波传感器能够防水、防尘，即使有少量的泥沙遮挡也不影响探测。超声波传感器在介质中的传播距离较远、穿透性强、测距方法简单、成本低且不受光线的影响，拥有众多优点。在短距离测量中，超声波传感器测距有着非常大的优势。超声波是一种机械波，使得超声波传感器测距具有以下局限性。

1. 温度敏感

超声波传感器的测距原理和之前介绍的激光雷达、毫米波雷达类似，测得的距离 = 传播速度 × 传播时间 /2。不同的是，激光雷达和毫米波雷达的辐射速度都为光速，而超声波传感器的声波速度却跟温度有关。近似关系为：$C=C_0+0.607T$，其中 C 为声波速度（单位：m/s），C_0 为 0℃时的声波速度（332m/s），T 为温度（单位：℃）。例如，温度在 0℃时，超声波的传播速度为 332m/s；温度在 30℃时，超声波的传播速度为 350m/s。相同位置的障碍物，在不同温度的情况下，测量的距离不同。这对传感器精度要求极高的自动驾驶系统来说，或者将超声波传感器的测距进行保守计算，或者将温度信息引入自动驾驶系统，以提升测量精度。

2. 无法精确描述障碍物位置

如图 10-58 所示，处于 A 处和处于 B 处的障碍物都会返回相同的探测距离 d，所以在仅知道探测距离 d 的情况下，通过单个雷达的信息无法确定障碍物是在 A 处还是在 B 处。

综上分析，超声波传感器在智能网联汽车上主要用于低速、短程的距离测量，比如泊车、倒车和车辆起动时。

五、超声波传感器的发展趋势

1. "超声波传感器 + 视觉"搭载方案将成主流技术路线

从需求、智能化应用、技术发展路线、整车配置、成本等多方面考虑，"超声波传感器为基础 + 环视系统为辅助"将成为智能网联汽车行业未来发展的主流技术路线。同时"超声波传感器 + 视觉"搭载方案能以更高的性价比达到更高的安全要求，并为驾驶人带来良好的驾驶体验，如图 10-59 所示。

图 10-58 超声波传感器无法精确描述障碍物的位置

5m

前摄像头视野盲区

前视摄像头垂直 视野范围　　●前视摄像头　●超声波传感器　　前向超声波传感器 最远测距为5m

图 10-59 "超声波传感器 + 视觉"搭载方案

2. 高级超声波传感器将逐渐替代普通倒车雷达成为核心产品

未来，我国超声波传感器市场竞争格局将会出现两极分化的形态。

1）对于传统仅对障碍物距离做预判的普通倒车雷达产品，其特点是技术门槛较低、产品附加值不高。它的主要利润来自大规模的量产数量和有效降低的硬件及生产成本。但在未来几年内，其市场占有率预计会受到挤压。

2）根据焉知汽车的研究数据，支持紧急制动、错误加速、防撞等高级功能的超声波传感器产品，由于具备与视觉系统融合的基础条件，能实现 L2 级自动驾驶和智能泊车。随着该市场需求的增长，以及新车型的更新换代，具备高级功能超声波传感器的市场占有率将会爆发性增长。

六、超声波传感器的应用场景

由于超声波具有易于定向发射、成本低、强度易控制、与被测量物体不需要直接接触，以及抗干扰能力强等优点，使得超声波传感器被广泛应用于生活中的各个领域。

1.辅助驾驶

在智能网联汽车的应用中，超声波传感器一般应用于汽车的辅助驾驶和泊车等场景，比如在车辆泊车辅助系统中的应用，如图 10-60 所示。

图 10-60 超声波传感器用于泊车辅助

2.自然灾害监测

超声波传感器可用于自然灾害监测，运用超声波传感器高灵敏度及抗干扰能力强的特点，对某些自然灾害频发的区域进行监测，可及时采集由自然灾害（如泥石流地震）引起的地形数据，根据数据变化采取相应措施，如图 10-61 所示。

图 10-61 四川某景区采用超声波传感器监测泥石流

第十章

231

3. 液位计

超声波在不同介质中的传播速度不同,传播速度一般随物质密度的增大而增大,随物质密度的减小而减小,传播速度越大说明介质密度越大,所以超声波传感器可用于储液罐中液体高度监测,在密封的储液罐中安装带有超声波传感器的液位计可以准确测量储液罐内液体高度,如图10-62所示。

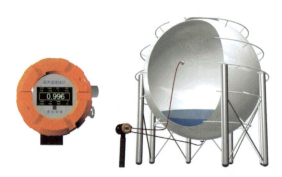

图 10-62 超声波传感器检测储液罐内液体高度

4. 机器人

超声波传感器还可以应用到机器人的避障系统中,由于超声波传感器的成本非常低,对工作环境要求简单,并且可以识别玻璃、镜面等透明物体,在机器人的避障系统中它与激光雷达配合使用,可大幅度提升机器人的性能,如图10-63所示。

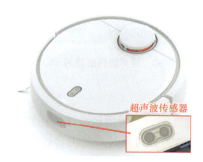

超声波传感器

图 10-63 超声波传感器应用于机器人的避障系统中

第六节 惯性导航传感器

一、惯性导航系统的定义

惯性导航系统(Inertial Navigation System,INS)简称为惯导,是一种不依赖于外部信息,也不向外部辐射能量,仅仅基于惯性测量单元,并使用软件对信息进行数据分析的自主式导航系统,它是以陀螺仪和加速度计为敏感器件的导航参数解算系统。

该系统根据陀螺仪的输出信号建立导航坐标系,根据加速度计输出解,算出运载体在导航坐标系中的速度和位置惯性导航系统,至少包括计算机及含有加速度计、陀螺仪或其他运动传感器的平台（或模块）。惯性测量单元（Inertial Measurement Unit，IMU）是测量物体三轴姿态角（或）以及加速度的装置，如图 10-64 所示。

简而言之，惯性导航系统属于一种推算导航系统，即从一已知点的位置根据连续测得的运动载体航向角和速度推算出其下一点的位置，因而可连续测出运动体的当前位置。

图 10-64　惯性测量单元

二、惯性导航系统的组成

惯性导航系统通常由惯性测量单元（IMU）、计算机、控制显示器等组成。

1. 惯性测量单元（IMU）

惯性测量单元（IMU）包括加速度计和陀螺仪，又称惯性导航组合。一般情况下，一个 IMU 包含 3 个单轴的加速度计和 3 个单轴的陀螺仪，也可能包含磁力计，见表 10-4。惯性测量单元自由度示意如图 10-65 所示。

表 10-4　IMU 的组合形式

自由度	组成	测量内容
6	3 轴加速度计 +3 轴陀螺仪	线性 + 旋转速率
9	3 轴加速度计 +3 轴陀螺仪 +3 轴磁力计	线性 + 旋转速率 + 磁场
10	3 轴加速度计 +3 轴陀螺仪 +3 轴磁力计 + 气压计	线性 + 旋转速率 + 磁场 + 高度

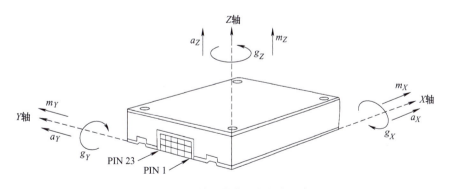

图 10-65　惯性测量单元自由度示意图

233

（1）加速度计 加速度计用于测量载体的运动加速度，然后用于计算载体的实时位置，是一个测量结构的振动或运动加速度的设备。在传统汽车上，它主要用于车辆电子稳定控制系统，以测量车辆的实际运动状态，加速度计由检测质量（也称敏感质量）、支承、电位计、弹簧、阻尼器和壳体组成，如图10-66所示。

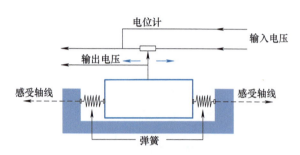

图 10-66　加速度计的示意图

检测质量受支承的约束只能沿一条轴线移动，这个轴常称为输入轴或感受轴。当仪表壳体随着运载体沿感受轴方向做加速运动时，根据牛顿定律，具有一定惯性的检测质量保持其原来的运动状态不变。检测质量与壳体之间将产生相对运动，使弹簧变形。于是检测质量在弹簧力的作用下随之加速运动。

当弹簧力与检测质量加速运动产生的惯性力相平衡时，检测质量与壳体之间便不再有相对运动，这时弹簧的变形反映被测加速度的大小。电位计作为位移传感元件把加速度信号转换为电信号，以供输出。加速度计本质上是一个一自由度的振荡系统，须采用阻尼器来改善系统的动态品质。

（2）陀螺仪 陀螺仪用来测量转动运动，可以测量瞬时角速率或角位置信息，提供各轴（及其上加速度计）在各时刻的方向。如图10-67所示，陀螺仪是一种绕支点高速旋转的物体，其结构一般由转子（旋转轮）、内框和外框组成。

图 10-67　陀螺仪

陀螺仪上的转子可以在内部框架内高速旋转，内框可以绕内框轴相对于外框自由转动，外框绕外框轴相对于支架自由转动，两个旋转的角速度称为牵连角速度。旋转轴、内框轴和外框轴的轴万向坐标系线相交于一点，称为陀螺支点，整个陀螺可以围绕支点任意旋转。当陀螺高速转动时，可以直立地立在地面上而不会倾倒。这表明高速旋转的物体具有保持其旋转轴方向恒定的特性。陀螺仪的类型见表10-5。

表 10-5　陀螺仪的类型

分类方式	类型
根据陀螺转子主轴的进动程度	二自由度陀螺、单自由度陀螺
根据支撑系统	滚子轴承陀螺、液浮 / 气浮陀螺和磁悬浮陀螺、挠性陀螺和静电陀螺
根据物理原理	转子陀螺、半球谐振陀螺、微机械陀螺（MEMS）、环形激光陀螺（Ring Laser Gyroscope，RLG）和光纤陀螺（Fiber Optic Gyroscope，FOG）

目前，惯性导航技术已经实现了高精度、高可靠性、低成本、小型化、数字化，陀螺仪精度不断提高。另外，RLG、FOG、MEMS 等新型固态陀螺仪技术的成熟，也推动了惯性导航系统在各领域的广泛研究和应用。

2. 计算机

计算机根据测得的加速度信号计算出速度和位置数据，用于进行积分、相加、乘除和三角函数等数学计算。由于平台要始终保持水平并指向地理北向，因此平台要随汽车运动和地球自转，从而相对惯性空间不断运动。另外，导航计算机还要不断计算出修正平台位置的指令信号，同时还要计算并补偿有害加速度等。

3. 控制显示器

控制显示器的功能主要是显示各种导航参数，方便实时调整各项参数。

三、惯性导航传感器的分类

1. 按照传感器的数量分类

（1）3 轴 IMU　即只有 3 轴陀螺仪的 IMU，其因为只有一个 3 轴陀螺仪，所以只能感知载体横滚角、俯仰角、偏航角共 3 个自由度的姿态信息。

（2）6 轴 IMU　在 3 轴 IMU 的基础上加装了 3 轴加速度计，因此在感知载体姿态的基础上，还能感知载体 3 个自由度上的加速度信息。

（3）9 轴 IMU　在 6 轴 IMU 的基础上加装了 3 轴磁力计，由于 3 轴陀螺仪只能估计载体自身的相对位姿变化，单凭 3 轴陀螺仪无法获取载体的全部姿态信息，而通过 3 轴磁力计就可以获取。本质上磁力计的感知原理类似于指南针。

2. 按照力学实现形式分类

（1）捷联式惯性导航系统　捷联式惯性导航系统采用数学算法确定出导航坐标系，即将加速度计和陀螺仪直接安装在运载体上，陀螺仪输出用来计算运载体相对导航坐标系的姿态变化，加速度计输出经姿态变化至导航坐标系内。捷联式惯性导航系统基于数学平台，与载体直接相连，易于安装、维修和更换，且体积小。缺点是捷联式惯性导航系统的测量装置与载体相连导致其工作环境恶化，测量精度下降。捷联式惯性导航系统实物图如图 10-68 所示。

（2）平台式惯性导航系统　平台式惯性导航系统采用物理平台模拟导航坐标系统，即将加速度计安装在稳定平台上，稳定平台由陀螺仪控制，使平台始终跟踪要求的导航坐标系。

第十章

a) 俄联盟号飞船使用的捷联式惯性导航系统imu500t   b) 用于导弹的捷联式惯性导航系统imu-501

图 10-68 捷联式惯性导航系统实物图

在惯性器件性能要求和计算量等方面，捷联式惯性导航系统要求更为苛刻，但它同时减少了对于复杂机电平台的要求。捷联式惯性导航系统抵抗振动和冲击的能力比较强，在体积和成本方面具有优势。同时由于激光陀螺仪、光纤陀螺仪等惯性器件的出现以及计算机技术的快速发展，捷联式惯性导航系统的性能优势也逐步显现。

第十一章

其他类型传感器

::::: **第一节　智能型蓄电池传感器** :::::

一、智能型蓄电池传感器的工作原理

智能型蓄电池传感器内部安装的智能芯片通过电源线 B+ 给其供电，同时提供蓄电池电压信号。其工作时可以连续测量蓄电池电压、蓄电池充电 / 放电电流、蓄电池电解液温度。智能芯片内部的软件还负责控制相关流程和与发动机 ECU 的通信，通过数据接口将数据传送至发动机 ECU。

当车辆处于驻车运行模式时，会以周期形式查询测量值，从而节省能量。智能型蓄电池传感器（Intelligent Battery Sensor，IBS）的编程要求其每 40s 唤醒 1 次。IBS 的测量持续时间约为 50ms。测量值记录在 IBS 内的休眠电流直方图中。此外还计算部分蓄电池充电状态（State of Charge，SoC）和健康状态（State of Health，SoH）。重新起动车辆后，数字式发动机电子伺控系统（Digital Engine Management Electronic，DME）/ 宝马柴油机的电子伺服控制系统（Diesel Digital Electronic，DDE）读取直方图数据。如果出现休眠电流错误，则在DME/DDE 的故障存储器内进行记录。相关数据通过位串行数据接口传输。智能型蓄电池传感器（IBS）用于分析蓄电池的当前质量。IBS 带有自身的控制单元，是蓄电池负极接线柱的一个组成部分。

IBS 计算出的蓄电池指标，可作为蓄电池充电和正常状态的基础。蓄电池指标是指车辆蓄电池的充电和放电电流、电压和温度。使蓄电池的充电和放电电流保持平衡状态。始终监控蓄电池的充电状态，当蓄电池电量不足时，向 DME 发送相关数据。在起动发动机时，计算电流特性曲线，以确定蓄电池的正常状态。IBS 还能监控车辆的休眠电流。另外，IBS 还具有自诊断功能。

二、智能型蓄电池传感器的结构及安装位置

1. 结构

智能型蓄电池传感器是电源管理系统的一个组成部分，安装在蓄电池负极，智能型蓄电池传感器结构及外围连接线分别如图 11-1、图 11-2 所示，测量分流器的结构如图 11-3 所示。IBS 由机械、硬件和软件三部分功能元件组成。IBS 的机械部分由蓄电池负极接线柱及搭铁线组成。

IBS 是一个自身带有微型控制器（μC）的智能型蓄电池传感器。

图 11-1　智能型蓄电池传感器的结构

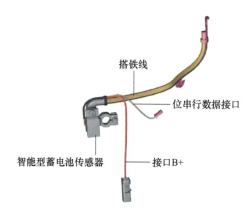

图 11-2　智能型蓄电池传感器的外围连接线

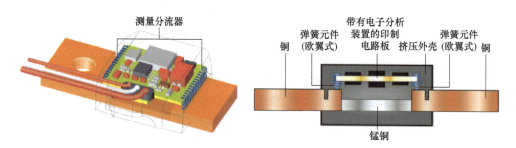

图 11-3　测量分流器的结构

2. 安装位置

IBS 直接安装在蓄电池的负极上，如图 11-4 所示。

三、智能型蓄电池传感器的功能

IBSμC 中软件控制机械方面的功能包括：车身蓄电池负极的电接触；电流测量传感器元件的定位件；硬件的定位件；确保硬件温度传感器和蓄电池负极之间充足的热敏接触；保护敏感电子元件；蓄电池接线柱作为 IBS 搭铁端。

IBSμC 中的软件负责控制该功能过程以及与上级控制单元之间的通信联络。与 DME/DDE 的联系通过位串行数据接口（Bus System Data，BSD）完成。在行驶过程中，DME/DDE 从 IBS 获取数据。

图 11-4 智能型蓄电池传感器的安装位置

此外，IBS 中还集成的功能包括：持续测量车辆每种行驶状态下蓄电池的电流、电压和温度；计算蓄电池指示参数作为蓄电池 SoC 和 SoH 的基础；平衡蓄电池充电 / 放电电流。

四、智能型蓄电池传感器的电子分析装置

IBS 的电子分析装置持续获取测量数据。IBS 利用这些数据来计算蓄电池的电压、电流、温度。IBS 通过 BSD 将这些蓄电池指示参数的数据传递到 DME/DDE，如图 11-5 所示。为了计算蓄电池指示参数，还要对蓄电池的充电状态（SoC）进行测量计算，IBS 的测量范围见表 11-1。

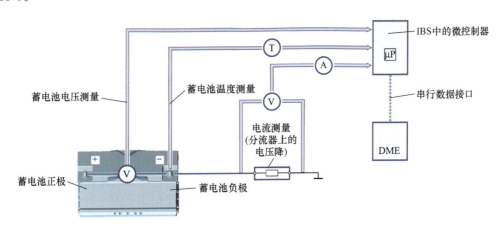

图 11-5 智能型蓄电池传感器的控制原理图

表 11-1 IBS 的测量范围

项目	IBS 的测量范围	项目	IBS 的测量范围
电压	$6 \sim 16.5V$	起动电流	$0 \sim 1000A$
电流	$-200 \sim +200A$	温度	$-40 \sim 105℃$
休眠电流	$0 \sim 10A$	—	—

239

现代汽车上普遍采用雨滴感应式智能刮水系统，可以免除驾驶人手动操作刮水器的麻烦，有效提高雨天行车的安全性。

一、雨量感应传感器

奥迪 A6 轿车电控智能刮水组合开关具有间歇、间歇分级、单触刮水、刮水 4 种功能，其外形如图 11-6 所示。根据雨量不同，雨量感应传感器具备 4 种功能：①自动启动刮水功能并以 7 种不同速度工作；②雨天会自动打开前照灯；③关闭刮水，停止 5s 后，再次刮水一次；④雨天车辆停止后自动关闭车门和车顶。当刮水拨杆位于"间歇"时，上述功能启用，雨量传感器有 4 种敏感程度可以选择。手动选择总是处于优先位置。

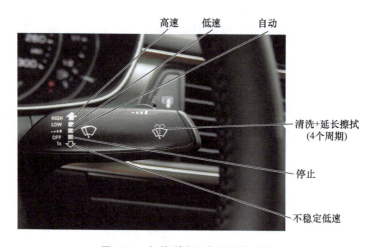

高速　低速　自动

清洗+延长擦拭（4个周期）

停止

不稳定低速

图 11-6　智能刮水组合开关的功能

1. 功能

雨量感应传感器的电控单元可以根据光强度识别传感器的信号自动接通或关闭行车灯、激活回家或离家功能、实现白天或夜晚识别。在拂晓、黄昏、黑暗中、驶入穿行隧道或在树林里行驶时，光强度识别传感器会发送信息到供电控制单元上，从而接通行车灯。

奥迪 A6L 采用雨量感应和光强度识别组合传感器（G397），其包括一个光辅助控制功能，可免除驾驶人手动接通行车灯的工作，还具有根据前风窗雨量情况控制刮水器的功能。该传感器位于前风窗玻璃上车内后视镜的安装底座内，如图 11-7 所示。

为了能识别出诸如树林内的道路以及穿行隧道等环境状况，光强度识别传感器接收来自两个区域内的光强度信号。全区表示紧靠车附近的亮度，而前区表示车辆前部区域的光线情况，如图 11-8 所示。电控单元还可根据雨量感应传感器感应的前风窗玻璃的沾水湿润程度，实现刮水器 7 个速度档的自动接通或关闭，同时在下雨时自动接通行车灯。当刮水器开关置于"Interval"（间歇）时，雨水传感器即被激活。驾驶人也可以通过刮水器间歇工作调节器的 4 个灵敏度来设置雨水感应传感器，在这种模式下则不再需要参考刮水动作（激活雨水感应传感器时的刮水动作），刮水开关就可以总是保持在间歇位置。出于安全考虑，只有在车速超过

16km/h 或通过刮水器间歇工作调节器来改变其工作灵敏度时，雨量感应传感器才会被激活。

图 11-7 雨量感应和光强度识别组合传感器的安装位置

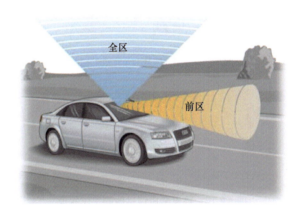

图 11-8 光强度识别传感器接收来自全区和前区的光强度信号

2. 工作原理

雨量感应传感器可根据光折射的原理判断前风窗玻璃的湿度情况，该传感器内集成有环形的发光二极管，这个发光二极管在乘员舱内透过前风窗玻璃发射出红外线。雨量感应传感器的安装位置及结构如图 11-9 所示。如果玻璃处于干燥状态，那么红外线光由玻璃的表面反射回来，则集成在该传感器中央的光电二极管能接收到较多的光，如图 11-10a 所示。

如果玻璃处于湿润状态，则玻璃表面因水滴的作用会发生散射，反射的光量就会减少，则光电二极管接收到的光也会减少，于是信号电压就发生了改变，如图 11-10b 所示。

要使雨量感应传感器的发光二极管发出光线，光电二极管接收到光线后产生电压信号，就需要给发光二极管提供电流，即需要提供电源与搭铁回路，其信号是直接通过 LIN 总线发送的，该传感器的电路连接图如图 11-11 所示。

二、刮水器电动机控制单元

新款奥迪 A6 轿车上的刮水器电动机控制单元 J400 与刮水器电动机集成在同一个元件内部。该控制单元是通过 LIN 总线与供电控制单元连接在一起的，控制单元实物图如图 11-12 所示。

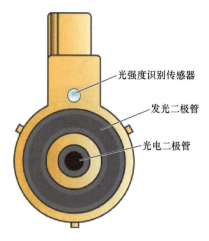

光强度识别传感器

发光二极管

光电二极管

图 11-9　雨量感应传感器的安装位置及结构

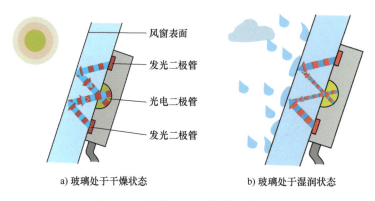

风窗表面

发光二极管

光电二极管

发光二极管

a) 玻璃处于干燥状态　　　　　　　　　　b) 玻璃处于湿润状态

图 11-10　雨量感应传感器的工作原理

LIN　　　接线柱30

接线柱31

图 11-11　雨量感应传感器的电路连接图　　　图 11-12　刮水器电动机控制单元实物图

如图 11-13 所示，刮水器电动机控制单元可根据雨量感应传感器检测到的雨量信号控制刮水器自动工作，在完成清洗玻璃刮水过程后 5s 再刮一次水（仅在车速大于 5km/h 时），以防止玻璃上产生水滴。同时刮水器电动机控制单元还控制风窗玻璃清洗泵的工作，其电路连接如图 11-14 所示。

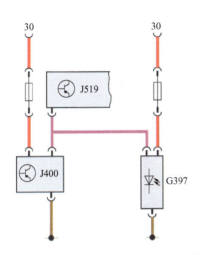

图 11-13 刮水器电动机控制单元与雨量
感应传感器间的通信

G397—雨量感应传感器 J400—刮水器电动机控制单元
J519—供电控制单元

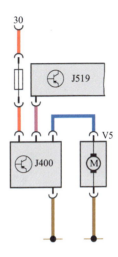

图 11-14 对风窗玻璃清洗泵的控制功能

J400—刮水器电动机控制单元 J519—供电控制单元
V5—风窗玻璃清洗泵

三、供电控制单元

供电控制单元的实物如图 11-15 所示。供电控制单元的任务是读入开关的信息，控制刮水器电动机控制单元的功率输出，并通过 LIN 总线控制雨量感应传感器。供电控制单元安装位置图如图 11-16 所示。

图 11-15 供电控制单元实物图

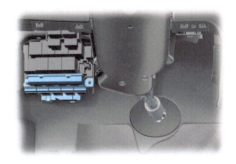

图 11-16 供电控制单元安装位置图

如果在刮水器电动机正在工作时打开了发动机舱盖，那么刮水器电动机会立即停止工作。如果在风窗玻璃清洗泵工作时打开了发动机舱盖，那么该泵也会被立即关闭。发动机舱盖是否打开由两个接触开关来识别，这两个开关信号被发送到供电控制单元 J519 上。

供电控制单元通过 LIN 总线给刮水器电动机控制单元提供所需要的信息，以便执行刮水器的各种功能。用于起动风窗玻璃清洗泵 V5 的信息是由转向柱电气控制单元 J527 发送到舒适系统 CAN 总线的。供电控制单元 J519 在接收到信息后，又通过 LIN 总线将信息继续传送到刮水器电动机控制单元 J400，J400 随后起动风窗玻璃清洗泵 V5，刮水器就开始工作。风窗玻璃清洗泵的启动电路如图 11-17 所示。

第十一章

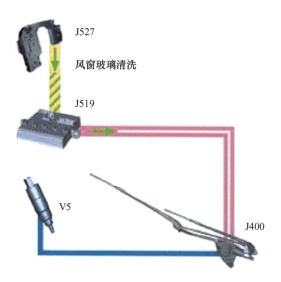

图 11-17　风窗玻璃清洗泵的启动电路

J519—供电控制单元　J527—转向柱电气控制单元　J400—刮水器电动机控制单元　V5—风窗玻璃清洗泵

　　刮水器功能的启动信号由转向柱电气控制单元 J527 通过舒适系统的 CAN 总线发送至供电控制单元 J519。供电控制单元 J519 通过 LIN 总线将包含相应刮水器功能的信息发送到刮水器电动机控制单元 J400，控制单元控制刮水器电动机工作，其电路连接如图 11-18 所示。

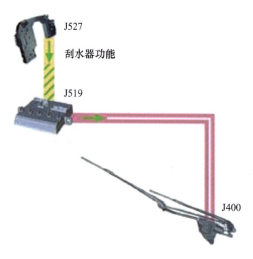

图 11-18　刮水器电动机的工作电路

J519—供电控制单元　J527—转向柱电气控制单元　J400—刮水器电动机控制单元

　　如果舒适系统中央控制单元 J393 失效，那么供电控制单元 J519 就会替代它来实现主功能，J519 会将转向信息发送到 CAN 总线上。供电控制单元的软件可以实现应急功能，如果识别出旋转式灯开关有故障或者该开关的导线断路，则供电控制单元会自动接通行车灯。

　　另外，供电控制单元还可实现转向柱调节、脚坑照明、变速杆位置照明、前面和侧面转向信号、喇叭控制、风窗清洗泵控制、转向柱记忆等功能。供电控制单元装在仪表板左侧的后部，取下脚坑盖板就可看到。供电控制单元 LIN 控制电路示意图如图 11-19 所示。

图 11-19　供电控制单元 LIN 控制电路示意图

J519—供电控制单元　J400—刮水器电动机控制单元　G397—雨量感应传感器

四、智能型刮水器的控制功能

刮水器一般具有间歇、慢速、快速和点动刮水 4 档，当车速为 0 时会自动降速一档，起步之后恢复设定的刮水速度。若在间歇档时，则间隔时间与车速成反比。刮水器操纵杆向下拨一下可短促刮水一次，若保持在该位置 2s 以上，则刮水器开始加快刮水速度。

智能型刮水器具有根据雨量感应传感器检测到的雨量信号控制刮水器自动工作的功能，在完成清洗玻璃刮水过程后 5s 再刮一次水（仅在车速大于 5km/h 时），防止玻璃上产生水滴。同时刮水器控制单元还控制风窗玻璃清洗泵的工作。向转向盘方向拉操纵杆，清洗器立即开始工作，刮水器随后开始刮水。若车速超过 120km/h，清洗器同时工作。如果松开操纵杆，则清洗器停止工作，刮水器继续工作约 4s。

五、智能型刮水器的其他功能

智能型刮水器还具有以下功能：

1）停车并关闭点火开关后 10s 内，启动刮水器的间歇档，刮水器可停在风窗最上端，此时可将刮水器臂扳起，也可以进行维修，以防止冬季下雪天气刮水器发生冻结。

2）当刮水器在摆动过程中遇到障碍物或冻结在风窗上时，尝试推动 5 次，如果失败，刮水器会停在此位置不动，可避免传统刮水器一直耗尽电源的现象发生。

3）随车速、雨量的变化自动调整刮刷速度。

4）刮水器片停在发动机舱盖内，不干扰视野。

5）关闭刮水器 5s 后，再刮一次，以清除水滴。

6）若发动机舱开启，则刮水器会自动停止工作，在发动机舱盖打开的状态下，刮水器没有动作，防止发生干涉而损坏刮水器。

7）刮水器具有防盗功能，刮水器收到发动机舱盖下面后，无法将刮水器扳起盗走。

8）挂倒档时，后风窗玻璃刮水器刮水一次，如刮水器操纵杆处于慢速或快速刮水位置并挂倒档，则后风窗刮水器动作。

9）向前推刮水器操纵杆，后风窗玻璃约隔 6s 刮水一次。

10）软停止功能使得刮水器片磨损小，为了防止刮片的变形损坏，刮水器在每次开关关闭时刮臂都会轻柔地回到风窗玻璃的下沿，每次停止的位置不同，每隔一次在停止位置稍许退回，将刮水器片翻过来，这样可以延缓橡胶刮水器片的老化。

11）每次起动发动机时，两只刮水器臂都会轻轻地跳动一下，将刮水器片翻转，此项动作能延缓橡胶刮水器片老化。

::::: 第三节　雨量和光线识别传感器 :::::

一、"下雨关闭"功能

如图 11-20 所示，在高尔夫 Plus 车上，风窗玻璃刮水装置由双电机驱动的对转装置组成，刮水器之间没有机械连接。根据刮水装置的对转原理，雨量和光线识别传感器安装在一个新的位置。

大众公司首次在高尔夫级别的车辆上引入了舒适性功能——"下雨关闭"功能，如图 11-21 所示。这是一个分散式功能，车载电网、舒适系统、车门控制单元、雨量和光线识别传感器以及滑动天窗控制单元（取决于装备情况）共同执行该功能。"下雨关闭"功能在舒适系统控制单元内进行初始化。为此必须通过组合仪表内的个性化配置菜单打开"下雨关闭"功能。每次起动发动机后都必须重新启用该功能。

图 11-20　高尔夫车对转刮水装置

图 11-21　下雨关闭功能

刮水系统的信息传输过程如图 11-22 所示，刮水器开关的开关位置信号直接传输至转向柱电子装置控制单元，然后通过舒适系统 CAN 数据总线传输至车载电网控制单元。车载电网控制单元将刮水器接通档位信息通过 LIN 数据总线传输至刮水器电机控制单元，然后从此处传输给副驾驶人侧车窗玻璃刮水器电机控制单元。两个控制单元紧靠在刮水器电机旁边。刮水器电机控制单元调节刮水器的刮水过程，并按照主控和从属原则控制副驾驶人侧车窗玻璃刮水器的电机控制单元。

启用"下雨关闭"功能后，舒适系统控制单元将一条相应的信息传输给车载电网控制单元。该控制单元识别到点火开关已经关闭后，就会将雨量和光线识别传感器设置为监控模式。这个模式出厂时设置为 12h。

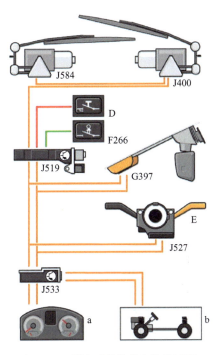

图 11-22　刮水系统的信息传输过程

D—点火起动开关　E—刮水器开关　F266—发动机舱盖接触开关　G397—雨量和光线识别传感器
J400—刮水器电机控制单元　J519—车载电网控制单元　J527—转向柱电子装置控制单元
J533—数据总线诊断接口　J584—副驾驶人侧车窗玻璃刮水器电机控制单元
a—通过组合仪表 CAN 数据总线的车外温度信号　b—通过传动系统 CAN 数据总线的车速信号

如图 11-23 所示，如果雨量感应传感器识别到降雨，就会通过 LIN 数据总线将一条信息传输给车载电网控制单元并通过 CAN 数据总线传输给舒适系统控制单元。该控制单元通过独立的 CAN 信息将指令"关闭车窗"传输给车门控制单元。

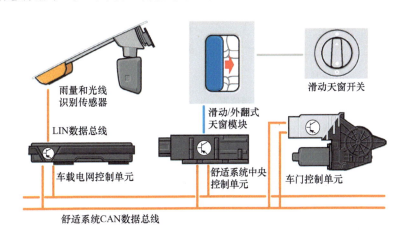

雨量和光线
识别传感器

LIN数据总线

滑动/外翻式
天窗模块

滑动天窗开关

车载电网控制单元

舒适系统中央
控制单元

车门控制单元

舒适系统CAN数据总线

图 11-23　刮水系统的信息传输路径

　　按照欧盟指导准则，即使在执行"下雨关闭"功能时，车窗驱动机构也具有闭合力限制功能。对于滑动 / 外翻式天窗（Schiebe Ausstell Dach，SAD）来说，指令通过一个独立的导线从舒适系统控制单元传输至 SAD 模块。车门控制单元确认车窗已关闭时，SAD 驱动机构不向舒适系统控制单元发送反馈信息。为防止无意间使防盗警告装置触发，执行下雨关闭功能期间将降低车内监控传感器的灵敏度。

进行下述操作后，将关闭该功能：

① 成功执行下雨关闭功能。

② 识别到"点火开关打开"状态。

③ 规定监控时间结束。

二、安装位置、功能及结构

1. 安装位置

如图 11-24 所示，在高尔夫车上，雨量和光线识别传感器 G397 安装在两个刮水器摆臂交叠区域中间尽可能较高的位置处。

2. 功能

刮水器的档位分布如图 11-25 所示，只有为了进行雨量识别，刮水器拨杆位于"间歇刮水"位置，且为了进行光线识别，车灯开关位于"辅助行车灯"位置时，雨量和光线识别传感器才能以自动模式工作。雨量和光线识别传感器的功能是在识别到风窗玻璃上有雨水时，根据雨量从零到最大刮水器循环次数控制刮水器，或者在较暗的情况下接通前照灯。雨量和光线识别传感器自动适应风窗玻璃的明暗变化。

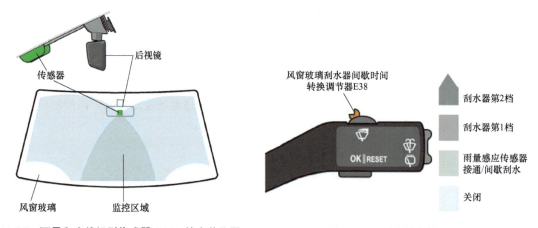

图 11-24　雨量和光线识别传感器 G397 的安装位置　　　图 11-25　刮水器的档位分布

当刮水器拨杆位于第 1 档时（在未探测到下雨的情况下刮水器以 42 次 /min 循环工作），如果探测到下雨，就会根据雨量自动将刮水速度提高到 60 次 /min 循环工作。在未探测到下雨的情况下，这个数值相当于刮水器运行时的第 2 档。在第 2 档时，雨量识别对刮水速度没有影响。在此刮水器始终以 60 次 /min 循环工作。

雨量识别的灵敏度可以利用风窗玻璃刮水器间歇时间转换调节器单独进行调节。在不带雨量识别功能的车辆上使用间歇时间调节器。

3. 结构

雨量和光线识别传感器的结构如图 11-26 所示，雨量和光线识别传感器由光敏传感器元件和一个发光二极管组合而成。所有部件都位于传感器壳体内的一个印制电路板上。有一个光学元件将传感器壳体与风窗玻璃隔开。该光学元件的任务是，聚集和校准射出和射入的光线。整个传感器利用粘接膜固定在风窗玻璃上，传感面积为300mm²。发光二极管和光电二极管用于雨量识别。当进行光线识别时，使用环境光线传感器和远距离传感器。

雨量和光线识别的优先级都低于相关开关元件手动操纵的优先级。这意味着，即使在这些辅助功能出现故障时，也能始终手动启用刮水器和行车灯。

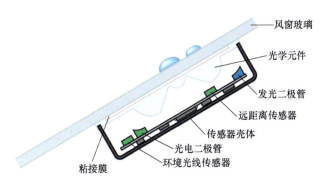

图 11-26 雨量和光线识别传感器的结构

三、雨量识别功能

如图 11-27 所示，雨量和光线识别传感器的核心部件是一个发光二极管和一个光电二极管。雨量和光线识别传感器的工作原理是，从发光二极管射出的光线中有一部分由风窗玻璃表面反射回来，通过光学元件聚集后照射到光电二极管上。

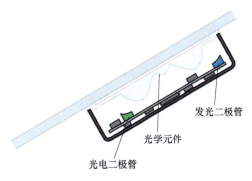

图 11-27 雨量识别功能

如图 11-28、图 11-29 所示，如果风窗玻璃上有水滴或水层，二极管光线的反射程度和照射到光电二极管上的光通量就会发生变化。玻璃越湿，因光线折射作用而反射的光线越少。因此，可以利用光电二极管的输出信号计算雨量。雨量识别的响应时间，即识别到下雨直至将输出信号发送给刮水器的时间，这个时间通常不超过20ms。

四、光线识别功能

如图 11-30 所示，为区分各种光线情况，雨量和光线识别传感器内安装了不同的光线传感器。一个环境光线传感器探测车辆周围环境的光线情况，一个远距离传感器探测行驶方向 3 个车长内的光线情况。该系统识别总体亮度的降低和提高，并在辅助行车灯功能已启用的情况下接通或关闭行车灯。

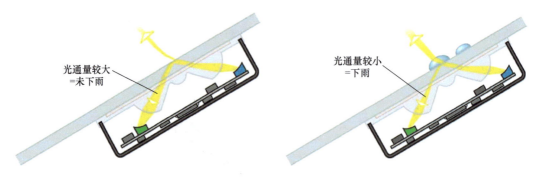

图 11-28 在干燥的风窗玻璃上反射　　　　图 11-29 在潮湿的风窗玻璃上反射

例如，该系统可以根据两个传感器信号的差值确定车辆驶入隧道，如图 11-31 所示，并最迟在驶入隧道时接通行车灯。系统内部的逻辑连接可确保只有当环境光线传感器识别到亮度值足够时才关闭行车灯。如果除了光线识别功能外还启用了雨量识别功能，则雨量达到一定程度时也会接通行车灯。

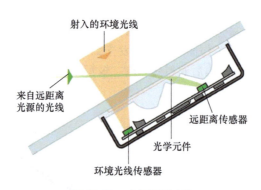

图 11-30 光线识别功能

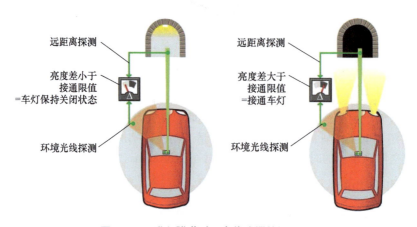

图 11-31 进入隧道时两个传感器的识别过程

第四节　分相器转矩传感器

一、电控助力转向系统的结构

电控助力转向系统是由转向控制单元控制转向电动机工作来实现助力的转向系统，如图 11-32 所示。驾驶人操纵转向盘的转向，力矩通过转向齿轮和转向拉杆传到汽车的转向轮上。同时，电子控制单元根据目前驾驶人操纵转向盘产生的转向力矩及当时行驶的车速，计算出所需要的转向助力。而所需的转向助力是通过调整电动机的电压和电流来实现的，所以转向轮上最终得到的转向力矩是驾驶人操纵转向盘所产生的转向力矩和转向电动助力之和（后者远大于前者）。电动转向助力系统直接使用电源，它不消耗发动机的机械动力，故不会直接影响发动机的运转，从而比传统的液压助力转向系统节省燃油。

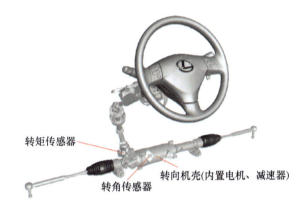

转矩传感器

转角传感器

转向机壳(内置电机、减速器)

图 11-32　电控助力转向系统的基本组成

该电控助力转向系统主要包括：由转向盘直接驱动的转矩传感器，其下部的小齿轮驱动齿条；转向电动机，装于转向管柱的中部；减速装置，采取与电动机转子内壳配套的循环滚珠式减速齿轮；转角传感器，反映助力电动机的转角和转向；齿条轴的外壳及左右横拉杆。

1. 转矩传感器

转矩传感器包括两部分，分别安装在转向盘的输入轴和转向小齿轮的输出轴上。

转子部分由上下两层构成，且均装在转矩传感器上，如图 11-33 所示。输入轴和输出轴是由一根细金属销连接成一体，转子部分上方有销孔，如图 11-34、图 11-35 所示。输入轴和输出轴两者上部是刚性连接，由汽车转向盘的转轴即输入轴驱动。其下层转子带动小齿轮推动齿条的平移，驱动转向轮左右转向。

转矩传感器的上层部分由转向盘直接驱动，由于下端没有负载，所以它的转动量与转向盘转轴完全同步。但转矩传感器的下层部分带有转向小齿轮（有一定阻力），中间通过细扭杆驱动，导致下层转子的转动量相对较小，这就造成上、下层转子在机械上会产生相对角位移差。当汽车转向时，在不同的道路条件遇到不同的转向阻力时，输入轴与输出轴这两个转轴会产生与转向转矩大小相应的角度差。

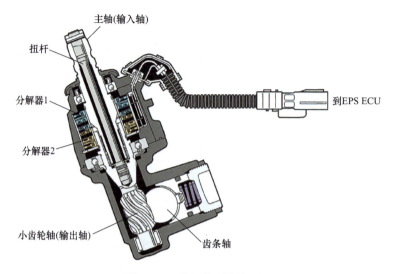

主轴(输入轴)

扭杆

分解器1

分解器2

到EPS ECU

小齿轮轴(输出轴)

齿条轴

图 11-33　转矩传感器的结构

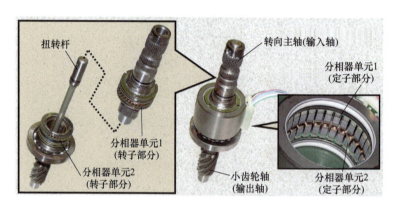

扭转杆

转向主轴(输入轴)

分相器单元1
(定子部分)

分相器单元1
(转子部分)

分相器单元2
(转子部分)

小齿轮轴
(输出轴)

分相器单元2
(定子部分)

图 11-34　转矩传感器的分解图

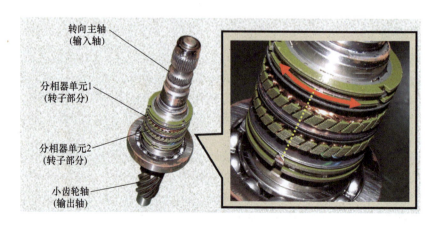

转向主轴
(输入轴)

分相器单元1
(转子部分)

分相器单元2
(转子部分)

小齿轮轴
(输出轴)

图 11-35　转矩传感器的外观结构

定子部分亦有上下两层线，分别对应转子的上下部。定子绕组部分有两种线圈分布，分别是励磁线圈（A 信号）和检测线圈（B 信号），如图 11-36 所示，其上共有 7 根不同颜色的细导线与外界联系。其励磁线圈对转子部分的线圈通过电磁感应引起励磁作用；检测线圈则将输入、输出轴的上下角差（转向转矩）检测出来，向电子控制单元输送电信号，这个电信号以定子绕组上两列正弦波的相位差，反映此时转矩传感器检测到的转矩大小。

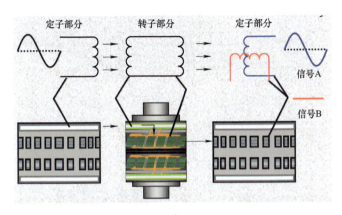

图 11-36　转矩传感器的线圈分解

2. 助力电动机

在转向器中部柱管内壁，安装有助力电动机以及减速器，其结构如图 11-37 所示，助力电动机与齿条轴同心，由转角传感器、定子和转子等组成。

助力电动机为无电刷的三相交流电机，其结构如图 11-38 所示，其定子绕组为三相双星形连接，如图 11-39 所示。助力电动机的转子是强永磁式的。新款皇冠轿车上助力电动机设计的转动惯量较小，便于汽车行驶时灵活地改变转向操作。该助力电动机改变旋转方向非常方便，只需要将三相电源任意两相间进行换接就能实现迅速的转向助力操作。而且该助力电动机具有低噪声、高转矩的特点，能克服行驶各种道路时的转向阻力，从而进行灵活转向操作。

供给助力电动机的电源为 27 ~ 34V 的三相交流电压。此电动助力转向控制单元中，还专门设置有提升电压的逆变器和电感储能线圈，由类似三相桥式、能将蓄电池的电压转为 27 ~ 34V 的电路组成。当驾驶人操纵转向盘时，则会自动根据转向阻力大小，输出 27 ~ 34V 之间的可变电压；当驾驶人未改变方向或车辆直线行驶时，助力电动机不运转，此时助力电动机的电压为 0V。

通过控制助力电动机的电流，可以控制转向助力的大小。电控助力转向装置的控制单元接收转矩传感器和车速传感器的信号，并且根据转角传感器的数据判断当前车辆行驶状况，决定施加给助力电动机助力电流的大小，转向力矩和转向助力输出电流间的关系如图 11-40 所示。助力电动机还有过热保护功能，当温度超过规定值时，为保护电源和电动机不致过载，此时应限制助力电动机的助力电流，直至温度下降至规定的允许值为止。

3. 减速机构

为降低转向电动机的转速，以获得更大的转矩，采取了与电动机转子内壳配套的循环滚珠式减速装置。极小的钢珠在 4 个极光滑的槽内循环滚动减速，如图 11-41 所示，将动力传递给齿条轴做直线运动，推动两个转向轮左右摆动，以驱动汽车进行转向。由于钢珠极小，在精细加工的导槽内循环滚动，故传动噪声极微。

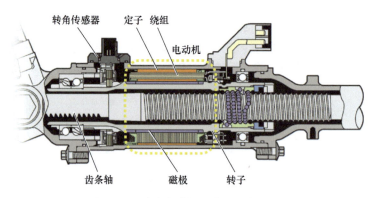

图 11-37　助力电动机及减速器的结构

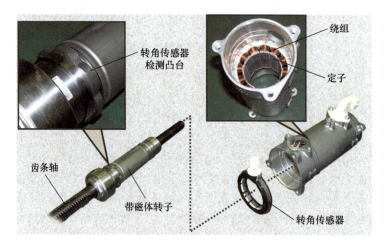

图 11-38　助力电动机的结构

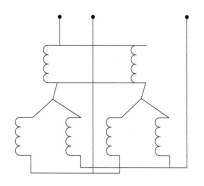

图 11-39　助力电动机的三相双星形连接

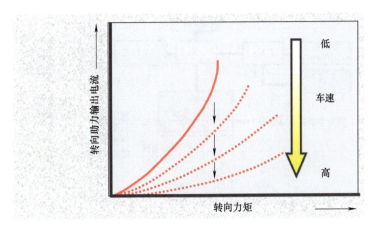

图 11-40　转向力矩和转向助力输出电流间的关系

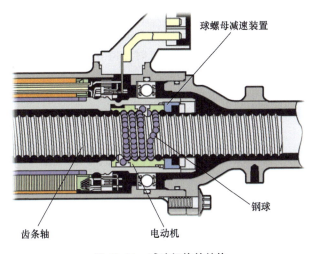

图 11-41　减速机构的结构

二、电控助力转向系统的基本工作原理

如图 11-42 所示，当驾驶人操作转向盘，驱动转矩传感器的输入轴，经弹性转矩杆驱动输出轴，检测到输入轴与输出轴的转角差。转矩传感器输出电信号，同时输出转向信号到电控助力转向控制单元；电控助力转向控制单元根据车速传感器和转矩传感器计算出供给转向电动机电流，获取助力；钢滚珠和螺母将电动机旋转运动速减后，再转换为直线运动，以降低驾驶人的工作强度；电控助力转向控制单元将蓄电池电压提升到 27 ～ 34V，并且转换为三相交流电，增大转向功率；转角传感器反馈转向电动机的转角大小及转动方向到电动机控制单元。

电控助力转向控制单元具有以下功能：

1）基本控制。根据车速和转向转矩计算辅助电流大小，并以此控制电动机运作。

2）惯性补偿控制。在驾驶人刚开始转动转向盘时改善电动机起始运动。

3）回复控制。在驾驶人将转向盘转到底后，与车轮试图恢复的短时间间隔内，控制辅助恢复力。

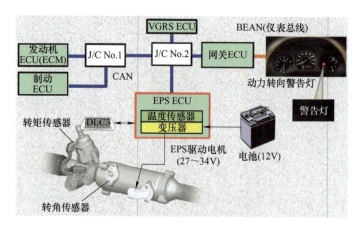

图 11-42 电控助力转向系统的原理

4）阻尼控制。当驾驶人高速行驶时，可转动方向调节助力大小，以减缓车身摇移率的改变。

5）增压控制。在电控助力转向（Electronic Power Steering，EPS）控制单元中将蓄电池电压增大，当驾驶人未转动方向或车辆直线行驶时保持 0V，并在驾驶人转动转向盘时，根据负荷大小，在输出电压 27～34V 之间实现增压控制。

6）系统过热保护控制。根据电流值和持续时间估计电动机温度，如果温度超过标准值，即限制输出电流大小以保护电动机，防止过热损坏。

第五节　空气湿度传感器

一、空气湿度传感器的安装位置及作用

各种测试方法表明，尤其是在外界温度很低的情况下，风窗玻璃上部的 1/3 会变得非常冷，因而容易起雾。为了能测量到该区域，空气湿度传感器 G355 安装在后视镜的根部，如图 11-43 所示。

图 11-43 空气湿度传感器

来自除霜器通风口的小量连续气流确保传感器探测区域的空气可以良好地混合，这样就可以认为风窗玻璃上所测位置的空气湿度接近于风窗玻璃的其他位置，如图 11-44 所示。空气通过传感器壳体上的一个空气缝隙到达传感器表面。若空气缝隙中有脏物，则会导致空气湿度传感器故障。

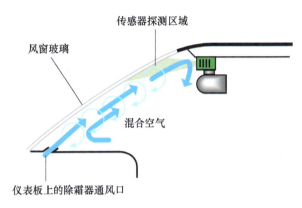

图 11-44　所测位置的空气湿度

为了能够进行自动除霜功能的自适应控制，该传感器检测 3 个测量值：空气湿度、传感器处的相关温度以及风窗玻璃温度，所有功能都集中在传感器壳体中。

二、空气湿度的测量

测量空气湿度就是确定座舱内气态水（水蒸气）的所占比例。空气吸收水蒸气的能力取决于空气温度。这就是在测量湿度等级时必须确定相关空气温度的原因。空气越热，吸收的水蒸气就越多。当富含水蒸气的空气冷却下来后，水分就会冷凝，形成细小水滴并附着在风窗玻璃上。湿度是通过薄层电容传感器测量的，该传感器的工作模式等同于平行极板电容器。

电容器的电容，即储存电能的容量，取决于电容极板的表面积、间隔以及两极板之间填充材料的特性，此材料叫作电介质，如图 11-45 所示。这种特殊的电容器可以吸收水蒸气。吸收的水分改变了电介质的电气特性，从而改变了电容器的电容量，所以测得的电容值就表示空气湿度。传感器电子装置将所测的电容值转换成电压信号，如图 11-46 所示。

三、空气湿度传感器的温度测量

1. 基本原理

为了确定空气湿度，测量湿度位置附近的温度也必须确定，该温度十分重要，因为空气湿度非常依赖空气的温度。

若湿度测量点距温度测量点太远，则该空气湿度可能不准确，因为温度的差异会导致湿度的不同。

2. 测量风窗玻璃的温度

每个物体都会以电磁辐射的方式与周围环境交换热量。此电磁辐射可能含有红外线范围、可见光或者还有紫外线范围的热辐射。但是，这 3 种范围的辐射只是整个电磁光谱的一小部分。辐射是"吸收"和"发射"。

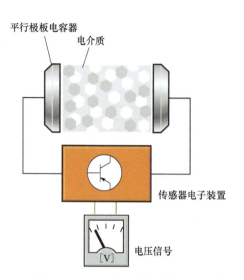

图 11-45　空气湿度传感器的结构

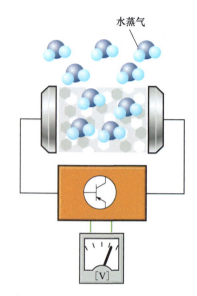

图 11-46　电容值转换成电压信号

举例说明，铁块吸收红外线辐射如图 11-47 所示，这块铁会变热，也就是说这块铁也会发射红外线。如果继续加热这块铁，它会发亮。此时它会发射可见光范围内的电磁辐射以及红外线辐射。

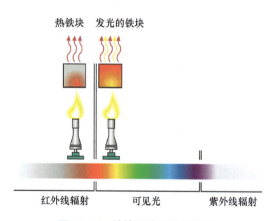

图 11-47　铁块吸收红外线辐射

根据物体自身温度的不同，所发射辐射的成分可能也会发生变化。例如，如果物体的温度发生变化，则发出的辐射中的红外部分也会发生变化。因此通过测量辐射出来的红外线，就可以无接触地测量物体温度。

测量一个物体（此处指风窗玻璃）的红外线辐射，可以用一个高灵敏度的红外线辐射传感器进行，所测物体表面温度的电压信号如图 11-48 所示。

若风窗玻璃的温度发生变化，在平垫圈发出的热辐射中，其红外部分也会发生变化。红外线辐射传感器检测到这种变化，并将其转换成电压信号。

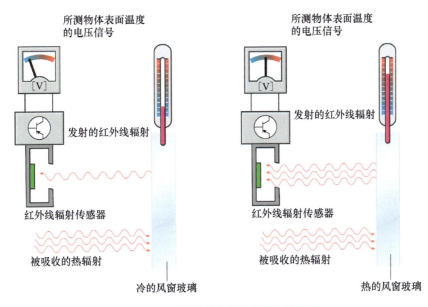

图 11-48　所测物体表面温度的电压信号

四、空气湿度传感器的电路图

奥迪 Q5、A5、A4 等车型采用空气湿度传感器，该传感器的电压在 0～5V 之间线性变化，可以通过湿敏电容湿度传感器测得相对湿度值。空气湿度传感器的电路图如图 11-49 所示。

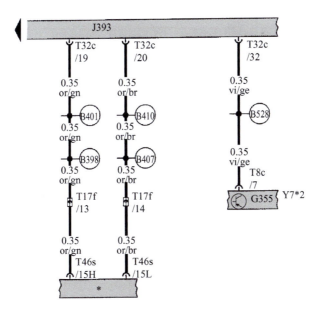

图 11-49　空气湿度传感器的电路图

G355—空气湿度传感器　J393—舒适 / 便捷系统的中央控制单元　Y7—自动防眩的车内后视镜

第十一章

一、日照光电传感器的结构

日照光电传感器用于汽车自动空调控制系统中，该传感器由自动空调提供 5V 电压，位于仪表板中部除霜出风口前的一个盖板下方，如图 11-50 所示。由于它不受环境温度的影响，能够准确地检测出日光照射量的变化，把日光照射量转化为电流，根据电流的大小判断日光照射量，并把信息送入自动空调控制单元，使自动空调控制单元根据此信号调整车内空调吹出的风量与温度。如图 11-51 所示，日照光电传感器主要由壳体、滤光片及光电二极管组成，通过光电二极管可检测出日光照射量的变化。光电二极管对日光的照射变化反应敏感，且自身不受温度的影响。日照光电传感器将日照变化转换成电流变化，根据电流的大小就可以知道准确的日照量。

在日照光电传感器中，当某个光电二极管损坏时，空调控制系统将参考仍能正常工作的光电二极管的信号，调用一个固定的替代值作为控制参量；当两个光电二极管均损坏时，空调控制系统将用两个固定替代值作为控制参量，以维持空调系统的正常工作。不过，此时空调系统的控制精度会有一定程度的变化。

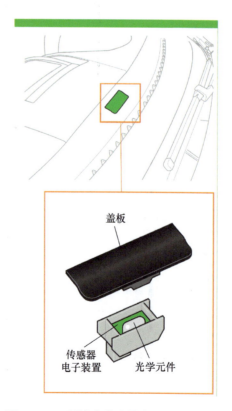

图 11-50　日照光电传感器的结构及安装位置

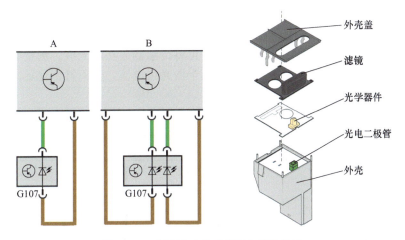

外壳盖

滤镜

光学器件

光电二极管

外壳

图 11-51　日照光电传感器的电路及结构

二、日照光电传感器的原理

日照光电传感器的检测机理如图 11-52 所示，传感器壳体中含有两个光电二极管与一个光学元件。该光学元件分为两个腔室，每个腔室各含一个光电二极管。当太阳光从左侧照射到传感器上时，光学元件本身的特性会使射线集中到左侧的光电二极管上。因此，左侧的光电二极管上产生的电流会大于左侧光电二极管上产生的电流。当阳光从右侧照射时，那么右侧的光电二极管的电流会明显地大于左侧光电二极管上产生的电流。因此，自动空调控制单元就可以判断出车内的哪一侧正在受到日光照射的影响而升温，并采取相应的控制措施。

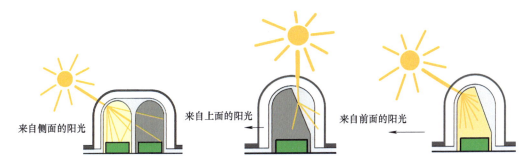

来自侧面的阳光　　来自上面的阳光　　来自前面的阳光

图 11-52　日照光电传感器的检测机理

三、日照光电传感器的检测

日照光电传感器的检测过程如下：

1）拆下仪表板上的杂物箱，拔下日照光电传感器的导线连接器，将点火开关拨到"ON"位置，用布遮住传感器，然后用灯光照射日照光电传感器，测量日照光电传感器连接器端子 1 与 2 间的电压值。在正常情况下，电压值应为 4.0 ~ 4.5V，随着灯光逐渐远离，电压会减小，但不应低于 4.0V。

2）用布遮住日照光电传感器，测量连接器端子 1 与 2 间的电阻值，在正常情况下应为不导通（阻值 ∞）。从日照光电传感器移开遮布，使其受电灯光照射，检测端子 1 和 2 之间电阻值 4kΩ（电灯光移开电阻随之下降）。日照光电传感器的控制电路如图 11-53 所示。正常情况下两根导线阻值应小于 0.5Ω。

另外，还可以拔下日照光电传感器的连接器，连接好蓄电池和电流表。将传感器放在强光区，测量 2 号端子与蓄电池负极间的电流。再将传感器放在弱光区，测量 2 号端子与蓄电池正极间的电流。测量结果应为强光区电流大于弱光区电流，若不符合规定，则应更换该日照光电传感器。

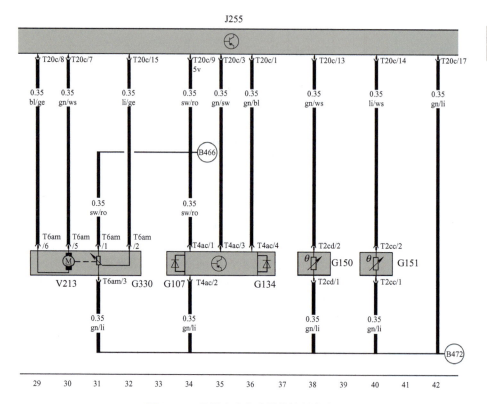

图 11-53 日照光电传感器的控制电路

G107—日照光电传感器 G134—日照光电传感器 2 G150—左侧出风口温度传感器
G151—右侧出风口温度传感器 G330—间接通风翻板伺服电机的电位计
J255—全自动空调控制单元 V213—间接通风翻板伺服电机

第七节 高度传感器

一、车身高度传感器

1. 安装位置

帕萨特车配置电控自适应底盘控制系统（Dynamic Chassis Control，DCC）共安装有 3 个车身高度传感器，分别为左前车身高度传感器 G78、右前车身高度传感器 G289（图 11-54）和左后车身高度传感器 G76（图 11-55）。车身高度传感器又被称为转动角度传感器。它们安装在减振器附近，并通过连接杆与横摆臂灵活连接。

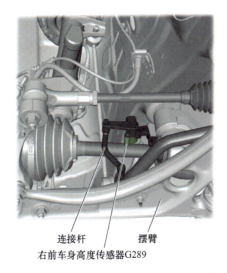
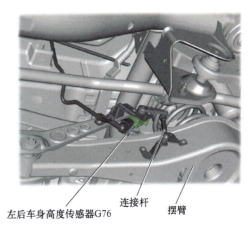

连接杆　　摆臂
右前车身高度传感器G289

连接杆　　摆臂
左后车身高度传感器G76

图 11-54　右前车身高度传感器 G289 的安装位置　　图 11-55　左后车身高度传感器 G76 的安装位置

由前后车桥的横摆臂以及连接杆的移动，得出的车轮弹跳行程被传递至传感器，并被换算成转动角。转动角度传感器在静态磁场中工作，并遵循霍尔法则。信号输出为减振器控制提供了一个与角度成比例的脉冲宽度调制（Pulse Width Modulation，PWM）信号。

3 个车身高度传感器本身是完全一样的，只是安装方式、连接杆及动力学特性会根据安装位置及车桥而各不相同。

2. 结构

如图 11-56 所示，车身高度传感器被设计成一种双腔室系统。在传感器一边（腔室 1）装备了转子，在另一边（腔室 2）则装备了带有定子的电路板。转子和定子是分别安装的，因此它们可独立密封。转子包含了一根黏合了稀土磁铁的无磁性的不锈钢轴，稀土磁铁用于强磁场且要求磁铁尺寸极小的场合。

转子通过操纵杆连接到连接杆上，操纵杆也用来驱动转子。转子安装在操纵杆内的轴密封环里，能有效地保护机件不受其他零件的干扰。定子由一个霍尔式传感器组成，并被安装在电路板上。电路板由 PU 块（聚氨酯）塑成，能保护其不受外部的干扰。

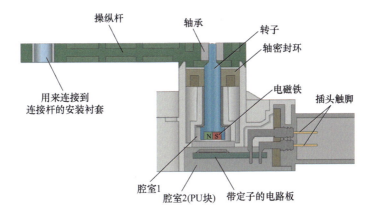

操纵杆　轴承　转子
轴密封环
用来连接到连接杆的安装衬套
电磁铁　插头触脚
腔室1　腔室2(PU块)　带定子的电路板

图 11-56　车身高度传感器的结构

263

3. 工作原理

车身高度传感器的工作原理如图 11-57 所示。磁力线通过霍尔（效应）板被传输并放大。与传统的霍尔式传感器不同的是，这些元件能够释放出特殊的正弦和余弦信号，信号在电路板的集成电路中被转化，使得车身高度的变化能够被电控减振控制单元 J250 所识别。

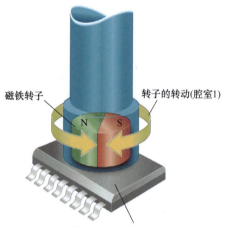

磁铁转子　　　转子的转动(腔室1)

N　S

内置定子电路板上的集成电路(腔室2)

图 11-57　车身高度传感器的工作原理

二、车辆高度传感器

垂直动态管理平台 VDP 控制单元通过 4 个车辆高度传感器读取当前车辆高度，车辆高度传感器如图 11-58 所示。如图 11-59 所示，车辆高度传感器的最大测量范围为 70°，输出 0.5 ～ 4.5V 模拟电压信号。车辆高度传感器有供电（5V）、搭铁连接、信号输出（0.5 ～ 4.5V）等电气接口。

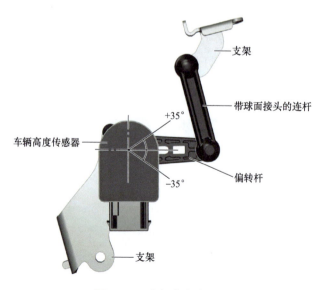

支架

带球面接头的连杆

+35°

车辆高度传感器

−35°

偏转杆

支架

图 11-58　车辆高度传感器

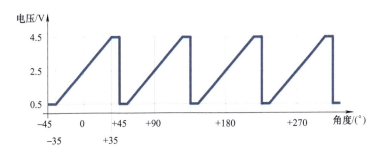

图 11-59　车辆高度传感器的车辆高度信号

更换一个或多个车辆高度传感器后，必须通过宝马诊断系统 ISTA 执行服务功能"车辆高度校准"。在成功进行车辆高度校准后，会将车辆高度数据储存在车身域控制器内，并在此用于前灯高度的调节。

三、燃油油面高度传感器

1. 结构

奥迪 A8 轿车燃油油面的高度是由两个浸入式传感器和两个旋转角传感器来感知的。旋转角传感器是电磁被动式位置传感器，如图 11-60 所示。

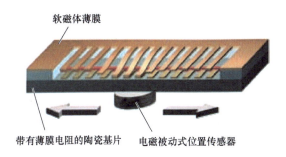

图 11-60　电磁被动式位置传感器

陶瓷基片上有 51 个串联的薄膜电阻，每个电阻都有自己的分接头，离这些分接头很近（距离很小）处有一个软磁体薄膜，其上带有相同数量的弹性触点。

陶瓷基片下面的电磁被动式位置传感器会将弹性触点拉到分接头上。输出的电信号根据磁铁的位置会成比例地变化。由于使用了电磁耦合，所以测量系统可以获得极好的密封。由于该测量系统是非接触式的，因此其使用寿命长，可防止脏污和污物沉积，且接触电流小。

2. 确定油位高度

燃油油面高度是由浸入式传感器和旋转角传感器信号的逻辑电路来确定的。在燃油油面较低时，只由旋转角传感器的测量值来确定燃油油面高度；在燃油油面较高时，只由浸入式传感器的测量值来确定燃油油面高度；在燃油油面处于中间位置时，由所有传感器信号的逻辑电路来确定燃油油面高度，如图 11-61 所示。燃油油面高度传感器的信号由组合仪表进行分析，所有传感器是并联在一起的。

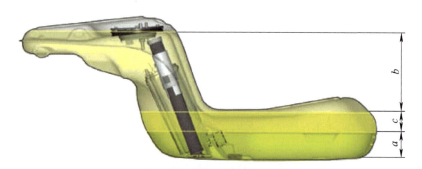

图 11-61　燃油油面高度

连接导线在燃油箱下面汇集在一起，这样在测量电阻时就不需要再进一步拆卸。燃油油面高度传感器的位置如图 11-62 所示。

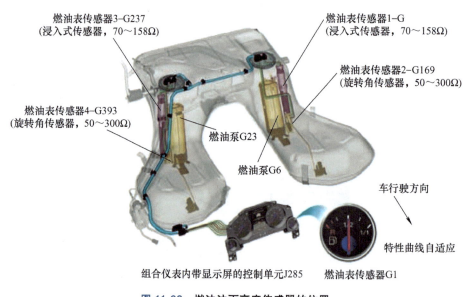

燃油表传感器3-G237
(浸入式传感器，70～158Ω)

燃油表传感器1-G
(浸入式传感器，70～158Ω)

燃油表传感器2-G169
(旋转角传感器，50～300Ω)

燃油表传感器4-G393
(旋转角传感器，50～300Ω)

燃油泵G23

燃油泵G6

车行驶方向

特性曲线自适应

组合仪表内带显示屏的控制单元J285

燃油表传感器G1

图 11-62　燃油油面高度传感器的位置

第八节　倾斜度传感器

一、倾斜传感器

在中央舒适 / 便利功能系统的电子装置中安装倾斜传感器来实现防拖车保护功能，如图 11-63 所示。倾斜传感器的工作原理为：在黏稠导电流体的容积发生改变时，测量其电阻变化（电导测定法）。在液体中竖有不同的电极，电极分布在各隔段中，每个电极上都附有一个交变场。当位置发生改变时，液体在隔段中的分布也会发生相应改变。随着隔段中液位的变化，由该隔段电极测得的电阻同时发生改变。

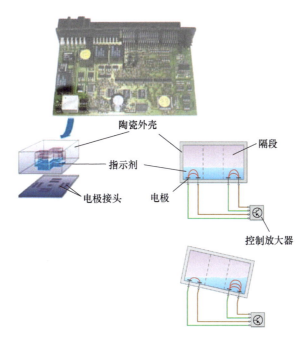

陶瓷外壳

隔段

指示剂

电极接头　电极

控制放大器

图 11-63　倾斜传感器的结构及安装位置

二、GPS 导航转角传感器

1. 作用

如图 11-64 所示，GPS 导航转角传感器位于无线电导航系统的壳体中。GPS 导航转角传感器负责记录车辆在行进方向上的左右变化。该传感器具有尺寸紧凑、精度高、无须校准以及抗磁场干扰强度高的优点。

当车辆改变其行进方向时，如图 11-65 所示，它绕其垂直轴线转动。此时转角传感器探测到这个旋转的动作，并通知导航控制单元。然后由导航控制单元计算方向改变的角度。为了区分正向和反向运动，控制单元从倒车灯开关接收信号。同时需要计算行进的距离，以计算曲线半径，这可以通过 ABS 轮速传感器的轮速脉冲辅助确定。

2. 结构

如图 11-66 所示，GPS 导航转角传感器的形状像一个音叉，元件被设计成两叉式摆动机构。当点火开关接通时，电压被施加到下部压电元件。当它们开始振动，振动被传送到两叉上。如图 11-67 所示，当车辆改变方向（如转弯）时，科氏力作用在 GPS 导航转角传感器的振动叉上。科氏力与车辆绕转向轴转动的方向相反。音叉的上部侧向摆动，从而发生弯曲。音叉的变形传递到上部压电元件，从而在压电元件上产生一个电压。导航控制单元根据这个电压大小计算行进的方向变化。

1）当车辆转弯时。如图 11-68 所示，当车辆转弯时，音叉的上部受科氏力作用而弯曲，GPS 导航转角传感器的上部压电元件产生一个电压，电压的大小与行驶方向的改变有关。例如，当从左向右变向时，电压将会改变。

2）当车辆直线行驶时。如图 11-69 所示，当车辆直线行驶时没有科氏力，音叉的上部没有弯曲，压电元件便不会产生电压。

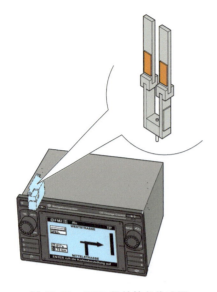

图 11-64 GPS 导航转角传感器

图 11-65 车辆改变行进方向时

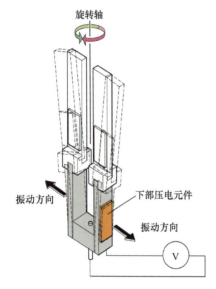

图 11-66 GPS 导航转角传感器的结构

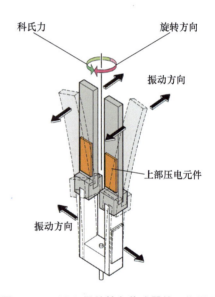

图 11-67 GPS 导航转角传感器的工作原理

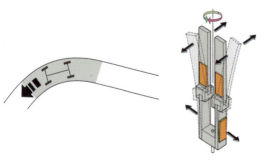

图 11-68 车辆转弯时的振动方向

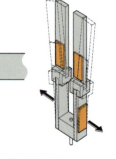

图 11-69 车辆直线行驶时的振动方向

三、偏转率传感器

1. 作用

偏转率传感器 G202 的安装位置应尽量距离车辆的重心近一些。某些车上该传感器位于左前脚坑的舒适系统中央控制单元前。偏转率传感器 G202 的外形如图 11-70 所示。偏转率传感器的电路如图 11-71 所示，偏转率传感器通过 3 根导线与控制单元 J104 相连。

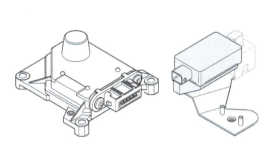

图 11-70 偏转率传感器 G202 的外形

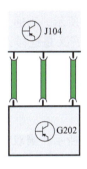

图 11-71 偏转率传感器的电路

如果没有偏转率传感器信号，控制单元就无法识别出车辆是否有离心趋势，ESP 功能也就失效了。在系统诊断过程中，将确定是否有导线断路及对地 / 正极短路，系统还将进一步确定偏转率传感器的信号是否可靠。

偏转率传感器可以用来确定物体上是否作用有转矩。根据安装位置就能确定绕空间某一轴的转动。在 ESP 系统中，偏转率传感器用于确定车辆是否绕垂直轴线转动，这个过程称为偏转率或旋转率的测量。

2. 结构及功能

（1）压电式偏转率传感器 如图 11-72 所示，偏转率传感器的基本组件是一个小的金属空心圆筒，其上有 8 个压电元件，其中 4 个使空心圆筒处于谐振状态，另 4 个用于监控作用在圆筒上的振荡波节是否发生改变。

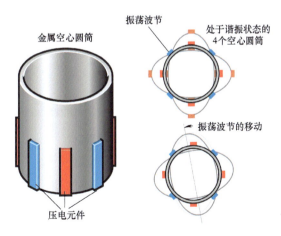

图 11-72 偏转率传感器 G202 的结构原理

如果金属空心圆筒上作用有转矩，振荡波节就会改变。起监控作用的压电元件会测量到振荡波节的移动并通知控制单元，于是控制单元就可以计算出偏转率了。

（2）音叉式偏转率传感器 音叉式偏转率传感器的基本组件是一个硅单晶体制成的双音叉微机械系统，该系统在一个小电子部件内，这个电子部件装在传感器片上。

双音叉的结构简图如图 11-73 所示，双音叉在其"腰部"处与其他硅元件相连，图 11-73 中未画出这部分。双音叉由一个励磁音叉和一个测量音叉构成。

如图 11-74a 所示，当通上交流电压后，硅制音叉会产生谐振。这两个音叉是这样设定的：励磁音叉以 11kHz 谐振，测量音叉以 11.33kHz 谐振。因此，当双音叉上作用有 11kHz 交流电压时，励磁音叉发生谐振，而测量音叉不会发生谐振。发生谐振的音叉对作用力的反应慢于无谐振的音叉。

如图 11-74b 所示，当双音叉的另一半和传感器与车辆一同在旋转加速度作用下运动时，双音叉中发生振动部分的反应滞后了，因此双音叉会像木塞起子那样扭动。这种扭动会引起音叉上电荷分布的改变，电极可测出这个改变，偏转率传感器将其处理后作为信号传给控制单元。

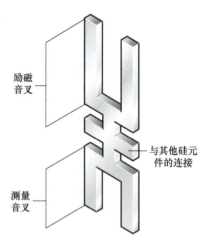

图 11-73　双音叉的结构简图

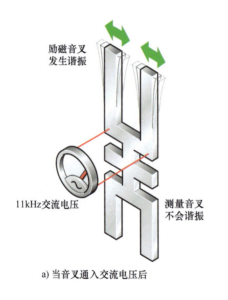

a) 当音叉通入交流电压后

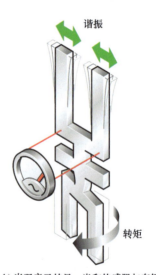

b) 当双音叉的另一半和传感器与车辆一同在旋转加速度作用下运动时

图 11-74　双音叉的工作过程

第九节　其他传感器

一、车身加速传感器

帕萨特车配置电控自适应底盘控制系统（Dynamic Chassis Control，DCC）共安装有 3 个车身加速传感器，分别是左前车身加速传感器 G341、右前车身加速传感器 G342、后部车身加速传感器 G343。

1. 安装位置

车身加速传感器负责测量车身的垂直加速度。如图 11-75 所示，左前车身加速传感器 G341 和右前车身加速传感器 G342 安装在车身上，靠近减振器的顶部。后部车身加速传感器 G343 则安装在左后减振器顶部的旁边，如图 11-76 所示。

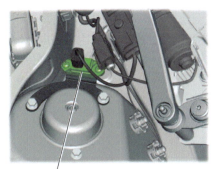

左前车身加速传感器G341

图 11-75　左前车身加速传感器 G341 的安装位置

后部车身加速传感器G343

图 11-76　后部车身加速传感器 G343 的安装位置

2. 结构及功能

如图 11-77 所示，车身加速传感器是根据电容测定法则来工作的。弹性模块 m 作为一个中间电极在电容器两极板间振动，使 C_1 和 C_2 电容器的电容量相应变化，变化的节奏与振动的节奏相反。当一个电容器的极板间距 d_1 增大一定量时，另一个电容器的极板间距 d_2 也相应地减少了这个量。从而改变了各电容器的电容量。一个电子评估系统向电控减振控制单元 J250 输送一个模拟信号电压。传感器的测定范围是 ±1.6g。（g = 加速度单位，$1g = 9.81\text{m/s}^2$）

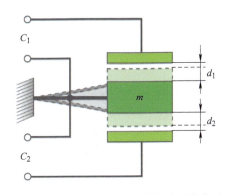

图 11-77　车身加速传感器的电容测定法则

二、主动巡航控制传感器

大众辉腾轿车上的主动巡航控制系统在汽车前部安装了一个雷达测距传感器，用来收集交通情况。它可识别最远大约 130m 的前方行驶汽车。在前方无车的道路上，主动巡航控制系统的作用如同一部定速巡航装置。它保持本车按照储存的期望车速行驶。如果距前方行驶的汽车过近，主动巡航控制系统便会相应降低本车速度以保持足够的安全距离。如果前方行驶的汽车加速，主动巡航控制系统也会加速（最高不超过设定的期望车速）。在某些行驶状况下，需要驾驶人踩下脚制动踏板对本车制动，以便保持与前方行驶汽车有足够的安全距离或避免追尾。

如果要将该车驾驶到超车道上且识别到前方没有汽车，主动巡航控制系统便会加速到设定的期望车速，然后保持此车速恒速行驶。驾驶人可以随时踩下加速踏板提高车速。松开加速踏板后，该装置会将车速重新调回此前已储存的车速。

1. 结构

如图 11-78、图 11-79 所示，主动巡航控制传感器基于雷达技术。雷达采用电磁波，以光速传播。频率在 30 ～ 150GHz 的波被称为"微波"。大众辉腾轿车上主动巡航控制传感器的发射频率为 76.5GHz，波长为 3.92mm。

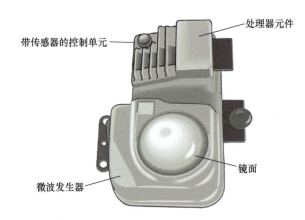

图 11-78　主动巡航控制传感器的外部结构

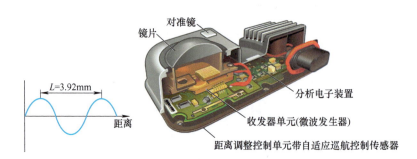

图 11-79　主动巡航控制传感器的结构及波形

具有高运算能力的微处理器集成在主动巡航控制传感器中，其执行道路预测、相关物体的选择、距离和速度控制、激活发动机电子控制单元、制动助力器和仪表以及自诊断等方面的计算。

2. 调整方法

如图 11-80 所示，主动巡航控制传感器的调整方法为：右侧有两个调节螺栓 S1 和 S2。左侧还有一个单独的螺栓拧在球头上，作为主动巡航控制传感器的第 3 个紧固点。紧固螺栓每转一圈有 6 个调整位置。S1 和 S2 一起均匀旋转负责水平调整主动巡航控制传感器。单独旋转

S2 负责调整传感器的垂直位置。

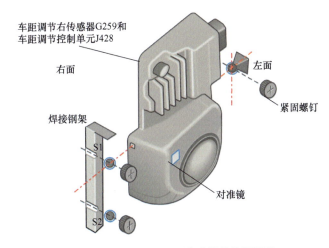

图 11-80　主动巡航控制传感器的位置调整

主动巡航控制传感器的校准方法如图 11-81 所示，激光器从目标板上发射激光到 ACC 传感器的设置镜上，并反射到目标板上。在激光发射器和主动巡航控制传感器之间放置了一个目标盘。目标盘上有一个中心孔，激光穿过其中照射到巡航控制传感器的对齐镜上。当调整悬架时，测试台的测量装置与驱动轴线平行对齐。使用前桥传感器与后桥传感器一起调整 ACC 调整装置与驱动轴线对齐。

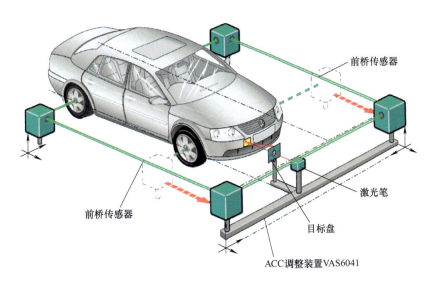

图 11-81　主动巡航控制传感器的校准方法

如图 11-82 所示，当主动巡航控制传感器校准时，激光束经中心孔反射到目标盘上。如果主动巡航控制传感器未对齐，则激光束会打到目标盘 4 个象限之一。可以通过调整螺钉使激光束反射通过目标盘中。在水平面上，高度的调整精度是必须的。如果仅须粗调，可使用调整螺钉。而精确的调整必须在驾驶过程中使用控制单元内的电子系统来进行。

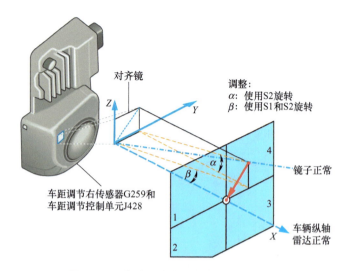

图 11-82　主动巡航控制传感器的校准过程

三、玻璃破碎传感器

1. 结构

在旅行车上，通过保持导体回路的方式，车窗也会受到监控。旅行车的监控部位如图 11-83 所示，负责监测后侧车窗每个导体回路、后窗玻璃电热丝。玻璃破碎传感器的控制电路如图 11-84 所示。如果信号失效，则前车窗的内部监控器仍然有效。

2. 控制过程

当系统激活后，有小电流流过，如图 11-85 所示。当打碎玻璃时，则导体回路被破坏，如图 11-86 所示。电流被中断，如图 11-87 所示。

如图 11-88 所示，超声波传感器控制单元用于检测中断，并发送信号到防盗控制单元，用来发出防盗警告，则防盗控制单元触发听觉和视觉警告，如图 11-89 所示。

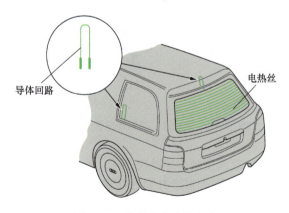

图 11-83　旅行车的监控部位

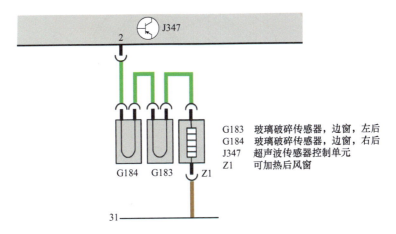

G183 玻璃破碎传感器，边窗，左后
G184 玻璃破碎传感器，边窗，右后
J347 超声波传感器控制单元
Z1 可加热后风窗

图 11-84 玻璃破碎传感器的控制电路

图 11-85 系统激活后，有小电流流过

图 11-86 打碎玻璃时，导体回路被破坏

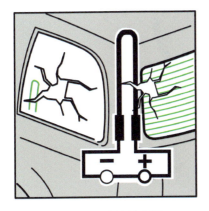

图 11-87 电流被中断

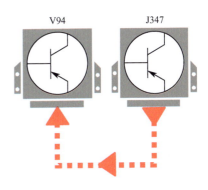

图 11-88 超声波传感器控制单元作用

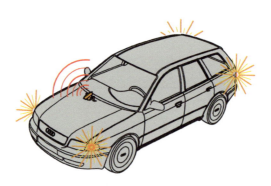

图 11-89 防盗控制单元的作用

四、快速起动传感轮

1. 作用

快速起动传感轮安装在凸轮轴上。发动机电子控制单元利用其信号可以更快地识别凸轮轴相对于曲轴的位置，同时结合使用发动机转速传感器的信号可以更快地起动发动机。

以前的发动机电子控制单元在曲轴转角约 600°～900° 才第一次点火。有了快速起动传感轮，发动机电子控制单元当曲轴转角在 400°～480° 便能识别曲轴相对于凸轮轴的位置。由此可以较早地点火，而且发动机响应更快。

2. 结构

此快速起动传感轮由一个双轨迹传感轮和一个霍尔式传感器组成。传感轮设计成两个轨迹相邻排列。如图 11-90、图 11-91 所示，当其中一个轨迹露出缺口时，另一个轨迹便在这个位置上有一个轮齿。控制单元通过比较相位传感器信号与基准标记信号，由此识别出气缸处在哪一个工作行程。若相位信号低，则处于压缩行程；若相位信号高，则处于排气行程。

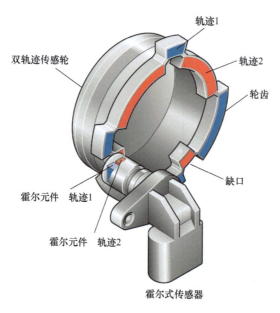

图 11-90 快速起动传感轮的结构

借助发动机转速传感器 G28 的信号可以在曲轴转角约 440° 后开始喷射。霍尔式传感器的电路如图 11-92 所示，该霍尔式传感器 G40 与发动机电子控制单元的传感器搭铁连接。在霍尔式传感器失灵的情况下，仍然能起动发动机。

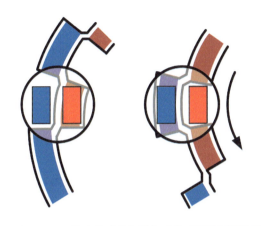

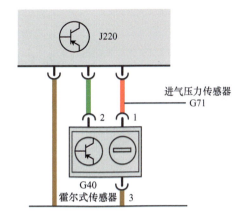

图 11-91　双轨迹传感轮和霍尔式传感器的不同位置　　　图 11-92　霍尔式传感器的电路

五、转向力矩传感器

转向力矩传感器主要用于电子控制的转向系统中，如电动助力转向系统、主动转向系统、限速转向系统等。转向力矩传感器用来测量驾驶人操纵转向盘的转向力矩，并将其转变为电子信号输出至控制单元，从而决定助力的程度和附加角度的大小。

1. 作用

转向力矩传感器通过检测弹性扭转杆因转向盘的转矩所产生的变形角度，来测量转向盘操纵力矩。当操作转向盘时，转向扭杆将产生扭转变形，其变形的扭转角与转向盘所受转矩成正比。所以只要测定扭转角的大小，即可知道转向力的大小。

驾驶人所施加在转向盘上的转向力矩是计算转向助力大小的基础，助力是由转向系统提供的。转向力矩由转向机构主动齿轮上的转向力矩传感器 G269 确定，转向力矩传感器安装位置如图 11-93 所示。转向力矩传感器测得的是转向输入轴相对于转向机构主动齿轮的转动量，并将该转动量转化成模拟的输出电信号。

2. 结构

转向力矩传感器的结构如图 11-94 所示，在转向力矩传感器上，转向输入轴和转向机构主动齿轮通过一根扭力杆连接起来，该扭力杆有一定的抗扭能力。

转向输入轴上有 1 个 16 极环形磁铁（8 个极对），该磁铁与转向输入轴一同转动。转向机构主动齿轮上有两个定子，每个定子有 8 个齿，定子与转向机构主动齿轮一同转动。在初始位置时，定子上的这些齿正好位于环形磁铁上相应的南极和北极之间。霍尔式传感器与壳体刚性连接，不随着转动。

3. 工作原理

转向力矩传感器工作时是非接触式的，它采用磁阻效应原理来工作。定子 1 和定子 2 之间磁通量强度和方向就是转向力矩的直接量度，由两个霍尔式传感器（冗余设置）来测量。根据所施加的转向力矩的大小（其实就是扭转角大小），霍尔式传感器的信号会在零位和最大位置之间变动。

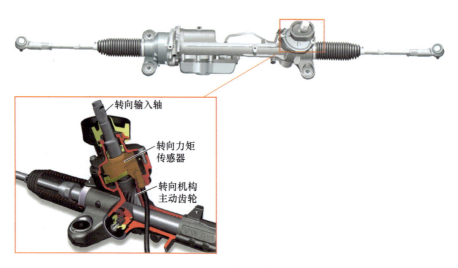

图 11-93　转向力矩传感器的安装位置

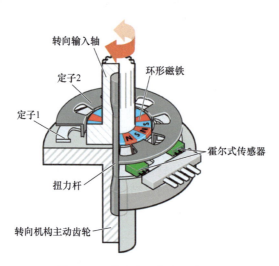

图 11-94　转向力矩传感器的结构

（1）转矩传感器在零位时　如图 11-95 所示，当转矩传感器在零位时，定子 1 和定子 2 的齿正好位于两磁极之间。因此，定子 1 和定子 2 都不是朝南或朝北。在这两个定子之间没能建立起磁场。这两个霍尔式传感器采用 5V 的输入电压供电。由于在这两个定子之间没能建立起磁场，所以这两个霍尔式传感器的输出电压均为 2.5V，这表示此时转矩为零。

（2）转矩传感器在最大位置时　如图 11-96 所示，如果驾驶人转动了转向盘，那么转向输入轴和转向机构主动齿轮之间就会产生一个扭转角。环形磁铁相对于定子 1 和 2 发生扭转。如果定子 1 的 8 个齿正好在环形磁铁的北极上，同时定子 2 的 8 个齿正好在环形磁铁的南极上，那么传感器就处于最大位置上。也就是说，此时定子对准了北极，而定子 2 对准了南极。

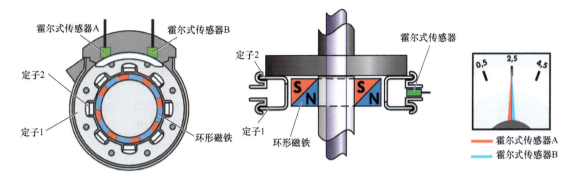

图 11-95　转矩传感器在零位时

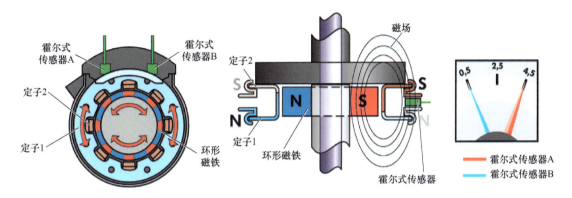

图 11-96　转矩传感器在最大位置时

两个定子之间会建立起磁场，霍尔式传感器会检测到这个磁场并将其转换成电信号。如果霍尔式传感器 A 输出 4.5V 最大电压，那么霍尔式传感器 B 就输出 0.5V 最小电压。如果转向盘转动方向与此相反，则霍尔式传感器 A 输出 0.5V，而霍尔式传感器 B 输出 4.5V。

（3）信号中断的影响　如果转向力矩传感器损坏，则必须更换转向力矩传感器。如果识别出现故障，则转向助力功能会被关闭。

为了使转向助力功能被逐渐关闭，控制单元会根据转向角和电机转子的角度计算出一个转向力矩替代信号。此时电动机械式助力转向指示灯 K161 会呈红色亮起，表示转向力矩传感器存在故障。

参 考 文 献

[1] 于海东 . 汽车传感器入门到精通全图解 [M]. 北京：化学工业出版社，2018.

[2] 周晓飞 . 汽车传感器维修百日通 [M]. 北京：化学工业出版社，2020.

[3] 张新敏，段卫洁 . 自动驾驶汽车传感器技术与应用 [M]. 北京：人民交通出版社，2023.

[4] 吴文琳 . 轻松掌握汽车传感器识别与检测 [M]. 北京：化学工业出版社，2020.

[5] 杨维俊 . 图解汽车传感器维修技术 [M]. 北京：化学工业出版社，2017.